张飘 刘后滨 / 著

盛唐奠基

山西出版传媒集团
山西人民出版社

图书在版编目（CIP）数据

盛唐奠基：贞观之治的开创/刘后滨，张飘著.—太原：山西人民出版社，2023.4
ISBN 978-7-203-12517-4

Ⅰ.①盛… Ⅱ.①刘… ②张… Ⅲ.①中国历史—唐代—通俗读物 Ⅳ.①K242.07-49

中国版本图书馆CIP数据核字（2022）第241772号

盛唐奠基：贞观之治的开创

著　　者：刘后滨　张　飘
责任编辑：崔人杰
复　　审：魏美荣
终　　审：梁晋华
装帧设计：陈　婷

出 版 者：山西出版传媒集团・山西人民出版社
地　　址：太原市建设南路21号
邮　　编：030012
发行营销：0351-4922220　4955996　4956039　4922127（传真）
天猫官网：https://sxrmcbs.tmall.com　电话：0351-4922159
E-mail：sxskcb@163.com　发行部
　　　　sxskcb@126.com　总编室
网　　址：www.sxskcb.com

经 销 者：山西出版传媒集团・山西人民出版社
承 印 厂：山西出版传媒集团・山西人民印刷有限责任公司

开　　本：890mm×1240mm　1/32
印　　张：11.5
字　　数：258千字
版　　次：2023年4月　第1版
印　　次：2023年4月　第1次印刷
书　　号：ISBN 978-7-203-12517-4
定　　价：76.00元

如有印装质量问题请与本社联系调换

唐太宗立像　台北故宮博物院藏

序

吴宗国

说到唐太宗，当然离不开贞观之治，但是成就贞观之治的不仅是唐太宗一个人。对贞观之治的形成做出贡献的，有隋炀帝，他从反面给唐初的人们留下了丰富而生动的经验教训；有在浩繁的工役和连年战争中的农民，他们以生命的代价唤醒了贞观统治者的良知；有从隋朝末年一路打来的各路英雄，他们不仅为了百姓的生存做出过艰苦卓绝的努力，而且有着丰富的政治阅历。正是他们让贞观君臣认识到"为君之道"和"安人之道"。

因此贞观之治是历史发展的产物，是贞观君臣和广大百姓共同努力的成果。而唐太宗李世民作为创造这一段辉煌历史的领军人物，也做出了自己独特的贡献，因而成为历代人们称颂的对象，历代帝王学习的楷模。

对于唐太宗这样一位帝王，相关研究著作已经出版的不下数十种。本书只是比较后出的一本。

本书从天子的身世之谜和太原起兵说起，以托孤和最后的权力交接收篇，也是围绕唐太宗的生平活动展开的。但与过去的著作往往从政治、经济、军事和文化等各个方面作全面的铺叙不同，本书则从细节入手，让读者更加亲切地感受到一个活生生的唐太宗。对于作为秦王的李世民在唐朝开国过程中的贡献；对于玄武门之变以后作为皇帝的李世民怎样通过实际行动表明自己做皇帝"所以养百姓也"，而不是为了家族的私利；对于唐太宗能够将心比心，顺遂人性，在大部分情况下比较尊重人性，也都是通过一些具体事件和具体情节来加以说明。作者不是板起面孔说教，而是通过生动的叙述，向读者揭示唐太宗辉煌的一生，通过就事论事的议论，与读者一起讨论唐太宗的内心世界和思想。

本书内容基本上按照问题来加以安排，同时又照顾到时间顺序，把编年体和纪事本末体加以结合。这对于读者全方位地了解唐太宗也提供了方便。

这些都说明，作者不仅在唐太宗相关历史问题上有深入精到的研究，而且在表现形式上也作了许多探索，使读者能够更好地体味这一段历史。把历史的智慧送到大众手中，让大众也能享受历史的精彩和深邃，这是史学工作者的神圣使命。在这样的工作中，本书又迈出了坚实而可喜的一步！

2007年12月
于北京大学蓝旗营

目 录

引　言 …………………………………………001
第一章　天子的身世之谜 ………………………003
第二章　太原起兵的敢死队长 …………………014
第三章　首席开国功臣 …………………………028
第四章　秦王破阵——战场上的冒险王 ………041
第五章　开国皇帝的二公子 ……………………056
第六章　兵戎相见玄武门 ………………………072
第七章　唐太宗的江山美人 ……………………084
第八章　走出玄武门的阴影 ……………………096
第九章　将心比心换人心 ………………………109
第十章　江山代有才人出 ………………………124
第十一章　唐太宗的铁杆谋臣 …………………137
第十二章　不是冤家不聚头 ……………………151
第十三章　李世民的人才渊薮 …………………164

第十四章　李世民与"喋血双雄"……………………181
第十五章　唐太宗的守护神………………………………196
第十六章　唐太宗与李靖…………………………………211
第十七章　唐太宗的托孤之臣……………………………227
第十八章　唐太宗的权力交接……………………………244

附录论文：

　　从贞观之治看中国古代政治传统中的治世与盛世……267
　　贞观君臣政治风气建设的现代启示………………………286
　　唐太宗的政绩观与贞观之治………………………………298
　　唐太宗如何提升民心指数…………………………………301
　　唐太宗如何说服来自内部的反对者………………………309
　　房玄龄的风范………………………………………………312
　　是谁弹劾了凯旋的李靖？…………………………………320
　　《资治通鉴》叙事中的史事考订与历史重述 …………330

原版后记……………………………………………………353
增订后记……………………………………………………355

引　言

　　凡是读过些书的中国人，没有不能背几首唐诗的。一千多年前的唐代，离我们并不遥远。那样一个繁华盛世，是如何开创出来的呢？

　　瓦岗英雄的传奇，门神的来历，还有"房谋杜断"的贤相故事，谏臣魏徵给领导人提意见的艺术，都是人们耳熟能详的。所有这些，都围绕着一个伟大的帝王而展开。

　　他就是唐太宗李世民。

　　唐太宗李世民是中国历史上最有影响力的皇帝之一。有学者把中国古代的皇帝分为圣君、暴君、庸君和昏君四种，唐太宗就是才德兼备的"圣君"典范。

　　唐太宗的年号叫作贞观，在位总共有二十三年。历史上把他的统治时期称为"贞观之治"，强调那是一个治理得非常好的历史时代，主要内涵包括：政治清明，上下一体，同心同德；社会稳定，风俗淳厚，犯罪率低；百姓对皇帝和政府充满信任，人人都觉得生活充满希望。

　　作为开创了"贞观之治"局面的一代明君，唐太宗李世民到底是一个怎样的皇帝呢？为了国家的强大，人们有理由期待从古人的治国方略和政治实践中吸取更多的智慧，对中国历史上的辉煌时代给予更多的关注。

第一章 天子的身世之谜

历来很多帝王的相貌总是被描绘得神乎其神,而开创了"贞观之治"局面的李世民,同样也不例外,说他有"龙凤之姿,天日之表"①,那么,这个体貌特征是否也是编出来的呢?根据史书的描述,李世民的长相像是胡汉混血儿,还有的说他就是一个纯粹的胡人。那么,李世民的身上究竟有没有汉人的血统呢?他的父系和母系家族分别是怎样的?他的身世对他日后的治国理政又会有哪些影响?传说李世民的母亲从小不但聪慧过人,个性极强,而且颇有主见。有这样的母亲,少年时代的李世民表现出了怎样与众不同的才能和胆识?

下面,我们就来看看李世民的家世和身世。

一、关陇贵族的家世

李世民的曾祖父李虎,西魏时官至太尉,是当时掌握西魏实权的军事霸主宇文泰的重要助手,因而位列"八柱国之家",是统兵的"六柱国"之一,被赐姓大野氏,所以当时又称大野虎。

---

① 《旧唐书》卷二《太宗本纪》,中华书局1975年,第21页。

西魏的八柱国，包括实际控制政权的宇文泰和西魏王室成员广陵王元欣，但他们二人只是挂名而不带兵。真正领兵的有六人，每一柱国各督两位大将军，统领整个府兵系统，构成了西魏和后来北周政权的基础。他们分别是：李虎、李弼、独孤信、赵贵、于谨、侯莫陈崇。"八柱国"之下的"十二大将军"，包括元赞、元育、元廓、侯莫陈顺、宇文导、达奚武、李远、豆卢宁、宇文贵、贺兰祥、杨忠、王雄。

看这份名单，可知西魏、北周都是以鲜卑贵族为基础的政权，其中许多人是胡姓将领。西魏时期，为了结成一个以关中、陇西为根据地的利益集团，宇文泰把跟随他一起进入关中的汉人将领，都改为鲜卑姓氏。后来杨坚接掌北周政权后，又恢复了他们原来的汉姓。

李虎死于西魏时期，但他对于北周的建立有佐命之功，故北周初被追封为唐国公。他的儿子李昞继承了唐国公的爵位，在北周担任内外要职。

二、胡汉混血的身世

按照史书上的记载，李世民的家族成员多有"状貌类胡"[①]

[①] 《旧唐书》卷六四《滕王元婴传附嗣滕王涉传》，第2437页。又，唐人段成式《酉阳杂俎》卷一载"太宗虬须，尝戏张弓挂矢"。杜甫《赠太子太师汝阳郡王诗》中有"汝阳让帝子，眉宇真天人。虬须似太宗，色映塞外春"，见《文苑英华》卷三〇一。此外，《隋唐嘉话》中曾记载李元吉跟随秦王讨伐王世充，遇到其手下大将单雄信，元吉被其称为"胡儿"。

者，其体貌特征为：浓眉，眼睛较深，胡须微卷，脸部线条硬朗，身形矫健，英俊而不失勇武，这多少有点不同于中原汉人。

实际上，李世民是典型的胡汉混血。李世民的祖父李昞，娶了西魏八柱国之一独孤信的女儿。独孤是鲜卑族八大姓之一，就是胡族血统。也就是说，李世民的奶奶是胡人。李世民的母亲窦氏，同样出身于北方游牧民族中的鲜卑部落。

这是一个贵族间的强强联姻。北魏分裂后，宇文泰控制了关陇地区，并逐渐组建了一个以府兵制为依托的关陇军事贵族集团，这个集团成为西魏、北周政权的基础。其中最有权势的，就是前面提到的"八柱国"，而李世民的曾祖父李虎和独孤信都是八大柱国之一。独孤信有七个女儿，长女是北周明帝的皇后，最小的女儿嫁给了杨坚，隋朝建立后成为独孤皇后。独孤信的四女儿嫁给了李虎的儿子李昞，生有李渊，也就是后来的唐高祖，而唐朝建立后她被追封为元贞太后。

这独孤信也真是了不起，生了这么多女儿，出了三个朝代的皇后，可谓是中国历史上最成功的老丈人了。不过，独孤信生前可没有享受到国丈的荣宠，北周建国后不久他就因为牵涉一宗谋反案而被赐死于家。

后来唐朝人因为杨贵妃得宠而光耀门楣，以至"遂令天下父母心，不重生男重生女"[①]。其实，独孤信才是值得羡慕的。他的这几个女儿，在历史上都赫赫有名。

例如，隋文帝的独孤皇后就很有个性，是历史上有名的

[①] 白居易撰，谢思炜校注：《白居易文集校注》卷一二《长恨歌》，中华书局2006年，第943页。

"妒妇"。她知道隋文帝要娶小老婆后，坚决不同意。隋文帝就离家出走以示抗议。不过，最后还是拗不过独孤皇后，只好又回来了。其实，这也说明他们俩的感情好。能够让皇帝死心塌地，当然不是一般的人物。

在西魏、北周的时候，那些军功贵族最重视的就是婚姻和官位，他们在一个很小的圈子里互相通婚，以维持门第和血统的高贵。独孤信把女儿嫁给了李虎的儿子，使两个"八大柱国"结为亲家。同样，隋文帝杨坚的父亲杨忠，当时是独孤信的部下，八大柱国之下的十二大将军之一，所以杨家也是关陇军事贵族集团中的核心家族之一。

不仅李世民的祖母是北方少数民族鲜卑人，他的母亲窦氏（即纥豆陵氏）同样也是鲜卑人。李唐皇室属于胡汉混血的家族，是无可争辩的事实，所以李世民那种浓眉虬须的体貌特征也就不足为奇了。而且，隋唐是魏晋南北朝以来民族融合开花结果的时期，是中国历史上一个新民族和新文化形成的时期。在那个时代，有许多人是很难用胡人或汉人来区分的，如果要用一个词来界定唐朝人的民族身份，那就只能说是"唐人"而不是"汉人"。

大诗人李白到底是汉人还是胡人？其实在唐朝这不是一个问题。就连李白自己也不在意自己的民族身份。还有先世为拓跋鲜卑的元稹，先世出自匈奴的刘禹锡，他们都是把自己看成是"唐人"而不是"胡人"。这么多著名的"唐人"都忽略了自己"胡人"的身份，这就是唐朝的一个重要历史特征。

那么，李世民胡汉混血的家世和他的"贞观之治"又有什么关系呢？

李世民胡汉混血的家世，给他以后的治国实践打下了深深的烙印。他对待不同民族的态度和制定的民族政策，都少了许多的隔阂和歧视，显示出来的是包容和尊重。另外，李世民的家世除了胡汉混血的特征外，就是隶属于一个当权的贵族集团。因为，从父系来说，李唐皇室是北周和隋朝的皇亲国戚，而从母系来说，也是北周的皇亲国戚。

三、李渊和窦夫人

李世民的父亲李渊，是唐朝的开国皇帝。李渊是典型的贵族子弟，尽管历史记载中他的家世和郡望（即祖籍，在魏晋南北朝时期，大族的籍贯意味着其在地方上的影响力与威望）都不尽真实，但从他的祖父辈算起，确实就是身处政治中心的关陇军事贵族集团中的核心家族。

李渊于北周天和元年（566）生于长安，七岁丧父，袭封唐国公。小小年纪就有了一个高贵的国公爵位，这对李渊来说意味着什么？一是幼年丧父，从小失去父爱，性格比较沉着稳重；二是丧父的孩子早当家，他的担当意识很强，比较豁达宽容；三是他能够很早地进入隋朝的皇宫，接受高层政治的熏染。李渊在父亲去世后，一直受到姨母，即杨坚的妻子独孤氏的关怀。李渊的年纪比杨广大三岁，在孩提时代，或许还和杨广一起玩耍，是皇宫里一对无忧无虑的小伙伴。

想想看，我姨父是皇帝，我表弟是皇帝，这是什么感觉？

在杨坚取代北周建立隋朝以后，十五岁的李渊被任命为隋文帝的贴身侍卫官——千牛备身。现在他的姨母已经是隋朝的皇后，李渊得到了更多的关照。做了几年的侍卫官，李渊就直接升迁为地方长官——刺史。

李渊的骑射水平和指挥作战的能力，在当时都是出类拔萃的。加上他特殊的家庭背景和姻亲关系，以及出色的政治表现，到隋炀帝即位后，李渊已经成为当时政坛上的一个实力派人物。

我们常说"一个成功的男人背后总有一个伟大的女人"。李世民的母亲前面，那可是站着两个成功的男人。窦氏对丈夫李渊的帮助自不必多说，对儿子李世民的影响也是深远的。

李世民的母亲窦氏，是北周上柱国窦毅和周武帝的姐姐襄阳长公主的女儿。据说窦氏刚出生时就发垂过颈，三岁时头发就长得与身体一样长。反正按照中国古人的理解，伟大人物出生的时候就会显出和凡人不一样的气象。窦氏从小得到舅舅北周武帝的爱重，因此也就在皇宫中被养大。她耳濡目染发生在宫中的国家大事，早早地显露出政治才能，从小就有一种对政治敏锐的直觉和早熟的气度。在《旧唐书·窦皇后传》中，记载了这样一件事情，大体是说：北周武帝迫于突厥的压力立了突厥可汗的女儿为皇后，但心里总不满意，也时常表现出来。年幼的窦氏于是就开导起做皇帝的舅舅来，私下对他分析说，"四边未静，突厥尚强，愿舅抑情抚慰，以苍生为念。但须突厥之助，则江南、关东不能为患矣"[①]。就是要周武帝先委屈一下个人感情，要争取突厥的援助，好全力对付江南的陈朝和关东的北齐。小小年纪，如果真有如此见识，那简直就是神童。

窦氏的气节和魄力，在隋朝取代北周的过程中表现得最为真实。当她得知杨坚称帝时，气愤地自投于床，咬牙切齿地说：

---

① 《旧唐书》卷五一《后妃上·高祖太穆皇后窦氏》，第2163页。

"恨我不为男儿,不能救舅氏之难。"此言一出,吓得她的父母赶紧掩住其口,提醒她说:"汝勿妄言,灭吾族矣!"①

李渊如何能够娶到这么一个奇女子为妻?历史上流传着"雀屏中目"的故事。

当年窦毅夫妇为了给女儿求贤夫,采取了比箭招亲的办法。他们在门屏上画两只孔雀,凡有求婚者,辄与两箭射之。他们约定只有射中孔雀眼睛者,才可许配之。当时应召来求亲的都是自诩不凡的王公子弟,前后数十人,可无一能中。李渊姗姗来迟,到得窦府,开弓射箭,两发各中一目。因此娶得了一代名门闺秀。

这窦氏虽然不是男儿,但的确有男儿的气概。有这样一个高参做夫人,还有什么事情不能搞定?所以,李渊的政治谋略中,是少不了窦氏的智慧的。史料记载,李渊的长相"高颜面皱"②,大概就是额头很高,皱纹也多,典型的电影画面中西北老汉模样。因为李渊和杨广原本就是表兄弟,杨广做了皇帝后,在退朝之后还经常拿他开玩笑。有一次,隋炀帝赐宴招待群臣,当众戏谑李渊为"阿婆面",李渊是又郁闷又气愤,但又不便表现出来。回到家里,见到自己的儿子们,只是一个劲地叹气流泪。他甚至怀疑自己的命相很苦,对自己的妻子窦氏说:"我李某人身世可悲啊。今天更是被皇上当众侮辱,称我为'阿婆面'。看来,我这苦命人是没什么希望了,儿孙也难免受饥挨冻

---

① 《旧唐书》卷五一《后妃上·高祖太穆皇后窦氏》,第2163页。

② 李昉:《太平广记》卷一六三《谶应·神尧》,中华书局1961年,第1176页。

了。"窦氏听完,当即欢呼雀跃地表示祝贺。她说,阿婆就是堂主,堂者唐也,也就是您唐国公要当家作主了,这难道不是全家的福兆吗?李渊原本愁容惨淡,经聪明的夫人这么一说,当即涣然冰释。

所以,李世民生长于如此家庭环境,使他从小受到政治斗争的冲击和熏陶,很早就具备了超乎常人的胆识和谋略。

话又说回来,窦氏与李渊对孩子的影响应该是一样的。李渊有四个儿子,为什么偏偏是李世民在政治斗争中具备了超乎常人的胆识和谋略呢?是不是因为他当上了皇帝才这样说的?

四、李世民的名字之谜

窦氏与李渊一共生了四个儿子,长子李建成,次子李世民,三子李元霸(早死),四子李元吉。李世民于隋文帝开皇十八年(598)十二月戊午日生于武功别馆。

史书上说,该子出生时,有二龙戏于馆门之外,前后三日才离去。及生后四年,有一书生,自称善于察人面相,见到李渊,惊道:"公是贵人啊,且有贵子。"随后见到李渊四岁小儿,更道:"此小儿有龙凤之姿,天日之表,只须年近二十岁时,必能济世安民。"[1]这一句话非同小可,惊到了一向持重的李渊。书生许是料想李渊会起杀念,言罢便及时神秘消失,而李渊居然也采用"济世安民"之意,给这个老二取名为"世民"。

这个说法也有一点令人怀疑。既然担心相面书生把这个孩子的异相说出去,又为何要为他取一个堂堂的大名就叫作"世

---

[1] 《旧唐书》卷二《太宗本纪》,第21页。

民"呢？也许这是后人根据他的名字而编造的一个神奇传说吧。

李世民却也不负其名，自幼便显出聪睿之姿，思虑深远，遇事常能果断处之，平日里则不拘小节，而言行举止之间，有种不似常人的气度。

李世民的不同寻常之处，在唐人传奇故事中也有描写。讲李靖和红拂女夜奔故事的《虬髯客传》里写到：有志于建立王业的虬髯客，约李靖赴太原去探查李世民的虚实。其时李世民和刘文静正积极准备起兵反隋。李靖带着红拂女到了太原后，随着道士与虬髯客去谒见刘文静，并摆开了棋局，通过弈棋来较量高下。一会儿，李世民进来，他的气度和风范，把在场的人都惊呆了。小说里形容李世民出场的原话是"精采惊人，长揖而坐。神气清朗，满座风生，顾盼炜如也"[1]。

这应该是后人对李世民风度的一种合理想象。陪同虬髯客的道士是一位围棋高手，也是一位世外高人。一见到李世民，他就自动认输，说"此局全输矣！于此失却局矣！救无路矣！"出来后，就对虬髯客说，你再也不必想着争夺天下的事情了，这个天下只能是他李世民的。后来，虬髯客就放弃了野心，而李靖也投奔到李世民的帐下，帮助李世民建功立业。

总之，李世民成长在一个乱世之中的上层贵族家庭，耳濡目染，加上父母有意无意的教导，虽然不能说了解官场人心，却也比一般孩子早熟。我们看到历史记载中的少年李世民，少了几许天真烂漫，多了些深沉稳重，这也就是正史说他"玄鉴

---

[1] 李剑国辑校：《唐五代传奇集》第三编卷四三《虬髯客传》，中华书局2015年，第2457页。

深远""时人莫能测也"①的缘由。当然，少年李世民不仅多了心机与经验，也被赋予了政治使命感和责任感，天下大事离他并不遥远，建功立业的梦想也非海市蜃楼。他的抱负，远比许多人要高要大。

五、雁门解围的无名小将

李世民的军事眼光和英雄胆识，在他少年时代就已经崭露头角了。"雁门解围"是他留在历史记载中的第一笔。当时的情形是这样的：

大业十一年（615）夏，突厥对隋朝发动了一次袭击，隋炀帝忍无可忍，立即出塞亲巡。八月，隋炀帝巡至北塞。恰逢突厥始毕可汗来袭，隋炀帝一行来到雁门回防，结果被突厥包围。当时的形势非常危急，雁门周围被突厥围得水泄不通，城里的粮食又告急。当城下突厥兵射出的箭头纷纷落到眼前的时候，隋炀帝被吓得风度全失。这位一向搏击进取的宏放之主，却无法控制地在群臣面前与自己的小儿子赵王杨杲相拥而泣。

天子被围，事非小可，帝国各路军自然紧急前去援救。当时屯卫将军云定兴的军营内，站出一后生，虽是无名小将，却也少年英姿。这个后生从容对云定兴道："如今前去救援，必得大张旗鼓才行。"

嗯？此话怎讲？

这后生分析道："且说始毕可汗举全国之师，竟敢围困我们天子，必是仗着仓促之间，我们无以救援。现在我们若大张军

---

① 《旧唐书》卷二《太宗本纪》，第21页。

容，数十里之间幡旗相续，夜间则钲鼓相应，则是出乎突厥意料之外。突厥必然会以为我们四方救兵已蜂拥而至，惊惧之间，必然撤围而去。不然的话，敌众我寡，拼尽力气去打硬仗，恐怕我们终会力单不支啊。"

云定兴并非刚愎自用之辈，稍加思索，利害立见。果然，帝国救兵大张旗鼓，进至崞县，突厥军队的侦察人员得知，惊得飞告始毕说："隋朝大军来了！"始毕可汗顿时心虚，慌忙下令撤围而去。

这个向云定兴建言的英姿少年，正是还不满十八岁的李世民。少年李世民崭露头角，便显示了他不凡的军事眼光和英雄胆识。

果真是李世民的建议令突厥兵马不战而退？在《旧唐书》和《新唐书》的《太宗本纪》里，确实给人这个印象。但《资治通鉴》只是记载"定兴从之"，之后就记载隋炀帝向嫁于突厥的义成公主求救。公主遣使告诉始毕可汗"北边有急"，同时"东都及诸郡援兵亦至"[1]，突厥于是解围而去。

由此可见，突厥撤兵，有义成公主暗中的帮助，而且各地援兵均至，也并非只有云定兴的部队而已。李世民的作用，在《太宗本纪》中被夸大了许多。他当时的身份和阅历，还不可能在雁门之围中发挥那么巨大的作用。

即便如此，作为初入军营的小将来说，能够想出妙计，并得到统领将军的认可和赞同，也已经显示出李世民所具有的不同于常人的智慧和才能。

---

[1]《资治通鉴》卷一八二，中华书局1956年，第5699页。

第二章　太原起兵的敢死队长

在人们的印象当中，好像一提到唐朝，马上就会想到李世民，似乎唐朝就是由李世民开创的，而把唐朝真正的建立者李渊忽略到一边去了。之所以会出现这个情况，很重要的原因是唐朝国史当中记载"太原起兵"的主谋是李世民。因为谁是"太原起兵"的主谋，谁就是真正意义上唐朝的开国者。那么，"太原起兵"事件中，李渊和李世民都做了些什么，究竟是谁起了主导作用呢？史料众说纷纭。有史书记载说，李世民当年通过裴寂把李渊引进隋炀帝的晋阳行宫，灌醉了李渊，使得李渊酒后对宫女做了糊涂之事，即李世民设了个套，逼得李渊不得不反，所以"太原起兵"的主谋应该还是李世民。但是，不管是什么原因让李渊最终起兵反隋，李渊无疑都是"太原起兵"的主谋。那么李世民是否篡改了历史呢？"太原起兵"后，李渊是怎样废掉隋炀帝，建立大唐帝国的呢？在这个过程中，李世民到底起了什么作用呢？

一、史籍中的谜团

隋朝末年，天下鼎沸，有理想、有野心夺取天下的英雄大有人在。在被隋炀帝暂时冷落的太原，就有这样一支队伍正在酝酿着一个庞大的阴谋。很快，这支队伍就从太原起兵，不到半年的时间，就占领了帝国版图中最具政治号召力的首都长安，并很快奠定了统一全国建立新政权的政治基础。所以，某种程度上可以这么说，唐朝的建立源于"太原起兵"。

但是，太原起兵的策划、组织和领导人，到底是唐朝的开国皇帝李渊，还是他的次子李世民呢？如果从记载唐朝历史的所谓正史《旧唐书》和《新唐书》以及《资治通鉴》等史籍来看，人们很容易得出一个结论：太原起兵是李世民策划和领导的。

据《旧唐书·高祖本纪》记载，大业十三年（617），李渊被隋炀帝任命为太原留守，太原郡丞王威、武牙郎将高君雅为副留守。当时，天下起兵反隋的队伍蜂拥而起，隋炀帝所在的江都（今江苏扬州）被孤立了。在这种情况下，李世民就和晋阳县令刘文静首谋，劝举义兵。李渊听从了李世民的建议，于是安排李世民和刘文静等人具体筹划，并利用隋朝军官刘武周据汾阳宫举兵造反的机会，要他们开展募兵。

又《新唐书·高祖本纪》记载，大业十三年，李渊被任命为太原留守。当时，隋炀帝南游江都，天下盗起。李渊之子李世民知隋必亡，暗中结交豪杰，招纳逃亡之人，与晋阳县令刘文静谋举大事。起兵造反的计策确定后，李渊还不知情。李世民想实情相告，又担心李渊不听。李渊还兼任隋炀帝的行宫——晋阳宫的长官，和李渊有密切交往的裴寂担任副长官。李世民私下找到裴寂商议，裴寂就选了晋阳宫的几个美女，乘李渊喝醉酒之后，陪他过夜。然后，裴寂把李世民的谋划告诉了李渊，李渊大惊。裴寂说："安排宫女侍奉您，事情暴露后是要杀头的,我这么做就是为了要劝您下定决心起兵啊。"李世民乘机向李渊汇报了整个计划。李渊开始时坚决不同意,还表示要把李世民送去报官。过一会儿李渊还是答应了,说:"我爱护你,怎么忍心去告发你呢!"

《新唐书·太宗本纪》记载,李世民与晋阳县令刘文静关系尤为密切。刘文静因为受李密的牵连而被关进了监狱,李世民乘夜到狱中去见他,一起谋划起兵的大事。当时百姓为了躲避动荡,很多都逃入太原城,达几万人。刘文静担任县令时间很久,认识其中一些豪杰,李世民就和他共同部署了具体的计划。等到他们商量已定,就去找裴寂,要裴寂告诉李渊。李渊开始并不同意,稍后也就答应了。

按照这些记载,那太原起兵完全是李世民一手策划和组织领导的,李渊只是听从了李世民的计谋;或者是李世民设了一个套,让李渊往里钻,最后迫使其答应起兵。

《资治通鉴》记载太原密谋起兵一段历史,采用的是追述的方式。从介绍李世民的身世开始,后即转入到李世民与刘文静的相见和密谋,然后再叙述结交裴寂,告知李渊。其线索与两《唐书》基本相同。

但是,在温大雅记录李渊起兵过程的《大唐创业起居注》一书中,情况却并非如此。李渊被隋任命为太原留守后,大业十三年(617)建立了大将军府,当时温大雅就是李渊大将军府的记室参军。记室参军相当于机要秘书的职务,是专职记录军队中随时发生的事情的,不可能费尽心思去编造事实。所以,他的书就相当于一部李渊的军事日志,记录基本上是真实的。按照这本书的说法,李渊对起兵反隋是早有预谋的。例如,书中记载，李渊到太原上任的时候，心里暗自高兴。因为太原是古代陶唐氏（传说中的帝尧）的地盘，而李渊的爵位是唐国公，他认为这是一种天意，暗示自己要当皇帝。所以，他怀着一颗"经纶天下之心"[①]，一路上都非常注意收买人心，许多人投靠了他。

这就出现了一个矛盾：如果温大雅的说法没问题，那么，根据唐朝的实录和国史编撰的正史——《旧唐书》和《新唐书》，为什么要把太原起兵的功劳都归到李世民的头上呢？

二、史实被有意隐瞒

正史把太原起兵的功劳都归于李世民，是因为其所依据的国史是按照李世民当皇帝以后的需要而记载的。李世民的皇位，是通过武装政变夺权得来的，这种行动显然不符合法统和伦理，不足以垂范后世。

因此，李世民称帝后，便试图隐瞒一些史实。在李世民的授意下，贞观史臣在撰写《高祖实录》和《太宗实录》时，就大肆铺陈李世民在武德年间的功劳，竭力抹杀太子建成的成绩，贬低高祖李渊的作用。而且把太原起兵的密谋描绘为李世民的精心策划，高祖李渊则处于完全被动的地位。这样一来，李世民便堂而皇之地成为开创李唐王业的首功之人，皇位本来就应该是他的，李渊退位后也就理应由他来继承皇位。

有关唐朝开国的历史纪录，确实有人做了手脚，是史臣为

[①] 温大雅：《大唐创业起居注》卷一，上海古籍出版社1983年，第4页。

了辩护唐太宗取得皇位的合法性而虚构出来的，有一些方面是背离事实的。

事情的真相到底如何？关键要搞清楚李渊何时起了反隋之心。

隋炀帝统治的后期，随着对高丽的战争及其带来的频繁的兵役和徭役，阶级矛盾日益尖锐起来。而且，隋炀帝个人的独断专行和打压贵族官僚的政策，也引起了统治阶级内部矛盾的激化。有野心、有眼光的人，都在思考天下有变时的出路问题。

据《旧唐书·宇文士及传》记载，大业九年（613）隋炀帝用兵辽东的时候，李渊作为朝中的大臣，在前线督运粮草。那个时候，隋炀帝的统治还没有全面崩溃，但李渊的政治野心已经萌生了出来。他在涿郡，同自己在殿内省任职时的下属宇文士及"密论时事"。一些唐史专家认为，这是李渊心生反隋之念迹象的最早记录[1]。

"密论时事"是不是就说明他们在谈论起兵造反呢？李渊和宇文士及都是高干子弟，又是曾经的同僚，他们的关系很深，所以可以在一起谈论很敏感的政治话题。但是，他们说了些什么，当事人都没有向外界透露，自然也不能透露。只是在李渊称帝之后，为了笼络宇文士及背后的势力，不埋没宇文士及的功劳，他有一次对自己的死党裴寂说起：宇文士及和我讨论天下之事，已经六七年了，远在你们和我在太原谋划天下之前。

看起来似乎他们在筹划谋反，其实不然。

就在李渊和宇文士及"密论时事"的这一年，杨玄感趁着

---

[1] 牛致功：《李渊建唐史略》，陕西人民出版社1983年，第2页。

隋炀帝用兵辽东的机会，起兵反隋，一时震惊天下。当时，李渊的内兄窦抗也劝他乘机而起。窦抗是想借着天下大乱的机会，让李渊捞一笔政治资本。但是，富有洞察力的李渊认为时机不成熟，他对窦抗说了一句"无为祸始，何言之妄也"①，就搪塞过去了。其实，他只是和宇文士及私下谈论当前的政治形势和自己的理想，而没有任何的计划和行动。不过，李渊的政治野心却由此可见一斑。

李渊反隋之念的正式形成，是在大业十一年（615）②。当时，农民起义已成燎原之势，隋朝的统治面临着严重危机，隋炀帝的猜忌之心也更加变本加厉。这年三月，隋炀帝以开国功臣李穆之子李浑（字金才）门族强盛，杀李浑及宗族三十二人。四月，炀帝以李渊为河东抚慰大使。副使夏侯端劝李渊说："天下方乱，能安之者，其在明公。但主上晓察，情多猜忌，切忌诸李，强者先诛。金才既死，明公岂非其次？若早为计，则应天福。不然者，则诛矣。"③对于夏侯端的分析，李渊深表赞同。

不久后，李渊又被任命为太原留守，成为今山西境内的最高军政长官。此时李渊对李世民说："唐固吾国，太原即其地焉。今我来斯，是为天与。与而不取，祸将斯及。然历山飞不破，突厥不和，无以经邦济时也。"④李渊明确表示出自己有

---

① 《旧唐书》卷六一《窦威传》，第2368页。

② 汪篯：《李渊晋阳起兵密谋史事考释》，《汪篯汉唐史论稿》，北京大学出版社2016年，第447页。

③ 《旧唐书》卷一八七上《忠义上·夏侯端》，第4864页。

④ 温大雅：《大唐创业起居注》卷一，第2—3页。

"经邦济时"之心。

大业十二年（616）底，突厥乘李渊南下镇压起义军之机，攻取马邑（今山西朔州）。丢失了地盘可是地方长官的责任，隋炀帝于是派人囚捕李渊，并要把他解送到隋炀帝行在的江都。这件事情，成为李渊起兵的导火线。

后来隋炀帝从江都派来使臣，宣布释放李渊。江都使臣的到来，是太原起兵方案最终敲定的时刻，所谓"雄断英谟，从此遂定"[1]。

也就是说，太原起兵其实是李渊有预谋、有组织的一次武装反隋的行动。李渊才是真正的首谋之人，也是起兵过程中的最高领导人。

三、四大主角　两条线索

太原起兵的四大主角是李渊、李世民、裴寂和刘文静。这四人之间，在谋划起兵的过程中，到底是通过什么方式联结在一起的？这里面，包含着三个重大问题。

首先要搞清楚，刘文静是什么时候入狱的。按照史书上的记载，当时刘文静因与李密联姻而被捕入狱，然后李世民去狱中探望刘文静，于是上演了隋末版的"隆中对"[2]。

李密在大业九年（613）就参与了杨玄感反隋的武装起兵，为什么要等到大业十三年（617）李渊出任太原留守后才被抓起来呢？难道是刘文静此时才与早已是隋朝叛臣的李密联姻？那

---

[1] 温大雅：《大唐创业起居注》卷一，第4页。
[2] 《旧唐书》卷五七《刘文静传》，第2290页。

他就是明摆着要与隋朝作对，要在李渊父子面前表明自己的反隋立场，以此试探李渊对自己的态度和政治动向。凭着刘文静的性格，这样的安排他是可能做出来的。

还有一种可能，就是刘文静早就和李密联姻了，由于他级别不高，一直没有引起注意，没有被追查。李渊来到太原后，故意把事情挑明，并乘机把他关了起来，目的也是试探刘文静的政治态度，并因此结纳他为自己谋划起兵的参谋和敢死队员。这样的解释，对于老谋深算的李渊来说，也是讲得通的。因为把刘文静关起来，李世民才能去接近他，与其商讨经营天下的大计。这很像是李渊的故意安排。而且从后来的事态发展来看，后一种可能性更大。

其次要搞清楚，刘文静是先结识李渊还是李世民。按照正史上的记载，刘文静是先认识李世民，然后串通李世民利用赌博之法接近裴寂，而裴寂又选晋阳宫女私侍李渊，再告以起兵之事。[1]根据分析，李世民是知道李渊有反隋想法的，他完全不必使用这种方法来告知李渊。那么这种记载是否完全是杜撰的？为什么会出现这种说法？

《旧唐书·刘文静传》载："及高祖镇太原，文静察高祖有四方之志，深自结托。"[2]这段话当然说明李渊早有反隋之心，同时也表明刘文静在李渊来到太原之初，就看出李渊是个野心勃勃的人物，可以追随以取富贵，故而主动结交，且关系还不浅。刘文静与李渊的结识，早在他和李世民密谋之前就发生了。

---

[1] 《资治通鉴》卷一八三，第5730页。
[2] 《旧唐书》卷五七《刘文静传》，第2290页。

而且，很有可能，刘文静是通过李渊才认识李世民的，或者说，是李渊把刘文静介绍给了李世民认识，促成了两人后来的密谋。

至于裴寂，本来就与李渊有旧交情，现在两人又同地为官，自然关系更加密切。史载二人常常喝酒下棋，聊到天亮，不知疲倦。李渊与裴寂的关系，看来远比与刘文静的关系好，但这并不代表裴寂就比刘文静更了解李渊的政治野心。裴寂与李渊的亲近，更多应是得自两人同为贵族出身，家世背景相似，有谈话的基础。

另外，裴寂的职位也更方便，且更有理由与李渊每日游乐，至于仅是县令的刘文静，就不可能有很多这样的机会。李渊如果经常与刘文静一起，也肯定会引来别人的怀疑和关注。这种种原因，令最先洞察李渊心思，本想追随他的刘文静，最终与李世民结成了密切关系，而把裴寂推到了李渊的身边。

最后还要搞清楚，裴寂以晋阳宫女私侍李渊是否为劝其起兵的特意安排。按照正史的记载，裴寂安排宫女私侍李渊，是迫使李渊同意起兵的一种手段，其实不然。《新唐书·裴寂传》上有一段话："寂尝以宫人侍唐公，恐事发诛，间饮酣，乃白秦王将举兵状"①。说明裴寂是以前就曾安排宫女私侍李渊，非为劝说李渊才特意安排的。很可能因为裴寂与李渊关系密切，私交甚好，裴寂就利用职务之便，私选宫女侍奉自己的顶头上司，而这件事后来被解释成李世民与刘文静迫使李渊起兵的筹码。仅就这件事本身来说，应该不完全是杜撰的。

由于事实被修改或掩盖，我们很难确切知道，李渊和李世

---

① 《新唐书》卷八八《裴寂传》，中华书局1975年，第3737页。

民双方对于谋划起兵一事的消息，是如何互相传递的。从李渊、李世民、裴寂、刘文静四人以后的行动和命运来看，大体上李渊与裴寂、李世民与刘文静分别进行过密谋，而李渊由于身份特殊，行动更加谨慎，故李世民向李渊明确提出起兵计划的可能性更大。但是全局还是掌握在李渊手中。

也就是说，太原起兵的谋划，应该存在两条线索。李世民受李渊的影响，积极进行反隋活动，争取早日起兵。谨慎的李渊，不会亲自交代李世民招兵买马。而李世民的活动，也不需要或者不可能一一告知李渊。所以，李世民谋划起兵，是他在李渊默许下的独立行动。从这种意义上来说，李世民在太原起兵中所起的作用与李渊一样巨大，他们是两条并进又独立的线，谁也不可替代、掩盖对方的功劳。

太原起兵的经过，以李世民为主体的那条线，或者说在李世民所了解的事实真相中，可能就是史书上所记载的那样，史官们只是没有把李渊的故事写出来而已。所以，历史不是简单地被篡改，只是有一部分被有意或无意地掩盖了起来，将起兵诠释成了一个单线发展的事件。[①]

四、发展武装力量

李渊要组织和发展自己的武装力量，一是要有领兵的将领，二是要有兵，三是要有钱帛粮草。

从将领的角度说，李渊是山西境内的最高军政长官，他可

---

① 参见赵璐璐《太原起兵真相再探——兼论〈资治通鉴〉的叙事方式》，《文史知识》2007年第3期。

以在隋朝的军事系统内部发展力量。如在太原担任府兵系统鹰扬府司马的许世绪，就是很早进入李渊集团的人。实际上，李渊在起兵之前秘密结交了许多心腹和敢死之士，其中就包括一些流寓在太原及附近地区的隋朝军将，除了许世绪等在职军将之外，还有如逃免兵役的隋朝皇室警卫系统所谓"三卫"的兵士长孙顺德、刘弘基、窦琮等。

从兵源的角度说，李渊除了自己掌握的少量军队外，主要是通过镇压当地的农民起义武装，来扩充自己的军事实力。大业十一年（615）以来，他利用镇压农民起义的机会，不断扩大自己的武装。正如同镇压黄巾起义是曹操的发迹之本一样，镇压山西境内的反隋农民力量，使李渊很快扩充了兵源。当时，历山飞领导的山西反隋农民起义军有十余万人，李渊采取诱敌深入、出奇制胜的战术，彻底打败了历山飞，乘机收罗了许多溃散的人马。

从后勤保障的角度考虑，李渊也在山西的土豪富户中发展力量。如当地的木材商武士彟（即武则天的父亲），在李渊行军的途中就经常接待他。后来，武士彟甚至还冒着生命危险为李渊带来了禁止挟带的兵书。李渊对他也是以富贵相许。

可以说，在组织起兵的问题上，尽管李渊一直在积极准备，放手发展自己的武装力量，但他做得是非常谨慎而隐密的。对于一些人的建议，李渊都审慎地听取，并积极谋划。

如太原人唐俭，就是李渊谋划起兵的一个核心谋士。唐俭的父亲、隋戎州刺史唐鉴，与李渊是旧交。李渊任太原留守后，唐俭就向他提出了起兵反隋的方针和具体的战略部署。他说："明公日角龙庭，李氏又在图牒，天下属望，非在今朝。若开府库，南啸豪杰，北招戎狄，东收燕赵，长驱济河，据有秦雍，海内之权，指麾可取。愿弘达节，以顺群望，则汤、武之业不远。"①

李渊回答说："商汤消灭夏桀、周武王讨伐商纣王之事，不是那么简单啊。今天下已乱，我们确实要考虑一下将来了。从私的角度说，我们需要图存。从公的角度说，我们有责任救民于水火。"末了，李渊还意味深长地对唐俭说："卿宜自爱，吾将思之。"表示要慎重考虑他的建议。

历史记载中没有留下李渊和唐俭谋划的详细经过，但从后来唐俭的经历看，他们当初确实是有一番深谋远虑的。唐朝建国后，唐俭一直被委以重任，是图形于凌烟阁的开国功臣，到高宗显庆元年（656）去世，后陪葬昭陵，官为立碑。出土的《唐俭墓志铭》上，对其在谋划太原起兵过程中的贡献进行了充分的肯定，说李渊和唐俭在战略方针上"若合符契"，"以石投水，百中之策无遗；言听计从，千里之胜斯决"②。

实际上，在起兵以前，李渊如此这般的谋划当不会太少。温大雅在《大唐创业起居注》中，多次讲到李渊善于收罗人才。说他来到太原后，就"私喜此行，以为天授"，既然天意要他拯救百姓，于是他"所经之处，示以宽仁，贤智归心，有如影响"。还说他"素怀济世之略，有经纶天下之心。接待人伦，不限贵贱，一面相遇，十数年不忘。山川冲要，一览便忆。远近

---

① 《旧唐书》卷五八《唐俭传》，第2305页。

② 周绍良主编：《唐代墓志汇编续集》，显庆〇〇六，上海古籍出版社2001年，第89页。

承风,咸思托附"①。这些都是李渊放手发展武装力量的原始记录。

五、敢死队长李世民

李渊其实是一个很有城府和谋略的政治家,太原起兵的前后过程都是在他的直接指挥下进行的。在对待突厥的态度上也可以看出他军事谋略上的过人之处。突厥,是当时北方一支比较强大的军事力量。一方面,为了不使突厥成为捣乱的敌人;另一方面,也可以借助突厥壮大自己的声势,于是李渊选择了对突厥的拉拢政策。他向突厥始毕可汗称臣,取得了突厥的支持,亦解除了受突厥攻击的后顾之忧。李渊派出的这个联络人,就是刘文静。而裴寂是李渊最为看重的谋臣密友,李渊决定要起兵及各项具体部署,很大程度上都是听取了他的意见。

还有李渊谋划起兵的时候,接到了已经在河南拥有强大力量的瓦岗军领导人李密的来信。李渊面对李密狂妄自大的来信,给他写了一封很谦恭、很奉承的回信。李渊卑辞推奖以麻痹李密,派刘文静出使突厥以解后顾之忧,都是起兵谋划中的重大战略决策。关于起兵的谋划,李渊的表述和李世民的表述,都是站在各自立场上的,自然就是两个大不相同的版本了。

那么,李世民在谋划和组织起兵的过程中,到底发挥了什么作用呢?

在李渊的授意下,李世民在谋划起兵的过程中,主要干了以下几件事:放手结纳当地的英雄豪杰和亡命之徒;去囚所探

---

① 温大雅:《大唐创业起居注》卷一,第4页。

视刘文静，商讨具体的行动方案；在刘文静的配合下，寻找机会，大肆招兵买马；后来又支持刘文静去联络突厥。年仅十八九岁的李世民，实际上是充当了一个急先锋和敢死队长的角色。

第三章　首席开国功臣

李渊起义的队伍从太原开出后不久，在霍邑（今山西霍州）遇到了严重的挫折。回师太原还是进攻霍邑，这是一场比眼光、比胸怀、比意志的重大行动。李渊的军中出现了两派意见，一派是以李世民为代表的主战派，主张坚决前进；一派是以裴寂为代表的主退派，主张撤回太原。面对进退两难的抉择，李渊还是决定回师。就在李渊已经下令撤退、部队开始掉头回撤的那天晚上，李世民在父亲的军帐前大哭不止。

李世民这样悲伤恸哭究竟是为哪般？他是拿这支部队做赌注，还是真的具有夺取天下的战略眼光和稳操胜券的局势分析？李渊因为李世民的"军帐夜哭"而冷静地重新思考，改变了主意。唐朝开国战争中的第一次重大挫折因此被扭转。李世民在唐朝建立后被封为首席开国功臣，难道就是因为他这一哭而挽救了起义的队伍吗？

其实，李世民不仅是太原起兵过程中的敢死队长，也是起义谋划过程中的核心谋士。

一、上阵父子兵

中国历史上的开国皇帝,凡是靠造反起家的,其造反的骨干力量,要么是同僚,如刘邦与萧何、曹参;要么是儿时的伙伴,如朱元璋与徐达、汤和;还有就是兄弟联手,如赵匡胤与赵光义,也就是宋太祖和宋太宗。而李渊造反起兵,则很特别,他依靠的主要是自己的三个儿子,是父子一起运筹谋划的。

李渊在太原经营的时间并不长,从大业十一年(615)四月担任河东抚慰大使算起,到大业十三年(617)五月正式起兵,只有两年的时间。如果从他担任太原留守时算起,也就只有一年半的时间。在这么短的时间里,他是如何组织起一支造反的队伍来的呢?

李渊起兵,最核心的谋划之人并不多,也就只有他的三个儿子,还有隋朝的晋阳宫监裴寂、晋阳县令刘文静等少数几人。

李渊对自己的三个儿子都很看重。起兵过程中,他还对儿子们说起:"然晋阳从我,可谓同心之人,俱非致命之士。汉初,有萧、曹,而无尔辈,今我有尔辈,而无萧、曹。天道平分,乃复如是。行矣自爱,吾知尔怀。"[1]李渊一直觉得自己没有像刘邦手下萧何、曹参那样的谋士,却有三个出色的儿子,这是刘邦比不上的。这也说明,李渊起兵的家族色彩很重,有明显的父子兵特点。

李渊去太原上任的时候,只有二儿子李世民跟随,长子李建成和四子李元吉都留在河东(今山西永济西)。所以,最初的

---

[1] 温大雅:《大唐创业起居注》卷二,第21页。

谋划是李渊同李世民商量作出的。刚到太原时，李渊所说"唐固吾国，太原即其地焉。今我来斯，是为天与"①的一段计划起兵造反的话，就是对李世民说的。马邑失守后，李渊被拘押，应急的一系列谋划也是李渊同李世民商量作出的。隋炀帝派出的使臣到达太原，李渊得到赦免后，才通知长子李建成，要他照看好弟弟李元吉，在河东暗中结交一些英雄豪杰，尽快来太原会合；同时也要李世民在太原当地"密招豪友"。

李渊的第三个女儿是和窦氏生的，唐朝建立后封为平阳公主。由于历史上没有留下她的名字，我们只好称之为平阳公主了，尽管当时她还不是公主。当李渊在太原谋划起兵的时候，平阳公主和她的丈夫柴绍还在长安。李渊秘密派人要把他们接到太原，他们夫妇商量后决定，为了避免暴露起兵的计划，平阳公主留在长安，柴绍偷偷地来到太原会合。所以说，李渊在太原起兵的谋士中，还有自己的女婿。

父子兵是李渊起兵的基干力量，但并不是说李渊就没有其他的谋臣猛将。李渊在太原起兵，可以说是筹划周详、组织严密、准备充分、队伍齐整。可是，人们印象中好像李渊只是一个孤家寡人，整个起兵的计划都是由李世民作出的，甚至唐朝的天下都是李世民带领一批英雄豪杰打下的。

这主要是因为，唐朝建立后，李渊用人坚守关陇贵族的固有立场，以勋贵之人为核心组建政权，而参与谋划和组织太原起兵的多数人，都出身不高，唐朝建立后大都在军队系统任职，在权力中枢的地位不是很显赫。那些出身勋贵的隋朝官僚，大

---

① 温大雅：《大唐创业起居注》卷一，第2—3页。

都是在唐朝建国后不断来投的，并不是太原起兵的元从功臣。而且，唐建立后的统一战争，主要是由秦王李世民指挥的，显赫于世、著称于史的隋唐之际的许多英雄人物，都归入了李世民的帐下。

二、誓师起兵

大业十三年（617）春，李渊认为取代隋朝的时机已经成熟，决定起兵。起兵就要有军队，恰巧这时在马邑起兵的刘武周勾结突厥南下，进据汾阳宫，李渊就借机以防备刘武周为名，下令募集军队，由李世民掌握。

李渊在正式起兵之前，还做了几件重要的事情。

一是除掉隋炀帝安排监督他的副留守王威和高君雅。李渊通过裴寂认识了当地的土豪、晋阳乡长刘世龙，而刘世龙与高君雅关系很近，李渊因此掌握了他们的动静。

大业十三年（617）五月十五日，李渊与王威、高君雅一起升堂办公，刘文静把早已安排好的一个府兵军官刘政会带入，刘政会称有机密要汇报。李渊看完报告后，宣布王威、高君雅勾结突厥，引兵南下。这时，王、高与李渊发生了激烈争执，但李世民早已控制住了局势，王威、高君雅被逮捕。次日，有突厥兵几万人进攻太原，李渊乘机杀掉了王威、高君雅，去除了起兵的心腹之患。

起兵之前的第二件大事，是派刘文静向突厥始毕可汗称臣，取得了突厥的支持，解除了后顾之忧。

起兵之前的第三件大事，是派其子李建成和李世民率兵，打败反对自己的属下西河（治今山西汾阳）郡丞高德儒，攻取西河郡，为南下进入关中扫除第一个障碍。

七月，李渊在太原发兵南下，以四子李元吉留守太原，自己和另外两个儿子带领三万人南下。改易旗帜，杂用绛白，白以示突厥，表示与隋划清界限；绛以示隋的官僚贵族，表示自己仍然是隋朝的一员。同时致书李密，卑辞推奖，表示将来拥立李密做皇帝。

李渊决定从太原南下入关，也是抓住了一个很好的时机，这就是李密领导的瓦岗军正在河南迅速发展，有力地牵制住了东都洛阳的隋军。

而在都城长安周边，事先也作了严密的布局。长安周围的许多城镇，都已为李渊的亲属所招降的义军占领。关中的地主官僚与李渊有着千丝万缕的联系。

如李渊的从弟李神通，在长安西南的鄠县（今陕西西安鄠邑区）一带，发展到一万多人，自称关中道行军总管，其属下有京师大侠史万宝、隋朝乐城（今安徽亳州东南）县长令狐德棻等。

后来被李渊封为平阳公主的女儿，在其夫柴绍前往太原参与谋划起兵之后，自己回到了长安郊区的鄠县（今陕西西安鄠邑区），募集了一支由当地亡命山泽的人组成的队伍，在东起鄠县，西到郿县，包括今陕西咸阳西部的兴平、武功、周至一带，聚集了七万余人，打退了驻守长安隋军的多次进攻。这支号称"娘子军"的队伍，后来在渭水北岸与李世民会合，为李渊打下长安作出了很大贡献。

李渊的另一个女婿段伦，在长安东南的蓝田（今陕西蓝田）一带，也聚集了一万余人，响应从太原南下的李渊大军。

李渊在太原起兵后，"三秦士庶，衣冠子弟，郡县长吏，豪族兄弟，老幼相携，来者如市"①。他很快获得了官僚贵族的广泛支持，当时身在各个武装集团的官僚士大夫，也都心向李渊，把重建统一国家的希望寄托在他身上。

李渊起兵后能够迅速南下，西渡黄河进入关中，是有着许多方面原因的，他的战略部署也很高明。但是，其中有一个细节，就是在攻打霍邑（今山西霍州）时一个重大决策的改变，是由于李世民的一场大哭而作出的。有时候，细节就决定了成败。

三、军帐夜哭

起义的队伍从太原出发十天后，来到了霍邑北边五十余里的贾胡堡。此时，长安的隋朝政权已经开始部署对李渊的围剿，代王杨侑派遣虎牙郎将宋老生率精兵二万屯守霍邑，派遣左武候大将军屈突通率领骁果数万屯河东（今山西永济），对李渊形成夹击之势。局势非常明显，李渊西进关中，会受到隋朝方面的有效遏制。当时又正遇上北方的雨季，李渊的军队无法前行，只得就地等待天气好转。考虑到可能要等待一些时日，李渊派人率领一支由老弱兵士组成的队伍回太原去搬运一个月的粮食来。

这年的秋天，山西的雨一直下个不停，部队被困在贾胡堡。派去联络突厥的刘文静又迟迟没有消息。刘文静出使突厥，名义上是向突厥借兵，实际上是为了稳住突厥，解除刘武周联合

---

① 温大雅：《大唐创业起居注》卷二，第33页。

突厥、威胁太原的后顾之忧。李渊一直在等待刘文静的消息，尤其是被洪涝困住以后，他更加急切地盼着刘文静回来，好做出决定。但李渊为什么一定要等到刘文静的消息才能做决定呢？

因为，如果刘文静出使突厥成功，说明突厥已经接受了李渊想联合的诚意，不会和李渊作对，李渊就可以放心地攻打霍邑了。可是，李渊还没等来刘文静，让他最担忧的事情却要发生了：传闻说，在马邑（今山西朔州）起兵的刘武周得到突厥的支持，正准备进攻太原。

屋漏偏逢连阴雨。秋雨绵绵延延，不见停止，军中粮食也出现了危机。

那么，是进，还是退呢？是继续进攻霍邑，还是回救太原？李渊也拿不定主意，不知该怎么办好。于是，他紧急召集部下，当然也包括他的两个儿子李建成和李世民，要商议出一个万全之策来。众人感觉到事态的严重，但是两种意见都有，一种是主张先救太原，一种是主张进攻霍邑，双方争论得很激烈。

李渊的谋臣密友裴寂，他主张先救太原。他的理由是：宋老生和屈突通联兵据险，一时难以攻下，一旦开战，就可能纠缠很长时间，不得脱身，迁延日久，又会乏粮；李密虽说与我们联合，实则狡诈难测；突厥贪婪不讲信用，唯利是图；刘武周称臣于突厥，兵势正强，而太原是一都之会，位置重要，且义兵的家属都在那里。

裴寂这番话，杀伤力是蛮大的，况且他分析得也很有道理。所以，当时就有很多人站在了裴寂这一边，主张回救太原。

可是，这时候李世民站了出来，他根据裴寂所说的理由一一给予反驳：现在正是粮食收获的季节，何必担忧粮食缺乏？

宋老生轻浮急躁，一战可擒；李密顾恋洛阳附近的地盘和粮仓，不会进攻关中；刘武周与突厥表面上勾结在一起，内实互相猜忌；我们大唐起兵，本为行大义于天下，理应奋不顾身以拯救天下苍生，一定要抢先拿下长安，才能号令天下，现在遇到一股小敌就要退兵，恐怕起义兵众，一朝解体，还守太原一城之地，那是反贼，不是义师。若安于做贼，终不可长久，那样将如何自全？李世民说得也有道理。

李世民的大哥李建成是坚决支持他的，他也说："万万不可后退。无论是从形势上、道义上，都要前进，这才是号令天下的出路。"

两派意见众说纷纭，争得很厉害。

可能李渊的心里也存在着裴寂那样的担忧，所以，尽管李世民兄弟俩据理力争，但李渊还是传令下去，决定班师回太原。李世民还想劝说李渊，但他已经回帐睡下了。

当天晚上，因为心情郁闷，李渊翻来覆去睡不着。偏偏这时候又听到有人在军帐外面号哭，就更加烦躁了。便问："谁在外面号哭？"卫兵支支吾吾。李渊就更生气了："带进来！"一看，是自己的儿子李世民。李渊虽然很恼火，但是看到儿子眼睛中的忧虑，他也不由得怀疑起自己的决定是否正确。于是，他不无怜爱地问道："何以如此？"

李世民就说："我们起兵，就是为了一个'义'字，气可鼓不可泄啊。我们这支队伍，您都称呼大家为义士，这还没带大家取得点成绩，才遭受一点挫折就放弃，那还叫什么义士？一旦后撤，很快就会人心涣散。军士们散于前，四周这么多敌人乘于后。到时候，身死兵败，天地之间，无以援救，后悔都来不及啊！怎么能不悲伤？"

这支队伍是李世民负责招募起来的，他很了解其中的微妙。

李渊听了，一时顿悟。因为自己有和裴寂他们一样的担忧，忧思太深，所以其他的意见都听不进去了，差点铸成难以挽回的大错。但是，班师的军令已经传达下去了，军队也已经开始撤退，所以李渊当时就有些为难和慌乱。

李世民倒是很理智，他说："右军还没有动，左军虽然出发了，但还没走远，让我去追。"

李渊如释重负地笑了笑说："我们的成败，都看你的了。你就好好处理吧。"①

于是，李世民和李建成分道追回了左军，李渊也改变了回师太原的决定，进兵霍邑。

十来天后，回太原运粮的人马到了，下了二十多天的秋雨也停了。准备充分以后，李渊在霍邑城东五六里的地方，按照李建成和李世民的建议，由他本人先挑阵引出宋老生，并率军与之正面对阵，稍战诈退，李世民率骑兵掩袭其后。交战正酣时，混战中听到欢呼："宋老生已被抓获！"宋老生军中士兵不知是诈，一时军心动摇，如潮水般溃败。宋老生逃回城下，被刘弘基一刀砍过去，身首异处。李渊大获全胜。

接着，李渊经临汾，下绛郡（治今山西新绛），收用了隋朝绛郡通守陈叔达。不久打到了龙门。这时，刘文静引领着康鞘利等突厥兵五百人、马两千匹赶了上来。李渊借助突厥兵以张声势，同时也解除了突厥和刘武周联合进攻太原的后顾之忧。

---

① 《资治通鉴》卷一八四，第5744—5745页。

九月，李渊军主力从河东顺利渡过黄河，南下进入关中。

李渊入关后，坐镇洛河上游的长春宫（今陕西大荔东旧朝邑境内），指挥围攻长安的战斗。李建成率东路军，进驻潼关，防备河东屈突通指挥的隋军。李世民率西路军，从长安的北部和西部形成包围。

于是，前面提到的关中地区支持李渊的力量，将近十万人众，先后都加入了李世民的队伍。进攻长安之前的李世民部，已经发展到十三万人。

十一月，攻克长安。年底，占领巴蜀。为全国的统一奠定了坚实的基础。

一切都在李世民的计划中，李渊也不得不佩服起自己儿子的军事才能来。

四、首席功臣

武德元年（618）的五月二十日，李渊在长安正式登基称帝。八月六日，唐高祖李渊下诏，要求有关部门汇总上报后确立一份开国功臣的名单。在这份诏令中，李渊钦定李世民和裴寂为首席功臣。

根据《唐会要》的记载，武德元年八月六日，唐高祖李渊下诏曰：

朕起义晋阳，遂登皇极，经纶天下，实仗群材。尚书令秦王、右仆射裴寂，或合契元谋，或同心运始。并蹈义轻生，捐家殉节。艰辛备履，金石不移。论此忠勤，理宜优异。官爵之荣，抑惟旧典；勋贤之议，宜有别恩。其罪非叛逆，可听恕一死。其太原元谋勋效者，宜以名闻。①

李渊在诏书中点名表彰的，只有李世民和裴寂二人。表彰李世民的话是"合契元谋"，也就是说，他是最初与李渊一起谋划起兵的人，而且在起兵反隋这一点上，父子二人是一拍即合，这是李世民最大的功劳。表彰裴寂的话是"同心运始"，这是说裴寂从一开始就参与到起兵的谋划之中，而且与李渊是同心同德。

看来，在李渊的心目中，只有李世民和裴寂是他太原起兵最亲密的谋划者，李世民是太原起兵也是唐朝开国的首席功臣。

这里面有两个问题，一是为什么李渊只提李世民而不提李建成？二是为什么与裴寂发挥了同等作用的刘文静也被李渊忽略了？

关于第一个问题，答案其实很简单。一来因为最初的起兵谋划李建成并未参与，当时他还在河东，没有随着李渊来到太原。二来李建成在这个时候已经被立为太子，而太子就是储君，与大臣之间有着一道不可逾越的鸿沟，是君与臣的分别。李世民被李渊目为首席功臣，那他就是臣，是李渊的臣，也是未来皇帝李建成的臣。从这里也可以看出，说李渊很早就动过念头要立李世民为太子，那完全是李世民自己后来编造出来的谎言。

关于第二个问题，原因在于裴寂与刘文静在李渊心目中的地位其实是不一样的。在李渊看来，裴寂不仅是最初参与起兵

---

① 《唐会要》卷四五《功臣》，上海古籍出版社2006年，第935页。

谋划的功臣，更是与自己气类相投的贵族子弟，而且还是一起干过坏事的铁哥们；而刘文静当时只是晋阳县令，地位与李渊相距甚远，且与李渊没有什么密切的交往，在起兵过程中基本上也是与李世民保持密切联系，属于起兵谋划过程中的另外一条线。正因为如此，刘文静后来会感到不平，对裴寂的怨愤也许在这个诏书下发后就萌生了。

不过，李渊的诏书并不是最终的决定，他只是特意提出了李世民和裴寂二人，给予特殊的表彰，具体需要表彰的功臣名单，则要有关部门提出来，所谓"其太原元谋勋效者，宜以名闻"，就是把可以列入太原起兵第一等功臣"太原元谋勋效"的人，提交一份名单上来。

有关部门上报的名单，最后是这样的：

尚书右仆射裴寂、纳言刘文静，加恕二死。

左骁卫大将军长孙顺德、右骁卫大将军刘弘基、都水监赵文恪、右屯卫大将军窦琮、卫尉少卿刘政会、鸿胪卿刘世龙、吏部侍郎殷开山、左翊卫大将军柴绍、内史侍郎唐俭、库部郎中武士彟、骠骑将军张平高、左骁卫长史许世绪、李思行、李高迁等，并恕一死。[①]

这个名单除了列出了所有的"太原元谋勋效"之外，与李渊在前一道诏书中说的，有三点出入：一是尚书令秦王李世民

---

① 《唐会要》卷四五《功臣》，第935页。

不在这个名单中，这也许是有关部门觉得把李世民与一班大臣放在功臣名单里不合适，毕竟李世民的身份比所有功臣都要特殊；二是原来说李世民和裴寂这样的功臣可以"恕一死"，即犯一次死罪可以恕免，现在改为第一个级别的功臣如裴寂可以"恕二死"；三是刘文静被列为与裴寂同等地位的第一个级别的功臣。①

---

① 参见张耐冬《太原功臣与唐初政治》，中国社会科学出版社2018年，第56—65页。

第四章　秦王破阵——战场上的冒险王

李世民即帝位后,由吕才协音律,魏徵等制歌辞,把一曲《秦王破阵乐》改编成为宫廷典礼及各种重大祭祀活动中的乐舞。贞观七年(633),唐太宗又亲制《破阵舞图》,命吕才依图教乐工一百二十人披甲执戟而舞。此舞以其浓厚的战阵气息和强大的威慑力,令观者"凛然震竦"[1],后称《神功破阵乐》。高宗时,修入雅乐,名曰《七德》,此后一直是唐朝国家庆典中的主要乐舞。

在这个乐舞中,李世民做秦王时期指挥的几次重大战争都得到了形象的反映。

一、智破"万人敌"

唐军占领长安后,面临着四面的敌人。李渊并没有多少可以用的大将,如何才能把已经取得的政治优势转化为战场上的实力?年轻的李世民又是如何成为前线统帅的?

武德元年(618)五月,李渊正式称帝。对于刚在关中立足的唐王朝来说,陇西的薛举可以说是一个劲敌。薛举自然也明

---

[1]《旧唐书》卷二八《音乐志》,第1046页。

白,唐朝的建立对他是一个威胁,所以当年六月,他就趁着对方刚刚立足,根基不稳,大举来犯。李渊这时候也不示弱,立即作出回应,命李世民率兵出击。这一次,没有了李渊和李建成,李世民要独立面对强敌。他第一次以秦王的名义率军出征,望着飘扬的大旗,兴奋、压力涌向他的心头。

但是,李世民与薛氏军队的第一战并不顺利。唐军急于求战,又恃众轻敌,疏于防备。在高墌(今陕西省长武县北),薛举引军掩袭唐军阵后,唐军大败。据史书记载,当时适逢秦王患病,由刘文静、殷开山主持军务。二人不听从李世民的告诫,急于出战,结果被薛举的军队偷袭,死伤大半。李世民只得领兵暂时退回长安,薛举乘机夺下了高墌。刘文静、殷开山因为此事被除名,贬为庶民。

薛举一战得胜,大喜,正欲进军长安,却病倒了。更没想到的是,薛举一病竟再未起,一命呜呼了,其子薛仁果(两《唐书》作"杲",《资治通鉴》作"果")继承政权,继续与唐军对峙。

薛举本就是土匪一类的割据者,他野蛮残忍,对待俘获的士兵,一律进行残酷的屠杀,缺乏家国天下的大关怀。这种人根本不懂得"得民心者得天下"的简单道理。薛仁果的残忍,与其父相比是有过之而无不及。他喜欢杀人,喜欢杀掉对手后再强娶他们的妻妾。薛仁果继位之后,政权内部的矛盾更为激烈,兵势日衰。八月己丑,李渊又以李世民为元帅,再次发兵,进攻薛仁果。

薛仁果号称"万人敌",李世民遇到了一个强大的对手。这一仗,李世民先是坚壁闭垒六十日以骄敌,然后抓住对方粮尽的时机顽强追击，在浅水原（今陕西长武东北）一举打败了敌人。战场上的李世民，已经越发成熟，不仅懂得运用各种兵法和战术，还懂得分析敌方心理，最终克敌制胜。这一仗，他一雪唐军前耻，消灭了薛氏政权这个威胁关中的劲敌，为自己第一次独立出征赢得了漂亮的一分。

战后，李世民安抚军民，稳定当地形势，积极收拢人才。他与褚亮的相识，就在此时。褚亮来自南朝的名门大族，他博闻强记，能文善谈，是当时著名的文士。李世民没有因为褚亮是薛仁果的亲信就对他有防范之心，而是屈身下士，以礼相待，两人很快就结为至交。回到长安后，李世民奏请高祖，让褚亮做了自己秦王府的文学之职。不久以后，褚亮就成为著名的"秦府十八学士"之一了。褚亮的儿子褚遂良，后来也成为太宗朝后期的重要人物。

在天下大乱的年代里，英雄和土匪是并生的。英雄和土匪的区别，不在于谁的兵力强大，也不在于一两次战役的输赢，关键是看志向有多大，目标有多远。

李世民独立指挥的第一场大战，尽管经历了一些挫折，但最终取得了辉煌的胜利，为李渊政权在关中站稳脚跟奠定了基础。李世民为自己赢得了声誉与威望，为自己不断地掌握军队和地方控制权开创了新的起点。他的下一个目标是出关厮杀，接管整个统一战争的指挥权。

二、拼毅力还要拼体力

太原是李唐政权龙兴之地，整个山西实际上也是长安的屏障。山西失手，长安就危在旦夕。而当李渊正在关中经营的时候，山西被突厥支持的割据势力刘武周占领了。由于缺乏真正能够领兵出征的大将，李渊只好把目光投向了西征回来的李世民，毕竟李世民有了指挥作战的经验。

刘武周当时在山西北部割据，手下的宋金刚、尉迟敬德等都是骁将。他看到太原由年幼的李元吉镇守，于是命宋金刚带兵攻打太原，抄李渊的老底。宋金刚迅速占领了太原以南的很多地方，唐朝方面派裴寂等人去迎击，但都失败了，随后李元吉弃守太原，逃到长安。李渊本想放弃山西，力保关中，为李世民所劝阻。于是李渊派李世民出马，来对付宋金刚和刘武周，而李世民一出马就把宋金刚给打退了。但他并没有就此停手，他要追击，穷追不舍。因为李世民看到宋金刚的部队给养不足，队伍也比较疲惫，于是决定"宜将剩勇追穷寇"。在追击的过程当中，李世民显示了超凡的体能。

这一仗打得很辛苦。刚开始是李世民坚守，双方相持了五个月，其间李世民不断派人骚扰对手后方，等到对方粮草断了，扛不住要退兵的时候，李世民就开始追击。李世民率军昼夜兼行二百里，一直追到自己的粮草也跟不上，手下的人又饥又累。这时有人建议先行修整，毕竟已经两天没吃饭，三天未解甲了，如果再这样追下去，自己都会被拖垮的。而且将士们也说，我们已经打了胜仗，夺回了刘武周、宋金刚占领我们的很多地方，现在他们已经撤退，不用再费那么大的工夫去追他们了。李世民不同意，认为这是彻底击溃宋金刚、刘武周的大好机会，千万不能错过。一旦放松追击，给了他们休养生息的机会，那就是放虎归山了。可以看到，李世民打的仗很少留下后患，要干就干得彻底。

李世民率兵拼命追赶宋金刚，在一个叫雀鼠谷的地方追上了他们。一日八场战斗，宋金刚连败八阵，毫无招架之功，因为实在是被追得太疲劳了。

就在李世民连赢八阵这天晚上，他的部下不知道从哪儿搞来一只羊，当时军中无粮，全体将士就靠这只羊来庆祝胜利了。

在雀鼠谷吃了败仗之后，宋金刚的部队退回到介休（今属山西）城中，李世民就接着攻城。围困两天以后，宋金刚的部下纷纷逃跑，部将尉迟敬德以介休城降唐，他也成为日后李世民手下的重要将领。宋金刚本想纠集残部，再跟李世民打一仗，但手下人再也不干了，纷纷表示再也不想见到李世民了。那个时候，李世民已经成了宋金刚部下甚至宋金刚本人永远挥之不去的噩梦。

李世民的身体确实好，几天急行军，又没东西吃，战士们都受不了了，但李世民还能够坚持，可见他的体能一定很好。唐朝人的体质都不错，在中国历史上各个朝代当中，唐朝可能是人们体质最好的一个朝代了。

不仅如此，李世民还很有责任感。他总是身先士卒，自己带头往前冲，觉得自己比手下干得都好，不放心别人往前冲。李世民原本是贵族出身，父系、母系都是关陇的权贵家族，所以人们很容易把他想象为没有责任心的公子哥儿。但李世民不是这样的，在他成长的年代，从政治上来说，家族所处的环境非常险恶；从社会上来说，天下即将大乱，社会局势也非常复杂动荡。在这种环境下成长起来的贵族公子，其实有一种非常强烈的社会责任感。李世民不光关心自己的部下，还有强烈的以天下苍生为念的观念，不愿看到百姓受苦，要救民于水火之中。

言归正传。介休之战，宋金刚的力量被彻底打垮，难以再战。而并州的刘武周听说宋金刚战败，吓得丢下并州，仓皇投奔突厥去了。宋金刚本想逃往并州寻求刘武周的帮助，却落得人去楼空，想要据并州再战，又没有人肯听从。最后，宋金刚只好效仿刘武周，带了几百人投奔突厥而去。

其实，那个时候突厥对刘武周的态度也发生了转变。后来，宋金刚与刘武周先后从突厥那里谋归，但都被突厥杀死，命运竟是出奇地相似。

三、孤身赴险

随着战争的推进，唐朝政权越来越呈现出征服四方、统一全国的态势。李渊绝不是鼠目寸光的人，而李世民又是坚决执行李渊统一战略最得力的将领。

从隋炀帝大业九年（613）杨玄感起兵以来，东都洛阳就是各方势力争夺的最重要目标。李密就是因为没有拿下洛阳，最终葬送了自己和瓦岗军的前途。李世民打败了刘武周之后，下一个目标就是洛阳。而占据洛阳的王世充，力量本来就很强，还有河北强大武装窦建德的声援和支持。形势决定了在洛阳周边展开的将是一场恶战。

武德三年（620）七月，就在李世民从山西前线回来两个月之后，李渊任命他为诸军统帅，讨伐王世充。李世民当仁不让，为大唐铲平所有敌人，打倒所有对手，正是他的志向。军马劳顿没有消耗掉李世民的热情，战争的艰辛也不能阻止李世民的步伐。某种程度上，李世民从战争胜利中树立了自信，找到了无与伦比的成就感，获得了无上的荣耀。他的很多东西，都是从这几年的军旅中得来的。可以说没有作为将军的李世民，也就没有作为皇帝的唐太宗。

对于新生的唐朝来说，这是生死攸关的一场战斗，也是最富有传奇色彩的一场战斗。李世民高超的战略决策和指挥艺术，以及在战场上的勇猛自信，再一次得到了尽情的发挥。

李世民喜欢亲自上前线看战场地形和侦察敌情，这是成为一个名将的必修课，但危险也是非常大的。历史上在察看地形时被敌人偷袭的名将不在少数。这次洛阳之战，李世民又亲自出马去察看地形，随身只带了五百轻骑。不料刚到北邙山的魏宣武陵，王世充就率领一万精锐突然出现，将李世民团团包围。王世充的大将单雄信冲到李世民马前，就要手起槊落，幸亏尉迟敬德从一旁大呼跃出，将单雄信刺下马来。李世民的小股人马，居然从万人的包围中突围出来。与屈突通会合后，唐军向王世充发动反扑。王世充的军队被这么一个少年元帅的勇气震住了，招架不住，很快败下阵来，王世充在卫士的掩护下逃回了洛阳城里。

尉迟敬德在洛阳城外勇救李世民的故事，在《说唐》里被改编为"御果园秦王遇雄信"，其中着重强调了尉迟敬德的神勇。民间传说总是将英雄演义为神仙，但这里却忽略了李世民的冒险精神。

在打洛阳的时候，还有一个美丽的传说，就是流传甚广的"十三棍僧救唐王"的故事。现在的少林寺里，还保存着一块当年秦王李世民赐给寺里住持的碑石，叫作"秦王赐少林寺主教碑"。因为亲王的命令文书称为"教"，少林寺主就是少林寺的住持。

刚刚从战阵中突围出来,差点被人杀死,换作一般人肯定魂飞魄散,再也不敢探营了。李世民却毫不畏惧,在这之后不久又孤身犯险,而且队伍从五百人变成了五个人。

这次,李世民带上尉迟敬德等四人去窦建德处探营。李世民对自己是很有信心的,五个人大摇大摆过去的时候,他还对尉迟敬德吹嘘说,我持弓箭,你用马槊,咱们走在一起,即便来千军万马也奈何不得,如果敌人见到我就撤退,那算他们聪明。五个人离窦军还有三里时遇到了敌人侦查的斥候,李世民跃马而出,大喝一声:我乃秦王李世民也!一箭干掉了对方带头的小将。窦军大惊,出动了五六千骑兵杀将出来。

除了李世民本人和尉迟敬德以外,其他三个同去的人已经吓破了胆。李世民命他们先撤,自己则和尉迟敬德殿后。这两个人的组合果然威力惊人,追在最前的敌骑一定中箭毙命,所以敌人不敢逼近。从窦军的角度考虑,虽然不敢太靠前,但又不甘心就此回去,所以就不知不觉地被引入了李世民事先安排的埋伏。唐军伏兵杀出,窦军仓皇而逃。

这一仗本身只能算小冲突,无关大局,但也是一场心理战。李世民只带了寥寥数人就敢到窦建德的大营门口耀武扬威,而且还胜利而归,简直有些所向披靡的味道。它给窦部的心理冲击是十分巨大的,还害得窦建德生了几天闷气。

武德四年(621)五月,李世民指挥的唐军与窦建德军置阵汜水,决定命运的一战终于到来了。当时,唐军扼守虎牢关,占据有利地形。李世民乘敌军列阵已久,士气下降,疲惫不堪的机会,下令全面进攻,他也亲率三千骑兵突击敌营。窦建德猝不及防，中枪被擒，所领兵众也一时奔溃，唐军大获全胜。

四、自古英雄出少年

李世民是历史上少有的少年成名的英雄人物。唐朝建立时，他才二十来岁，就担任了军队的前线总指挥。在《说唐》里面，当李世民和敌将交锋的时候，对方总是骂他"唐童"，意思是说你只是唐朝一个乳臭未干的小毛孩子。比如窦建德，一生气就说："唐童这小畜生"[1]。也有演义小说里面，对手骂他"世民小儿"[2]。那么捉到了窦建德以后，李世民又是如何表现的呢？他还着实羞辱了窦建德一番，说别看你辈分高，一世英雄，名气很大，但我带兵到洛阳来打王世充，干你何事，你干吗自己来送死？很尖酸刻薄。窦建德说了，"我今不来，恐烦远取"[3]。也就是说，我今天不到这里来，你日后也是会打到我那里去的。

莫非窦建德表示，我不是来打您的，专门到这儿来，为的就是被你打败，省得麻烦你再跑那么远路？事实上，他并不是要开个幽默的玩笑，窦建德也不是那样的人，而是一位了不起的英雄人物。窦建德明白，隋末动乱以后，肯定要统一，眼看现在李渊、李世民把其他的割据力量逐一消灭，最后只剩下三个最大的势力：一个是王世充的郑国，一个是窦建德的夏国，

---

[1] 《说唐全传》第五一回《王世充发兵请救 窦建德折将丧师》，江西美术出版社2018年，第249页。

[2] 袁于令：《隋史遗文》卷一二，春风文艺出版社1997年，第466页。

[3] 《资治通鉴》卷一八九，第5915页。

最后一个就是李渊的唐朝。既然今后肯定是要交手，那么与其你来打我，还不如我来打你。

李世民在虎牢关打败窦建德后，带着他来到洛阳城下，让其劝降王世充。王世充无力再战，最终举城投降。李世民还搞了一个受降仪式。在受降仪式上，面对经常辱骂自己为小儿的王世充，李世民轻蔑地质问他，小儿又如何？王世充无言以对，只能不停地磕头。

李世民不光行动上雷厉风行，非常厉害，言语上也真不饶人。这就叫年轻气盛。打下洛阳的时候，意气风发的李世民，还把隋朝的老宰相苏威数落得无地自容。

苏威是隋朝的开国元老，是隋文帝时赫赫有名的宰相，比李世民父亲李渊的级别还高，资格还老。隋炀帝的时候，苏威仍然在做宰相。宇文化及在扬州弑逆，把隋炀帝杀掉以后，苏威按道理应该为国殉节，可是他没有，而是继续跟着做宇文化及的宰相，又往北逃。后来宇文化及被窦建德打败，老宰相苏威就被王世充收拢过来，到了洛阳后，又做了高官。

等到李世民打下了洛阳，王世充投降了，苏威认为李渊曾经是他的部下，李世民又是年轻人，所以想摆摆老资格，就派人给李世民传了话去，说我年纪大了，腿脚不灵便，不能去拜望你，你能不能来看看我？

面对摆谱的老宰相苏威，李世民讥讽他说，腿脚不灵便？你当初在扬州就能够给宇文化及下跪，后来当了他的宰相。你现在到了洛阳，这几年跟王世充也能下跪。怎么见我你就腿脚不灵便了？

这话任谁听了，都会羞得找地缝钻下去。李世民后来把他带回了长安，苏威又活了几年。不过，他后面的这些年，真的是活得很多余。想当年在隋文帝的时候，苏威是多么有为的宰相，如今却晚节不保，身败名裂。

东都终于落在大唐手中。李世民一战而平两敌，真正实现了战前的豪言壮语。

七月甲子，李世民回到了长安。他身披黄金甲，走在最前，李元吉、李世勣（即李勣）等二十五将紧跟其后。加上万匹铁骑，军乐鼓吹，场面盛大，好不威风。在洛阳与王世充、窦建德一战，李世民又经历了一次考验。围城的艰苦，作战的辛劳，还要顶住各种压力，做好腹背受敌的心理准备。可以说，这是李世民经历的最困难的一次战争。但是，他还是胜利了。现在，就军事能力来看，没有人是他的对手；就整体实力来看，没有人是大唐的对手。李世民与大唐一起，成长了起来。在某种意义上，李世民可以说是见证大唐成长壮大的人，他最知道大唐应该走向哪个方向。

五、昭陵六骏

李世民在战场上英勇顽强、关心士兵的故事，留下了丰富的物质文化遗产，其中最著名的就是昭陵六骏。

昭陵六骏是原置于唐太宗昭陵北麓祭坛两侧庑廊的六幅浮雕石刻。六骏，指唐太宗在统一战争中骑乘作战的六匹骏马。营建昭陵时，唐太宗下令立昭陵六骏。其用意，除了炫耀一生战功外，也是对这些曾经相依为命的战马的纪念，并告诫后世子孙创业之艰难。

六骏的名称都非常特殊，有些甚至颇为古怪，因为他们都来自草原或沙漠的北方民族,是最优秀的杂交良种马①。

每一幅浮雕都有唐太宗的题赞,每一幅画面都告诉人们一段惊心动魄的历史故事②。

东面的第一骏名叫"特勒(勤)骠",为李世民平定宋金刚时所乘。该骏为黄马白喙微黑,毛色黄里透白,故称骠,可能是突厥所赠。武德二年(619),李世民乘此马与宋金刚作战,特勒骠在这一战役中载着李世民勇猛冲入敌阵,一昼夜接战数十回合,连打了八个硬仗,建立了丰功伟绩。唐太宗为它的题赞是:应策腾空,承声半汉,入险摧敌,乘危济难。

东面第二骏名叫"青骓",为李世民平定窦建德时所乘。该骏为苍白杂色,石刻中的青骓作奔驰状,马身中了五箭,均在冲锋时被迎面射中,但多射在马身后部,由此可见骏马飞奔的速度之快。当时,唐军扼守虎牢关,占据有利地形。李世民趁敌方列阵已久,饥饿疲倦之机,下令全面反攻,亲率劲骑,突入敌阵,一举擒获窦建德。唐太宗给它的赞语是:足轻电影,神发天机,策兹飞练,定我戎衣。

东面第三骏名叫"什伐赤",是波斯语"红马"的意思,也是李世民在洛阳和虎牢关与王世充、窦建德作战时的坐骑。石刻上的骏马凌空飞奔,身上中了五箭,都在马的臀部,其中一箭从后面射来,可以看出是在冲锋陷阵中受伤的。唐太宗赞语

---

① 葛承雍:《唐昭陵六骏与突厥葬俗研究》,《中华文史论丛》第60辑。

② 《全唐文》卷十《太宗·六马图赞》,中华书局1983年,第124—125页。

是：瀍涧未静，斧钺伸威，朱汗骋足，青旌凯归。

西面的第一骏名叫"飒露紫"，色紫燕，前胸中一箭，为李世民平定东都、击败王世充时所乘。牵着战马正在拔箭的人叫丘行恭，六骏中只这一件作品附刻人物。武德四年（621），唐军在攻取洛阳邙山一战中，李世民曾乘着飒露紫，亲自试探对方的虚实，偕同数十骑冲出阵地与敌交锋，随从的诸骑均失散，只有丘行恭跟从。年少气盛的李世民杀得性起，与后方失去联系，被敌人团团包围。突然间，王世充追至，流矢射中了飒露紫前胸，危急关头，幸好丘行恭赶来营救，他回身张弓四射，箭不虚发，敌不敢前进。然后，丘行恭立刻跳下马来，给飒露紫拔箭，并且把自己的坐骑让给李世民，然后又执刀徒步冲杀，突阵而归。画面上的丘行恭卷须，相貌英俊威武，身穿战袍，头戴兜鍪，腰佩刀及箭囊，作出俯首为马拔箭的姿势，再现了当时战斗激烈的情景。太宗给飒露紫的赞语是：紫燕超跃，骨腾神骏，气詟山川，威凌八阵。

西面第二骏名叫"拳毛䯄"，这是一匹毛作旋转状的黑嘴黄马，前中六箭，背中三箭，为李世民平定刘黑闼时所乘。武德五年（622），李世民率领唐军与刘黑闼在洺水（今河北曲周一带）作战。刘军主力渡河时，唐军从上游决坝，乘机掩杀，夺得胜利。石刻上的拳毛䯄身中九箭，说明这场战斗之激烈。唐太宗为之题赞：月精按辔，天驷横行，弧矢载戢，氛埃廓清。

西面第三骏名叫"白蹄乌"，纯黑色，四蹄俱白，为李世民平定薛仁果时所乘。石刻"白蹄乌"昂首怒目，四蹄腾空，鬃鬣迎风，俨然当年在黄土高原上逐风奔驰之状。武德元年（618），李世民乘机追击薛仁果，催动白蹄乌身先士卒，衔尾猛追，一昼夜奔驰二百余里，迫使薛仁果投降。唐太宗给它的赞语为：倚天长剑，追风骏足，耸辔平陇，回鞍定蜀。

昭陵六骏中的"飒露紫""拳毛䯄"，1914年被美国文物走私商打碎装箱盗运到美国，现陈列在美国费城宾夕法尼亚大学博物馆。另外四具石刻骏马，现陈列在西安碑林博物馆内。

如果说昭陵六骏是李世民英雄事迹留下的物质文化遗产，那么，前面提到的《秦王破阵乐》就是非物质文化遗产了。

唐朝开国战争中的李世民，用卓越的指挥能力为自己创造了"常胜将军"的神话，也为其后来成长为一代圣君打下了良好的政治基础和心理基础。贞观七年（633），他亲自编制这首乐舞的时候，就表现出了一种非凡的自信和气度。

当时，负责礼乐的太常卿萧瑀向太宗建议："现在我们的《破阵乐舞》，已经为天下所共传了，人们都知道我们大唐有这么一曲雄壮的乐舞。但是，在现在的表演中，还有些体现皇上盛德的内容没有完全表现出来。陛下过去先后打败了刘武周、薛举、窦建德、王世充等，这些战斗非常艰苦，陛下的英明决策和敌人的负隅顽抗，都值得生动地表现出来。臣愿意把这些顽敌的形状用图画记录下来，并在乐舞表演中体现出来，以便真实地再现当初艰苦卓绝的战争场景。"

唐太宗听了，略加思考，就断然加以回绝。他说："朕当四方未定之时，因为要为天下救焚拯溺，要救民于水深火热之中，不得已才四出征伐，所以民间遂有此舞，朝廷也因此编制了这样一个乐曲。作为国家重大典礼的雅乐，在内容上只得陈其梗概，如果描写得那么具体细致，那我们当初那些敌手就可以在里面对上号了。当前在位的将相大臣，许多都曾经受过那些人的驱使，他们之间曾经是一日之君臣，如今让他们重见其主人被擒获的场景，心里一定会难过，我要为他们这些人考虑，所以不能表现得那么具体。"

萧瑀羞愧地谢罪说："此事非臣思虑所及。"①

只有自信者才能真正做到谦虚，也只有胜利者才能对自己的手下败将多留一些情面。

---

① 吴兢撰，谢保成集校：《贞观政要集校》卷七《论礼乐》，中华书局2009年，第419—420页。

第五章　开国皇帝的二公子

　　隋恭帝义宁二年（618）五月二十日，按干支记日，是个甲子日。五十三岁的唐王李渊选择了这一天，即皇帝位于太极殿（即隋朝大兴殿），改元武德，在隋朝的故都旧宫里，建立起一个新的王朝——唐朝。

　　李渊称帝后，没有马上立太子，而是先任命李世民为尚书令，给他安排了一个至高无上的官位。这并不是说李渊对于立太子存有犹豫，而恰恰表明他在充分肯定李世民功劳的同时，又明确了他的身份定位：只能担任最高的官职，却不能对皇位有任何非分之想。

　　到六月初七（庚辰日），李渊宣布立世子李建成为太子，李世民为秦王，李元吉为齐王。至此，李渊和正妻窦氏所生的三个嫡子的身份明确了下来。

　　在武德六年（623）以前，兄弟之间基本上还是相安无事的，都在为唐朝的统一各尽其力。但是，到武德六年统一战争基本完成后，兄弟之争逐渐激烈起来。

　　李渊已经明确了几个儿子的身份定位，李建成是太子，是储君，是将来的皇帝，而李世民和李元吉是亲王。李世民功劳再大，也只能是首席功臣。储君和功臣之间，有一道不可逾越的君臣界限。那么，后来发生的兄弟之争，到底是谁主动挑起的呢？李渊为什么没有控制好儿子之间的争端呢？

帝王家的老二，他能甘心做一辈子的亲王，而对皇位没有想法吗？

一、李渊对李世民有无承诺？

李世民的功劳越来越大，地位越来越高，他是否再安心做一个亲王？随着统一战争的结束，秦王李世民与太子李建成之间的矛盾开始表面化了，最后的结果是李世民通过武装政变夺取了皇位继承权。

李世民当上了皇帝以后，国家治理得很成功。从历史效果看，他的夺权似乎未必是一件坏事。尽管历史没有假设，但人们还是要问，要是太子李建成继承了皇位，就一定比李世民治理得差吗？

李世民本人和唐宋时期的史学家都不是从这个角度考虑问题的。

李世民对自己武装夺权合理性进行论证的逻辑，见于《旧唐书·隐太子建成传》中的记载："时太宗功业日盛，高祖私许立为太子，建成密知之，乃与齐王元吉潜谋作乱"[1]。这就是说，是李渊觉得李世民的功劳大，声望高，私下答应要改立李世民为太子，李建成探听到了李渊的这个想法，就和李元吉一起谋划叛乱。

我们看记载唐朝历史的正史《旧唐书》和《新唐书》，以及

---

[1]《旧唐书》卷六四《隐太子建成传》，第2415页。

司马光主编的《资治通鉴》，能够找到多处记载，说李渊多次想要改立李世民为太子。如《资治通鉴》卷一九〇："上之起兵晋阳也，皆秦王世民之谋，上谓世民曰：'若事成，则天下皆汝所致，当以汝为太子。'世民拜且辞。及为唐王，将佐亦请以世民为世子，上将立之，世民固辞而止。"①

但是，历史记载中的这种说法，明显是站不住脚的，大都是李世民为了论证武装夺权的合理性而编造的。李渊始终坚持李建成就是皇位继承人。

二、司马光的难题

司马光是宋朝伟大的史学家，他写史是以尊重史实为前提的。既然李渊没有答应改立李世民为太子，那他在《资治通鉴》里为什么还要那么记载呢？

司马光评价历史人物和历史事件，一方面要尊重事实，追求客观真实，但同时还有以下两条原则：一是"为尊者讳"，对于在历史上作出了重大贡献的人物，不要去曝扬他们的一些所谓亏失，要从正面记载和评价其历史功绩；二是要维护君臣父子之大常，儿子不能冒犯父亲，不能抢夺父亲的功劳据为己有。从这两条原则出发，加上宋朝初年在皇位继承问题上和唐朝初年有类似之处，司马光著史时，在处理李世民夺权问题的时候，就遇到了棘手的大难题。

司马光既不能指责李世民抢班夺权，又不能埋怨李渊昏庸无能。那怎么办呢？他在评论玄武门之变时，说过一番很有意

---

① 《资治通鉴》卷一九〇，第5957页。

思的话:"立嫡以长,礼之正也。然高祖所以有天下,皆太宗之功;隐太子以庸劣居其右,地嫌势逼,必不相容。向使高祖有文王之明,隐太子有泰伯之贤,太宗有子臧之节,则乱何自而生矣!"①这里的文王是指周文王,他立武王为继承人,并让武王的弟弟周公辅佐武王平天下,武王死后,周公尽力辅佐武王的幼子成王。泰伯是周太王古公亶父的长子,他认为弟弟季历及其子姬昌都很贤明,便主动放弃王位的争夺,出走南方。子臧是春秋时期曹宣公的公子,当时国人认为曹成公不义,想要立子臧为曹君,但被他拒绝,而且为了打消国人的念头,还出奔了宋国。

司马光抬出了"立嫡以长"这个礼法的规定,同时又提出了"功"的标准。李渊立李建成为太子是出自传统礼法,后来李世民获得太子身份,则是因为实际功劳。他要遵循的两个原则,好像都维护了,但却陷入了一个双重标准的自我矛盾之中。不过,司马光对这三个假设并非等量齐观,如果父子三人皆有错误,则李渊的错误居首,其次是李建成,最后才是李世民。

其实,在李渊和李世民之外再找其他人来承担兄弟之争和玄武门之变的责任,是宋朝人的一贯立场。如旧本题宋李如箎撰的《东园丛说》,干脆就把责任归到了杜如晦的身上,说:"太宗虽有诛建成、元吉之过,其亲定祸乱,而治底升平,有德于斯民者,又非齐威之比。使其出于孔子之世,则诛杀兄弟之过亦可略云。……究其兄弟之争,始由如晦与建成家人争道有隙,稔成其祸。至于同气被诛,高祖见逼,其事皆出于如晦。

---

① 《资治通鉴》卷一九一 "臣光曰",第6012页。

故史臣称如晦善断。"①

司马光的三个假设本身,和他前面"立嫡以长,礼之正也"的话就是矛盾的。李渊真要"立贤不立长",那不就是不符合"立嫡以长"的原则了吗?李世民要拒绝他人的推举,那也就违背了因功而立的规则。更何况李世民根本不是被推举出来的。所以说,司马光的立场简直是自相矛盾。这是李世民给司马光留下的难以克服的难题和尴尬,也是儒家道德理想主义面临的困境。

三、李渊的困境

李渊作为唐朝的开国皇帝,他的远见卓识,他的老成持重,都是不可否认的。但是,他当皇帝以后,还是表现出明显的不足,尤其是在处理皇室内部关系方面,没有找到让儿子们安分守己的办法。

尽管李渊一直在维护长子建成的太子地位,从来没有动摇过,但为了平衡兄弟之间的关系,对李世民有所放纵和偏袒却是事实。

面对李世民在统一战争中的功劳和威望,李渊觉得,既然不能给他最大的利益——皇位继承权,那就得在皇位之外尽量满足他的要求。打下洛阳后,李世民的功名和威望都急剧上升。太子之位只有一个,现有的官职又不足以匹配李世民的特殊功勋,于是在武德四年(621)十月,李渊给李世民"加号天策上将、陕东道大行台,位在王公上。增邑二万户,通前三万户。

---

① 李如箎撰:《东园丛说》卷下,中华书局1985年版,第57页。

赐金辂一乘，衮冕之服，玉璧一双，黄金六千斤，前后部鼓吹及九部之乐，班剑四十人"[①]。

李渊想搞平衡。一方面要稳定建成的太子地位，一方面又要给李世民相应的职位与权力。他正式任命李世民为天策上将，带着古代三公之一司徒的头衔，出任陕东道大行台尚书令，也就是把东方地区的全部权力都交给了这位天策上将。

这个待遇非常特殊，除了没有太子的名分之外，其他方面与太子没有多少差别。尤其是所谓"天策上将府"的设立，为李世民招揽人才提供了很好的制度保障。

太子之位只有一个，未来的皇帝只能一个人来做。李渊多么希望两个儿子之间能够和平相处啊。可李建成能安心吗？李世民能甘心吗？

不久，李世民借口海内浸平，开设了自己的文学馆，并任命了十八个学士，包括杜如晦、房玄龄、虞世南、褚亮、姚思廉、李玄道、蔡允恭、薛元敬、颜相时、苏勖、于志宁、苏世长、薛收、李守素、陆德明、孔颖达、盖文达、许敬宗。这些人原本都有官职，有的是李世民秦王府或天策上将府的僚佐，有的是其他部门的要员，都是朝廷命官。李世民安排这些人以本官兼自己的文学馆学士，分为三番，轮流到文学馆值班，享受优厚的待遇。他本人在公事之暇，也总是来到馆中，表面上是和诸学士讨论历代文化典籍，私下里却也谋划着未来的出路。他们往往谈论到深夜，俨然一个半公开的谋划小团体。

李世民以此为依托，迅速扩充自己的势力。这样混乱的权

[①]《旧唐书》卷二《太宗本纪》，第28页。

力格局和政治气象，是李渊搞平衡的结果。李世民对自己搞的小团体很得意，他毫不隐瞒自己的得意之情，叫大画家阎立本为这些人画像，叫褚亮为每个学士的画像写赞语，号为"十八学士"。《唐会要》记载："令库直阎立本图其次，具其爵里，命褚亮为文赞，号曰十八学士写真图，藏之书（按：一作内）府，用彰礼贤之重也。诸学士食五品珍膳，分为三番，更直宿阁下。每日引见，讨论坟典。得入馆者，时人谓之登瀛洲。"[①]据考，《写真图》是对实写真的，张彦远《历代名画记》载图画学士写真像的时间在武德九年，此说可从。[②]

"秦府十八学士"的高调宣传应当是玄武门之变以后的事情，但文学馆的组建和学士的选拔，当是得到李渊许可的。

问题是，因为李渊对他有偏袒，就能够推断当初真的有过立李世民为太子的承诺吗？在后来兄弟矛盾暴露后，李渊是否动过改立太子的念头？其实，李世民在发动政变的前夕，派长孙无忌把房玄龄和杜如晦召入王府，还得偷偷摸摸地让他们乔装成道士才能进入。这已经说明李渊并没有想要把他立为太子之意了。

兄弟之争的起因，并非因为李渊先想要立李世民为太子，或在立了李建成为太子后又想改立李世民，从而造成兄弟之间的紧张，而是有着更深层的原因。

兄弟之争的根源，是"家天下"的政治体制。在这种体制

[①]《唐会要》卷六四《文学馆》，第1319页。
[②] 参见胡艺《关于阎立本〈秦府十八学士图〉》，《美术研究》1980年第1期。

下，皇位继承权这样的稀缺政治资源一定会分配不公，并由此引起纷争。一边是具有合法身份的太子，一边是具有崇高政治威望的亲王，兄弟之争在所难免。

兄弟之争的条件，是相争的双方都具有相当的实力。李建成和李世民，实力可谓不相上下，因此争夺得也就非常激烈。李世民的优势是战场上的功劳，还有一班荣辱与共的铁杆部下；而李建成的优势则在于合法的地位，以及背后李渊的支持和宰相大臣的维护。

兄弟之争的起因，是李渊没有为儿子们制定明确的规矩。几个儿子和他们的王妃都争相在皇帝和大臣之间拉关系，甚至干出一些非法的事情，而有关部门也不敢过问。尤其是没有明确太子与其他儿子之间的准君臣关系，一方面立了李建成为太子，同时又赋予秦王李世民和齐王李元吉过大的权力。

唐朝制度，皇帝的命令称为诏敕，太子的命令称为令，亲王的命令称为教。武德年间的一个混乱现象是，"太子令，秦、齐王教与诏敕并行，有司莫知所从，唯据得之先后为定"[①]。也就是说，国家的行政部门，经常会遇到皇帝与太子、亲王的不同命令，而不知所从。政出多门，政局混乱。

应该说，李渊之所以没有控制住儿子之间的争端，并非他没有认识到这个问题的严重性，而是由于客观形势的制约，他根本无法控制。尤其是对于秦王李世民，他根本无法给其一个合情合理又被接受的安排。

---

① 《资治通鉴》卷一九〇，第5958页。

四、谁能赢得枕边风

兄弟之间的争端是无可避免的。可以把天策上将府的设立和秦府文学馆的组建看成是兄弟之争的开始。本质上，这是一场家庭内部的斗争，双方的地位和情形各有优劣。无论李渊想如何调和，都只能是徒劳无功的。

李世民要如何夺取太子之位呢？显然，只有两个选择，要么通过和平的方式，要么通过暴力的手段。通过和平的方式，只能等待李渊改变心意，废掉李建成，改立自己，或者自己主动出击，"收集"太子失德的证据之后上报。暴力手段自然不用说，利用天策上将府军事俱乐部所掌握的资源进行武装夺权便可以。但，这是最后一招，轻易不能用。

李世民一直在争取和平方式夺权，李建成一直处于守势。李建成要寻找机会和理由压制李世民，李世民则要伺机扳倒李建成。由李世民授意编写的官方历史，自然都是李建成容不得功高的兄弟，总在寻机打击报复。

在李渊设定的格局中，双方好像都很难有实质性的进展。

最后，处于守势的李建成把希望寄托到后宫，指望通过李渊的枕边风来稳定自己的太子位置。在李世民出兵镇压刘黑闼起兵的时候，李建成这边开始做后宫的工作。太子妃通过拉拢李渊身边的万贵妃、尹德妃和张婕妤，为李建成赢得了一次机会。

尹、张二妃都是李渊在太原时结识的晋阳宫人，外间都传说是裴寂为了迫使李渊起兵而故意安排她们伺候李渊的。虽说她们曾经是隋炀帝的女人，但李渊对她们却是宠爱有加，故二人在后宫的地位颇高。当时，建成和世民兄弟的母亲窦氏早已去世，万、尹、张诸妃实际上就是后宫之主了。

当初李世民带兵打下洛阳后，万贵妃曾到洛阳去收取府库的珍宝财物，私下还想让李世民帮她的亲属弄个一官半职，李世民没答应，万贵妃便心存怨念；尹德妃是因为其父的家童跟李世民手下的杜如晦起了冲突，从而生出了嫌隙；张婕妤则是田产上面的问题，因为李世民不知道李渊已经把一块田产赐予了其父，而下令另与他人，所以也产生了不满。

李建成就是要利用万、尹、张诸妃与李世民的矛盾，要在李渊面前说李世民的坏话。李世民在平定刘黑闼的战场上遭遇了挫折，在后宫的争夺中又陷入了被动。

这些妃子们对李世民的陷害，可以说是无孔不入。比如说有一天，李世民在宫中吃饭，看到这些妃子们一个个花枝招展、妖艳无比，突然想起自己的母亲早死，吃着饭就哭起来了。本来这也正常，看到父亲现在娶的这些女人享受着帝王之家的荣华富贵，而自己母亲死的时候，父亲还没当皇帝，还没有他们家天下，他一定会想，要是我母亲还活着多好。这本是人之常情，可是后妃们不干了，她们就到李渊那里说坏话：老二表面上哭他的母亲，其实内心是对我们生恨了，今后如果他要掌权，还有我们的活路吗？

枕边风以柔克刚，威力无穷。建成和元吉通过走后宫路线来对付李世民，虽然很低调，偷偷摸摸，但是很有效。

五、"太子谋反"

武德七年（624）年六月，太子李建成私自招募两千多人为东宫卫士，号为长林兵，又密派手下将领可达志去幽州找燕王罗艺，要他调派三百个骑兵，来增强东宫的武装力量。这件事情，被人向唐高祖李渊告发了，说太子招募壮士，图谋不轨。尽管史书没有明确记载是谁告发的，我们都会想到一定是秦王李世民一边的人干的。看来，太子李建成和秦王李世民之间，已经要真刀实枪地干起来了。

这个时候，唐朝的统一战争基本上完成了。建成和世民都把更多的精力投入到了夺权斗争之中，而在这场斗争中，情况一度显得对李世民很有利，因为太子李建成谋反了。李建成身为太子，为什么要谋反？他的目标是什么？这给了李世民什么机会？

这年六月，李渊到仁智宫（今陕西宜君县境内）避暑，命建成留守京师，世民和元吉跟随。期间，发生了庆州都督杨文幹谋反的事件。杨文幹曾经宿卫东宫，与李建成关系亲密，到了庆州以后，不断私下招募壮士送往长安。郎将尔朱焕、校尉桥公山向李渊告发说，太子李建成命我等送甲胄给庆州都督杨文幹，让杨文幹举兵。这时李建成留守长安，李渊命令他到仁智宫来。李建成见到李渊后，解释说自己不是要造反，只是要自卫。

所谓"太子谋反"，应是李世民的一次诬告。用唐代史学家刘知幾之子刘餗在《小说》中的话说，就是有人"妄告东宫"[①]。李建成没有造反的理由，而要对付李世民倒是真的。史书上的记载留下了许多可疑之处。后来建成被召到仁智宫后，李渊派人去召杨文幹，情急之下，杨文幹真的举兵造反了。李

---

① 《资治通鉴》卷一九一"考异"，第5986页。

渊派去镇压的人是左武卫将军钱九陇与灵州都督杨师道。钱九陇曾经随太子征讨刘黑闼，在太子手下立有大功，是太子的人。如果真是太子勾结杨文幹谋反，李渊能派他去吗？

再说，李建成派尔朱焕、桥公山送甲胄给杨文幹，不管他想不想造反，这都是违法的事，他肯定是要派心腹去做的。但这两个心腹却密报给了李渊，这说明两个所谓的心腹很可能是别人安在他这里的奸细或者卧底。李建成是名正言顺的太子，李渊死后就会即位的，这两人如果没有很硬的后台，怎么敢得罪太子？

李渊是怎么处理这个问题的？史书上记载，李渊把李建成关了起来，在派出了钱九陇和杨师道之后，又召见了李世民，派李世民去平定了杨文幹的叛乱，还许诺等他平定叛乱回来，就立他为太子。这是李世民在历史记载上做的又一个手脚。我们看到记载总是说李渊想改立太子，而实际上，李渊根本没有动过这个念头。

事实上，李渊是以兄弟不和睦的结论来处理的，各打五十大板，流放了两个儿子手下各三人，作为替罪羔羊。而官方的记载中解释为：很多人都来劝说李渊，包括他的宠妃们、李元吉和亲近大臣，大家都说李建成根本不想造反，只是李世民太咄咄逼人了，他想要自保而已。李渊就被大家给说动了，觉得两个儿子都有错。

无论如何，李建成确实是联络了杨文幹，杨文幹后来也确实是谋反了。在这种问题上李渊都能原谅他，可见很信任他。李世民也应该明白，这太子的位置，自己没什么指望了。

六、山雨欲来风满楼

按照两《唐书》等史书上的记载，李建成在"勾结杨文幹谋反"一案中侥幸过关之后，开始对李世民采取了反击手段。不过，这几次反击都显得很笨拙，手段也很低劣。

一次是所谓的"烈马谋杀案"。

有一天，李渊在长安城南校猎，并命三个儿子互相比试骑射之术。李建成有一匹北方民族首领送来的骏马，肥壮而喜蹶，他把这马交给李世民，说："此马甚骏，一跳能跃过数丈涧。弟善骑，试乘之。"李世民乘着去逐鹿，这马还真的蹶起来，李世民被抛下，但凭着高超的骑术，跃下狂奔的马背之后，稳稳地立于数步之外。反复再三，李世民都没有制服这匹烈马，他似有所悟，回头对宰相宇文士及说："太子是想以此来谋害本王啊，但是，我相信死生有命，不是他随便就可以得逞的！"

李建成竟是如此笨拙，想要暗害李世民，却用了这么个没有什么杀伤力的招数？

也许李建成的狠招还在后头，他要利用这一点大做文章。李建成听到后，通过后宫把话传了上去，说："秦王自己声称，我有天命，即将为天下之主，岂能糊里糊涂就被整死！"李渊听了，勃然大怒，先召建成、元吉，然后召世民入宫，大加责备："天子自有天命，不是靠耍点小聪明就可以营求得到的，你的心思也太着急了吧！"①吓得李世民免冠顿首，请求由司法机关调查。

---

① 《资治通鉴》卷一九一，第5990页。

正当李渊为此事愤怒难遏的时候，突厥入寇的消息传来。为了抵御外敌，李渊暂时放弃了追究。抗击突厥，他不得不依赖这个老二啊。他只好改容安慰李世民，命他穿起冠带，一起商讨击退突厥的大计。

突厥举全国兵力来进犯，却被李世民所退，而且退得相当漂亮，达到了兵家最向往的境界：不战而屈人之兵。打了这么多仗，他很了解突厥人的心理，他们只想抄掠一番，占点便宜，没什么好处的时候就不愿意打仗。他一方面向突厥人显现出自己的实力，另一方面利用内部矛盾分化突厥人，还利用天雨不利突厥弓箭来说服对手。这样没打什么仗，突厥大军就退了。

突厥退兵，对李世民来说反而带来了一层潜在的危险。李渊很怕手下将领和突厥里应外合，为此杀了太原起事时的功臣刘文静。这个李世民也不是不知道，现在他有如此表现，说了几句话就退了突厥大军，看在别人眼里，势必会引起怀疑。突厥是惧怕李世民，还是他们私下真有着特殊的关系？李渊本来就挺忌讳他的，现在就更不能不担心。

另一次是所谓的"毒酒谋杀案"。

到了武德九年的时候，天下可打的仗越来越少，李世民不能给李渊太多惊喜了；相反，他那两位兄弟却不断怂恿后妃、近臣向李渊说他坏话。李渊甚至要下决心废黜李世民了，只是一时找不到借口。李世民的情况越来越危险。

史书上记载，李建成是一计不成又生一计，干脆想出了毒杀李世民的下策。他把李世民请到东宫，说是为了缓和兄弟之间的紧张关系，大家好好喝一顿酒。结果，李世民喝的竟然是毒酒，幸好被李神通及时救了出去。回到秦王府后，还是吐血数升，差点丢了性命。当然，真龙天子是福大命大，李世民还是活过来了。

李建成也真是够笨的，存心下毒，居然没毒死对方。按照史书上的记载，是李世民福大命大活过来了，要么李世民就是像《天龙八部》里面的段誉一样，百毒不侵；要么李建成就不是真想毒死他，只是要灌醉给他一个教训。也许李建成是这样想的：你小子总想来暗害我，老想这些坏主意，我就要教训你一下。哥哥教训弟弟，常常也就是这样，还是比较豁亮的。我让你喝酒喝趴了，行吧，让你服了。肯在酒桌上见个高下，这也挺爷们的。所以说，我觉得李世民吐血是由于喝多了，可能是被他哥哥给灌多了，也可能李世民心里有鬼，心情一紧张，喝得就吐血了。

无论如何，李世民要利用这件事情小题大作，他手下的人，把状告到李渊那里去了，说秦王被灌毒酒吐血了。

李渊知道这件事后，不得不接受事实，兄弟确实不相容。既然一山难容二虎，不如让李世民走远点，去洛阳。这对李世民来说是个好机会，到了洛阳，兵马归他管制，又有土地，占据险要。当初他攻下洛阳可是花了很大力气的。

当然李世民还是要客气一下的。他听李渊这么说，还哭着表示不愿意离开。李渊安慰他，天下一家，我们隔得不远，你一想我就回来看我吧。李世民客气归客气，他的心思兄弟们懂。建成和元吉派人告密说，一听到要去洛阳，李世民的手下都高兴万分，看样子这一去就回不来了。李渊就反悔了，他明白了，把李世民留在身边才方便处置。

此事就此作罢。

正好此时突厥又来进犯，李渊命元吉担任统帅。现在当然是不敢再让李世民出征了，除非李元吉吃了大败仗。元吉则乘机点名要尉迟敬德、秦叔宝、程知节等秦府勇将随他同去，又要抽调秦王帐下精锐之士入齐王军中，很明显是要借刀杀人，釜底抽薪。李渊则装糊涂，居然一一准奏。

李世民还接到密报，建成和元吉要在出征的仪式上对自己下手。情况万分危机，眼看一干忠心的手下就要完蛋了。

这几次事件的经过原委是否真的如此？真实的历史细节也许永远无法还原了。但是，双方的交锋到了无可调和的地步，却是显而易见的事实。

于是，铤而走险，武装夺权，就成了李世民的最终选择。

第六章　兵戎相见玄武门

武德九年六月初四（626年7月2日）发生在唐朝都城长安太极宫北门玄武门里的军事政变，是李世民针对太子李建成、齐王李元吉和当朝皇上李渊的夺权行动。李世民为了武装夺权，进行了周密的部署，最终取得了成功。其中，有一些环节显得扑朔迷离。

一、秘密的天象报告

武德九年（626）六月三日上午，高祖李渊突然召秦王李世民觐见。在太极宫中，心中忐忑的秦王从高祖手中接过一份简短奏状。奏状乃是太史令傅奕所上，是对于近日"太白经天"这个天象的解释，报告中说："太白见秦分，秦王当有天下。"[1]让高祖留心秦王。所谓"太白经天"，也就是日照中天的时候，太白星（金星）还在经天而行。按照汉晋以来流行的天象观念，这代表天下将有兵戈，百姓将要换君王[2]。这颗太白星白天出现

---

[1]《资治通鉴》卷一九一，第6009页。

[2]《汉书》卷二六《天文志》载："太白经天，天下革，民更王，是为乱纪，人民流亡"，中华书局1962年，第1283页。

了，应在秦国的天界上。负责观星的太史令傅奕让李渊留心秦王。傅奕上奏天变，究竟是天意的巧合还是人为的安排？如果是人为安排的话，李渊、李建成和李世民三方，到底是谁安排了这次上奏？

到武德九年的时候，李世民的处境已经非常艰难，他挑起了许多的纠葛，却不见李渊对他有任何有利的动向，而且几次要想废掉他，只是还没有找到机会。傅奕的报告，把李渊和李世民的关系一下子推到了最危险的边缘。这个事情背后确实有人策划，就是要利用这个天象，把李世民和李渊的紧张关系挑明了。那么，是谁策划了这个事件呢？

不外乎四种可能：

第一种可能是太史令傅奕观察到了这个天象，他只是按照当时的观念和理论，背后没有任何人的指使，如实做出了解释。如果是这样，那就不存在人为策划的问题。

第二种可能是李渊想利用天象把李世民的爵位和兵权废除了，以防止兄弟之间的残杀，保证太子李建成顺利接班。这种可能性也不大，因为李渊想要废除李世民的话，用不着费那么大的周折。当朝皇帝想要废掉一个亲王，下令把他关起来就是了。

第三种可能是李世民自己策划的，是他面对越来越危险的处境，想出来的一招置之死地而后生的险棋。理由是李世民后来当上皇帝以后，很快就召见了傅奕，对他说："汝前奏事几累我，然而今后但须悉心尽言，无以前事为虑。"[1]意思是说，你

---

① 《旧唐书》卷三六《天文志下》，第1321页。

那次秘密报告，差点把我给搭进去了，不过还算幸运。以后你观察到异常的天象，还是要如实报告，不要因为那件事情而担惊受怕。这似乎表明李世民是事先知道傅奕要打报告的。

如果是李世民自己导演的这一招，那背后的逻辑应该是这样的：李渊对李世民已经很戒备了，这使得李世民几乎没有机会接近李渊，也就没有机会出损招来离间李渊和太子、齐王的关系。为了制造这样的机会，他必须把自己放到和李渊对立的位置，才能引起李渊的关注。但是，这么做风险也太大了，弄不好就真的被废黜了。而且，李世民觐见李渊之后，想出来挑拨李渊和太子、齐王关系的理由，就是这哥俩淫乱后宫。这使他有了第二天在玄武门伏兵袭击建成和元吉的机会。但要告发兄弟俩淫乱后宫，其实用不着冒险说自己应天象而当有天下。

那最后一种可能，就是建成和元吉谋划的对李世民的一次进攻，想通过这一事件来彻底坚定李渊对李世民的厌恶态度。从行事风格来说，也更像建成的手法：收买文臣是他的专长。虽然李世民事后并没有怪罪傅奕，也不代表傅奕没有受李建成指使。他连魏徵都容得下，还容不下一个傅奕吗？

结果是，李渊看到傅奕的报告后，把李世民叫到宫里教训一番。李世民趁机告状，向李渊哭诉建成、元吉要杀他，还顺便揭发那二人秽乱后宫。这种事情，天知道是不是真的。不过李渊想一想，平时老说建成好话的，确实是那么几个妃子，心里也不免怀疑。再说，更年期的李渊，对这种问题的疑心本来就很重。

李世民还愤愤地说：这两人想杀我，好像想要替王世充、窦建德报仇。这话暗示李渊，你可别忘了我的功劳！

李渊决定第二天把兄弟三个召进宫对质。这也是个很好的时机,三兄弟同时入宫,这很难得。元吉和建成同时离开自己防备森严的王府,而且在宫中,两人也不可能带很多兵出现,防守薄弱。

六月初四的凌晨,玄武门内的残杀终于发生了。

二、改变历史的常何

李世民为什么能够到宫城的北门玄武门里面埋下伏兵?而且李渊和李建成都没有任何戒备,就让他把队伍悄悄地带进了玄武门。

这里面有一个关键人物,就是六月三日夜晚在玄武门值班的守门将军常何。常何是李世民收买好了安插在李渊眼皮底下的一个内应,是他把李世民的队伍放进玄武门的。

这曾经是个历史之谜。李世民当然知道这其中的细节,但他没有把这个细节写到国史里去。因为只要肯定了常何,李世民主动出击、武装夺权的阴谋就暴露了。

一千多年后,从敦煌石室中发现了《常何墓碑》的写本残卷,李世民发动政变的历史真相才显露出一丝重要的线索。

《常何墓碑》的碑文称"(武德)七年,奉太宗令追入京。赐金刀子一枚,黄金卅挺,令于北门领健儿长上,仍以数十金刀子委公锡骁勇之夫。趋奉藩朝,参闻霸略,承解衣之厚遇,申绕帐之深诚。九年六月四日,令总北门之寄。"[1]也就是说,

---

[1] 周绍良主编:《全唐文新编》第一部第三册,吉林文史出版社2000年,第1764页。

常何这个人，早在武德七年的时候就被李世民买通了。

从常何的履历来看，他和李建成走得更近一些。常何原来也是瓦岗军的将领，早年跟了李密，有智有勇，在李密帐下也算得上风云一时的人物。李密失败后，常何跑到王世充那里。不久，在秦叔宝、程知节陆续"叛郑归唐"的时候，常何也辗转归于唐朝。他先后跟秦王李世民打王世充、窦建德，跟李世勣打徐圆朗，跟太子李建成打刘黑闼。不过唐朝人才济济，常何再也没像当年在瓦岗那样受重用。后来李世民把他调入长安，而常何进京后，官任左右监门卫将军，其属下领有四十人，当值宫城北门玄武门，负责稽查出入宫城的人和物。这是一个非常关键的职位。

常何跟着太子李建成打河北刘黑闼的时候，以太子的仁厚，待他自然不薄。不过，他是李世民调进京城来的，还收了李世民的金刀子，就得给他办事了。不过，一旦李世民失败了，李建成或者李渊都会追查，到底是谁把这支军队放进宫里来的。这一查，他肯定是共谋，是要砍头的。相反，如果常何向李建成告密的话，李建成绝对不止赏他那点金刀子，而且还没有什么风险。那么，常何为什么要把宝押在李世民这里？

当年在瓦岗的山东豪杰，后来大都归在秦王旗下，常何也是其中的一员。既然秦王看得起他，他也就甘心听命了。而且，秦王是常胜将军，在军中威望很高。后宫佳丽可能并不把李世民当一回事，更看好太子李建成，可是在军人的眼里，李世民就是战神，没有他打不赢的仗。如果李世民和李建成打，绝大多数军人都认为李世民会取胜。在这种两强相争的时候，站对队伍是很要紧的，不然只有死，所以常何选择了李世民。收下金刀子只是一种效忠的象征。秦王送的金刀子，你敢不收吗？

这里面有个时间差很玄妙。武德七年（624），李世民就把常何调来当值守玄武门的将军。那时他和父亲的关系还不错，有官员的任命权。到了武德九年（626），李渊和他关系越来越紧张，可能他想调个人来也不行了。早在玄武门事件的两年前，李世民就在重要的位置上安插了他的棋子，难道那时候他就想搞宫廷政变？

事实上，从武德七年以后，李世民用在夺权方面的心思确实多了起来。他是那种深谋远虑的人，做什么事情都是要筹划得很周全，然后一出手就要有结果。你看他为了拿下薛仁果，等了六十多天没出战；为了拿下宋金刚，等了半年，而且都是一反击就必胜。玄武门之变也是一招定胜负，为了这次出击，他等了可能还不止两年。

三、伏兵玄武门

对于第二天的较量，李世民的秦王府上下进行着紧张而周密的布置。李世民与长孙无忌、房玄龄、杜如晦等很快制定了伏兵玄武门、先发制人的方略。当值的守门将军常何可以发挥关键作用了。

这是一场把李渊蒙在鼓里却又发生在他眼皮底下的厮杀。李世民不仅要把太子建成和齐王元吉干掉，还要一举控制高祖李渊，否则以亲王的身份入宫兵变，就是谋反死罪。他们得到了确切的消息，第二天一早李渊将泛舟宫内海池，正是天赐良机。于是，秦王府一群人很快作出了伏兵玄武门内临湖殿的决定。

密谋的政变应有几种方案：第一，兵谏。抓获太子和齐王，同时控制皇上，让皇上废掉太子，改立秦王。第二，若不能抓获，遇情况紧急，则杀之，并控制皇上，让皇上承认既成事实。

六月初四一大早，太子、齐王进入玄武门，向临湖殿走去。突然间，只听得坐骑嘶鸣，太子、齐王察觉不妙，立即回马而奔。秦王即时现身，飞骑追来。齐王元吉欲张弓，惊惶间竟是再三不能拉开。秦王却将一支劲箭射向狂奔不暇的太子。可怜太子建成被一箭射落马下，不甘却又无奈地闭上了眼睛。而几十步之外，临湖殿伏兵刹那间涌出，七十余骑排山压来，为首使双枪者正是尉迟敬德。太子、齐王的左右护卫还没来得及反应，便被突如其来的秦王府兵马围得水泄不通，匆促招架，纷纷落马，惨叫连连。

一时间齐王面如灰土，弃弓而奔。尉迟敬德左右搭弓射齐王，齐王坠马后惊惶爬起，却见秦王骑马奔入旁边树林，被木枝所挂，牵绊不能前进。齐王不知哪里涌起一股力量，奔至树下，徒手搏斗间夺过秦王弓，用弓弦死死勒住秦王的脖颈。一边垂死无惧，眼射凶光；一边动弹不得，面色全无。不知秦王是否来得及感叹命运，电光石火间一声雷厉呵斥传来，尉迟敬德犹如从天而降跃马赶到。齐王元吉顾不上到手的猎物，顿时松手，慌不择路，向着武德殿的方向便跑。尉迟敬德一箭疾飞，元吉摇晃几下，便倒地毙命。

好险，一开始就让建成、元吉发现了玄武门内的异常情况，伏击变成了追击。而且，如果没有尉迟敬德救驾，李世民让元吉勒死了的话，玄武门之变就成了一个千古笑话。

东宫将士得知太子有难，急忙赶来，对玄武门发动猛攻。

但当尉迟敬德拿出太子建成、齐王元吉的头颅时，东宫将士们开始后撤。不过太子府和齐王府仍有强大的势力，高祖那一关也还没有过，局面仍未稳定，于是李世民派尉迟敬德去向李渊逼宫，要李渊降旨承认既成事实。

这时李渊还在宫里的海池上泛舟，和宰相们商量如何处理即将开始的让三个儿子对质的事情。忽然间，听到外面吵吵嚷嚷，正派人出去查看，劈面碰到了全副武装的尉迟敬德带兵闯入。李渊大惊失色，喝问尉迟敬德是何道理。尉迟敬德回答说，太子和齐王作乱，已经被秦王杀了，秦王怕有人谋害陛下，派臣前来护驾。

李渊问身边的宰相大臣："没想到今天遇到这种事，该怎么办？"宰相陈叔达说："太子、齐王没有什么功劳，还想害秦王，已经被秦王所杀，秦王功劳大，如果您把政权交给他，就没什么事了。"李渊立刻就对尉迟敬德说："好啊，立秦王一直是我的心愿。"于是李渊给尉迟敬德一道手诏，下令全部军队都受秦王李世民节制。历史没有告诉我们的是作为一个父亲，当时的李渊心境多么苍凉。

紧接着要做的，是安定局面，清除一些不安定的因素。太子建成的五个儿子，齐王元吉的五个儿子，都是"承"字辈的亲王，一概处死，清除出皇家的属籍。有人建议要将建成和元吉左右百余人及其亲属一并诛杀，遭到刚执行完任务的尉迟敬德坚决反对。滥杀的势头很快就被遏止了。李渊当即下诏，"国家庶事，皆取秦王处分"①。

---

① 《资治通鉴》卷一九一，第6012页。

第二天，昨日在玄武门外奋力厮杀的原东宫系的将军冯立和谢叔方自出投降，忠于李建成的薛万彻将军，也在李世民使臣的反复劝说之下，从山中出来了。李世民很大度地把他们都释放了。

六月初七，秦王李世民被立为太子。李世民从此接管了处理全部国家政务的大权。原来秦府的一班谋臣勇将，都被安排到重要的岗位上。一些原东宫和齐王府的官员也被李世民委以重任。

此月的下旬以后，地方上还有一些震荡的余波。如益州（治今四川成都）行台仆射窦轨利用这个机会公报私仇，收斩了与自己关系一直紧张的行台尚书韦云起，理由是韦云起家里有不少人是太子建成东宫的属僚。又如幽州大都督、庐江王李瑗，原本与太子有过秘密协定，答应在外做他的奥援。面对玄武门之变的突然变故，他缺乏应对之策，成了自己一个下属谋取功名的砝码，被迫以谋反的姿态站出来，最终被杀。

到八月初九（甲子）李世民在东宫显德殿正式即位为帝的时候，玄武门之变的余波已经完全消除了。与政变相关的每一个人，都重新调整了自己的位置和心态，一起在等待着一个新时代的来临。

政变中起了关键作用的常何将军，也许由于态度不是很明朗，只是因事先秦王的买通，才睁只眼闭只眼地把秦府兵马放进了玄武门，而不像敬君弘等人那样力战而死，所以在政变后的很长一段时间里，心情都异常复杂。他似乎也没有别的选择，尽管自己不可能列入新君的功臣名单，未来的官运也不可能太亨通，但他仍然是大唐的臣子。只是，以前他是李渊的臣子，以后他是李世民的臣子罢了。

天下已经属于李世民了。

四、亲观国史与李世民的噩梦

许多年以后，每当唐太宗李世民想起玄武门内的血光剑影，心里都有一种难以名状的恐慌。并非如民间传说的那样，他担心哥哥和弟弟的冤魂会变成厉鬼来要他的命，所以把秦叔宝和尉迟恭画到了门上，以防止鬼魂的侵扰。秦叔宝和尉迟恭可以在民间成为"门神"，但李世民要使自己的心安定下来，就必须关注史官们是如何记录下当初的那场拼杀的。

贞观十六年（642），唐太宗李世民向负责记录皇帝言行的知起居注官、谏议大夫褚遂良要当朝历史的记录，被褚遂良当场拒绝。这怎么可以，皇上怎么能看史官所记的本朝史事呢？褚遂良心想，您这一看，我们还敢如实记录吗？李世民遭到拒绝后，并不死心。

第二年，由房玄龄牵头编撰的《高祖实录》和《今上实录》完成了，李世民又要看。当场就有别的大臣强烈反对。可是李世民还是坚持要看，这可让房玄龄好生为难。

为什么李世民遭到拒绝还非得要看？这可是破规矩的事。因为他担心一件事，这件事情让他寝食难安，当上皇帝这么多年来，也一直没安心过。这就是玄武门之变，那是他一辈子难以忘怀的痛。

对于玄武门之变会怎么记载，李世民是非常上心的，所以在当皇帝的第三年就指定让他最亲密的助手、大管家房玄龄来监修国史。现在又过去十四年了，他要来验收：当初交代给你这任务，十几年来你修得怎么样了？

褚遂良可以拒绝，李世民想，干脆我找你的领导去，要房玄龄给自己看。这个要求只要提出来，房玄龄就无法拒绝。房玄龄的身份，以及他跟李世民的关系，都决定了他必须给李世民看，因为房玄龄是李世民所有的好事坏事、阴谋阳谋全部参与的人。

房玄龄是李世民的大管家，是李世民的死党。但凡李世民一生气，房玄龄就吓得顿首顿首，死罪死罪，叩头流血。所以在这种情况下，他真没办法。那怎么办？看吧。李世民看了实录之后，对史官们的记录并不满意。

我们不知道它写成了什么样子，但是从李世民的指示来看，好像史官们是想把这个事情给掩盖掉。李世民说，你们原先记载得太隐晦了，很含糊其词。他下指示，不用掩盖，这种事情你就大胆地记，就要原原本本地记载下来。

李世民深知，如果史官们在这件事情上什么都不写，或者讳莫如深，反而会使后世人们演绎、放大和想象的空间更大，内容也就更丰富了。历史是割不断的，这段历史不可能是空白，如果史官不去记载，就一定会有别的记载、别的途径来把这个空白给填补起来，而后人填补的内容是李世民掌握不了的。那么，干脆让自己的史官把这个空白给填起来。

李世民指示，记载这件事情要有原则，就是按照西周初年周公诛管叔和流蔡叔的体例。当时周成王年幼，由周公辅佐成王摄政，而管叔和蔡叔要反叛，要颠覆国家，周公就下令诛杀管叔、流放蔡叔。李世民要他们按照这个原则、这个体例把这件事情记载下来。

我们今天看到的史书上，清楚地记录了玄武门之变。事变过程的记载非常翔实，但李世民为什么要杀死兄弟，史书上却花费了很大篇幅来加以粉饰。

第七章　唐太宗的江山美人

李世民之所以能够通过武装政变夺权成功，有着多方面的原因。一是其显赫的战功及由此带来的崇高威望；二是他有一班谋臣勇将，并在策划政变的过程中很好地拉拢了太子身边的一些人物，还控制了玄武门的守门将士；三是李世民本人遇事果断，出手坚决。除此之外，还有一个关键的因素，就是他的王妃长孙氏为他打理了与后宫的复杂关系，建立了秘密而畅通的关于李渊动向的信息渠道。

在史书上，长孙氏被描写成一个完美的女性形象。她是传统政治文化和社会习惯中标准的贤妻良母，不仅为李世民夺权出谋划策，鞍前马后地打点各种关系，而且还在政变夺权之后，帮助李世民克服心理障碍，用温柔的力量化解了李世民的内心困扰，帮助他走出阴影，迅速成长为一代明君。

一、政变中的秦王妃

从历史记载看，长孙氏是一位出身高门、知书达理的女子，她的作用好像也就是成就了李世民，自己在历史上并未留下什么。她真的就那么甘心做一个幕后英雄吗？

长孙皇后的特点，是她为李世民做了很多事情，但总是在幕后，或者说在李世民的背后。无论是在李世民夺权的过程中，还是在李世民当了皇帝治理国家的过程中，她的作为都是围绕李世民的，目的都是为了成就李世民，而没有抢镜头、抢角色。和后来成了唐太宗才人的武则天比起来，长孙氏要贤惠内敛得多。

对于长孙氏来说，李世民就是她的整个世界，成就了李世民也就成就了她自己。李世民在这方面是非常幸运的，或者说是他的魅力所在。不仅皇后甘愿为自己做绿叶，就是一班大臣也都把一切好的谋划归美于他，以至于像房玄龄、杜如晦这样的千古贤相，在历史记载中许多时候也都是无迹可寻。

长孙氏生于隋文帝仁寿元年（601），比李世民小三岁。长孙氏的祖上是北魏的王室，是北朝的名门望族。她的父亲长孙晟是隋朝有名的大将军，母亲是隋朝名士高士廉的妹妹。高士廉就是他和李世民的媒人。家庭环境给了长孙氏很好的熏陶，但历史上关于她的早年生活记载很少，只说她"少好读书，造次必循礼则"[①]。

隋炀帝大业九年（613），十三岁的长孙氏嫁给了李世民。当时，李世民十六岁，正是杨玄感起兵给隋朝带来严重冲击，李渊已心生反隋之念的时候。李世民的母亲早死，从小没有得到多少母爱，所以他对青梅竹马的长孙氏感情很深厚。长孙氏贞观十年（636）去世，终年三十六岁，和李世民一起生活了二十三年，陪伴李世民走过了他的青壮年时期。在李世民夺取政权、治理国家的各个方面，她都发挥了无可替代的作用。

---

① 《旧唐书》卷五一《后妃·长孙皇后传》，第2164页。

唐朝建立后，长孙氏被册封为秦王妃，"时太宗功业既高，隐太子猜忌滋甚。后孝事高祖，恭顺妃嫔，尽力弥缝，以存内助"①。就是说，她是李世民宫廷路线的主要执行人。李世民从小是个纨绔子弟，长大一点就是戎马生涯，他的性格中有着强烈的尚武精神和果断刚强的秉性。无论是驾驭手下大将，还是在处理和高祖、后宫及太子等各方面关系的时候，李世民都很容易冲动蛮干，忽略细节。李世民是那种个性张扬、阳刚有余而韧性不足的人，需要耐着性子慢慢打理的事情，他是没有耐心去做的。而处理和李渊的关系，光凭蛮劲肯定不行。正是长孙氏为他妥善处理了和李渊及后宫的关系，否则他可能早就被废掉了。

她在李世民夺取政权的过程中具体都干了些什么呢？历史记载就这么多，但我们从那几句话可以分析出来，长孙氏肯定为李世民做了不少工作。当武德四年平定了王世充和窦建德以后，唐朝统一全国的战争基本结束，李世民的威望也迅速提升，他被封为天策上将，对太子李建成的威胁开始呈现出来。

李世民问他的王妃："父皇封我为这天策上将，究竟是何意？"一向聪明的长孙氏已经想到，她的秦王已经有了入主东宫的想法。她说："殿下是想问，是否有令你入主东宫之意？这很难说。"李世民觉得自己的功劳很大，若坐上太子之位，自觉也问心无愧。长孙妃知道，他那么争强好胜，不甘居于人下，如今既有此心，将来怕是很难再为人臣了。于是，她开始为李世民出主意，开始为他从后宫打探消息，安排内线。这就是"孝

---

① 《旧唐书》卷五一《后妃·长孙皇后传》，第2164页。

事高祖，恭顺妃嫔，尽力弥缝，以存内助"。

太子那边在后宫占有优势，主要是李世民得罪了最受宠于李渊的尹德妃和张婕妤。所以在后宫的最初较量中是李世民输了，也就出现了刘黑闼再叛后，李渊派太子出兵征讨之事。要知道，李建成从唐朝建国被立为太子后就再没有领兵出征了。李渊开始有意识地压制李世民，抬高李建成。后来太子建成能够从杨文幹谋反的事件中脱身，很大程度上也是由于得到了尹、张二人的内助。

既然太子那边在后宫占据优势，那长孙氏还有什么施展公关手腕的空间吗？所谓"孝事高祖"，正是说她本人是受到李渊喜欢的。武德后期，李世民和李渊的父子关系越来越紧张，许多时候是靠长孙氏弥合的。包括后来李渊被迫做了太上皇，也是长孙氏在为李世民缓和紧张的父子关系。这应该是李渊一直没有下定决心彻底遏制李世民的一个重要原因。

长孙氏在后宫的争取工作，还包括"恭顺妃嫔"。尹、张二人是被太子拉拢了，但李渊的后宫妃嫔很多，长孙氏对级别稍微低下一些的妃嫔做工作，效果更好。因为其他妃嫔在李渊耳边吹风的时候，李渊不会太警惕，会觉得更客观。太子拉拢尹、张二人是在明处，长孙氏拉拢其他妃嫔是在暗处。关键时候，更有利于隐蔽和传递信息。

例如，太子建成、齐王元吉与尹、张二妃淫乱的情报，就是长孙氏通过其他妃嫔获得的。正是这个情报，为李世民在玄武门安排伏兵一举消灭太子和齐王创造了条件。当时情况很紧急，玄武门之变的前后，长孙氏是最为忙碌的一个人。

第一，是她负责收集各方面的信息尤其是来自宫中的信息。

她通过后宫的帮助，得知六月四日一早高祖李渊要在海池泛舟，然后才会安排接见他们兄弟，这是在太子、齐王进宫之前控制李渊的好时机。她还调查了从玄武门到海池的路上，只有临湖殿周围最适合埋伏，并摸清了高祖身边有一百名左右的卫士。这些情报，无疑是非常关键的。

第二，是她帮助制订具体方案，包括协助李世民分析形势，作出杀兄逼父的决定。李世民想夺权，又不想留下恶名。关键时刻，一旦犹豫就会坏了大事，也许此时女人比男人更加冷静和理智。而当其他大臣对于李世民父子兄弟之间的你死我活难以置词的时候，只有长孙氏的话能打破这个僵局，她从安慰李世民的畏罪心理入手，来坚定他的决心。

第三，是她负责联络长孙无忌、房玄龄、杜如晦等谋臣。政变几天前，她根据情报，得知太子那边要先下手了，于是建议李世民赶紧找房、杜二人来商讨对策。李渊对他们早有防备，所以房、杜要衣道士服乔装进入秦王府。

第四，是她在政变发动后的第一时间来到现场。史书记载，"及难作，太宗在玄武门，方引将士入宫授甲，后（指长孙氏）亲慰勉之，左右莫不感激"[①]。

二、贤德皇后的温柔力量

越是性格刚强的男人，干了亏心事后，越容易陷入自我谴责、自怨自艾的困境。玄武门之变后，李世民的内心就被一种沉重的道德负罪感所笼罩。治理国家的重担很快压到了李世民

[①] 《旧唐书》卷五一《后妃·长孙皇后传》，第2164页。

的身上，他是如何走出政变带来的阴影的呢？

政变当天，李世民趴在李渊胸前大哭一场，多少释放了一些心理压力。但是，从六月到八月，整整两个月的时间，李世民仍在调整自己的心绪。政变的阴影困扰着他，皇兄皇弟的影子困扰着他，令他不安、紧张并且疲惫不堪。是长孙氏帮他化解了那重重困扰，使他很快走出阴影，走上了励精图治的治国之路。长孙氏可以说是化解李世民人格冲突的温柔力量。

长孙氏是个美人，她有一双美丽果敢的大眼睛，有一双灵巧温柔的纤纤细手，有外柔内刚的个性。她劝李世民面对现实，安慰他说："太子之位，本不属于任何人。谁得到了，就是谁的。你只是争取了你应该得到的一切。殿下是治国贤才，但殿下不是嫡长子，眼下发生的一切，只是出于无奈，只是一条没有办法选择的路径。殿下走过来了，就该想着继续往前走。回头路是无论如何也没有的。"长孙妃也明白，无论怎么解释，政变都只能是政变，杀害兄弟的事实，永远都抹不去。但她必须让自己的夫君坚信一个信念：这储位，你要么别去争取，既然争取来了，就不要暴殄天物。正是在长孙氏的帮助下，李世民终于拨云见日，找回了自信。

李世民做了皇帝，长孙氏就做了皇后。作为一国的皇后，如果和后来进宫的武则天相比，长孙氏无疑是非常贤良的。她遵守礼制，遵循法度，一切为了太宗，一切为了国家，甘心做好配角，从无僭越之举。为了配合太宗勤俭治国的方针，她率先提倡节俭，不讲排场，摒弃华丽的服饰。她喜好读书，注重提高自身修养，即使梳头时也不忘把书卷放在面前读上几页。她平易近人，关心手下的嫔妃宫女，孝顺做了太上皇的高祖，严格要求子女,为太宗营造了一个良好的后宫和家庭环境。

有时候太宗情绪不好,迁怒于宫人,而这些宫人实际上并无罪过,或者只是一些小小的过失。皇后想要劝谏,但她知道如果为此直接跟太宗理论,只会让太宗更加愤怒,更加懊恼。每当遇到这种情况,她就顺着太宗,也装出很生气的样子,数落宫人的不是,并主动请求要代皇上处置这些不懂事的宫人。然后她就命人把所谓有罪过的宫人囚禁起来,等太宗怒气平息了,再找太宗慢慢分析事理。因此,只要有皇后在,内宫之中从来不会有滥施刑罚的事情发生。

在太宗众多的儿女中,有一个封号为豫章公主,她很小的时候母亲便去世了。皇后收养了这个小公主,而且对小公主的慈爱,甚至超过了自己的亲生儿女。后宫自妃嫔以下,只要有人生病,皇后都会亲自看视慰问,甚至把自己的药膳拿来给病人吃,因此宫中妃嫔,上上下下没有不爱戴这位皇后的。

皇后平时教育儿子们,常常以谦恭节俭为首要之德。太子的乳母遂安夫人曾经对皇后说,东宫器用少,希望皇后奏明皇上,增添些器用。皇后不许,说:"作为太子,就怕德不立,名不扬,怎能怕没有器用呢?"[①]

正是她的这些作为,使得贞观前期的后宫和朝廷都多了一些祥和的气氛。

尽管太宗对她非常信任,但为了避免开启后宫干政的先例,对于太宗谈及的朝廷赏罚和人事安排,她总是尽量闻而不答。她不是不关心,而是以自己独特的方式来帮助太宗。她常常和

---

① 《旧唐书》卷五一《后妃·长孙皇后传》,第2166页。

太宗讨论历史上治乱兴衰的经验教训，借古喻今。当太宗遇到大臣的进谏而回宫发怒的时候，她总能很巧妙地化解。魏徵惹太宗生气，她便穿着朝服，祝贺"主明臣直"，这个故事就是一个典型的事例。她反对太宗对其兄长、开国功臣长孙无忌委以重任，提醒太宗要防止外戚干政。

三、"毒药代表我的心"

贞观十年（636）六月，长孙皇后病体沉重。她病于气疾，已经有些年岁了。气疾在唐朝是一类疾病的通称，比较常见。太宗也有气疾，而自从太宗身患此疾病，皇后便悉心侍奉，在太宗病情加重的时候昼夜不离左右。她甚至把毒药系在衣带间，心想万一皇上有什么不测，自己也不会独自生全于世间。但是对于自己的病，她却基本上是泰然处之。所以说，这位长孙皇后，不单单是一个非常贤德的女人，还是一个非常通达、极富智慧的人，懂得自然和天命，并不贪婪和强求。这说起来似乎很简单，但常人却很难做到。

眼看着在医药上费尽了心思，皇后的病情不见好转，太子沉不住气了，有一天对皇后说："医药都用尽了，也不见母后的病情好转。还是让儿臣奏明父皇，请求赦免天下罪人，度人入道，或许能求得冥福。"这种大赦天下或度人出家为僧的方式，在当时及以前倒也常用，并不是什么离谱的事。但皇后不许，她说："死生有命，不是智力可以改变的。若为善有福，我向来也不为恶；若不然，强求又有何益？赦免罪人乃是国之大事，赦令是不可随便下的。这都是皇上平素所不为之事，如今又怎能为我一个妇人而让皇上做他不喜做之事呢？真要这样做的话，我还不如尽早离开为好。"①

皇后的这番话，于情于理，都让人无法反驳。到底有多少人在临终前可以问心无愧地说"若为善有福，我向来也不为恶"？只是太子身为人子，坐视母亲病重而无能为力，心中难过。但是皇后态度如此坚决，太子也不敢奏明父皇，于是只好私下里找他们的大管家房玄龄，把事情都告诉了他。这位尽职尽责的大管家，想必听了也挺感慨，就告诉了太宗。太宗也很难过，就算大赦是徒劳无益，他也不免动心想试一试，可是皇后坚决不许。太宗无奈，只好作罢。这个皇后实在是太通达、太贤惠了。

就这样，皇后知道自己就要不久于人世了。可是她还有话要跟皇上说，她要趁自己还有口气的时候把要说的话都说了，才能安心离开。当时房玄龄因为犯了点过失，被太宗罢免回家了。皇后知道这件事后，心里一直记挂着，于是对太宗说："房玄龄侍奉陛下多年，小心缜密，大大小小的奇谋秘计，从来也不曾泄露过半点。如果没有什么大得不可饶恕的罪过，希望陛下不要疏远他。"

皇后又说："妾的宗室家人，因为妾的缘故而获得崇高的禄位。他们并没有什么特殊的德行和功劳，却处于如此崇高的位置，是非常危险的事情，一旦跌下来就可能有灭顶之灾。为了保全他们的子孙，请陛下千万不可把他们安排在权要的位置上，只是让他们安分守己地以外戚的身份在朝廷里行事就足够了。"

说到自己，皇后说："妾生无益于人，不可以死害人。妾非

---

① 《旧唐书》卷五一《后妃·长孙皇后传》，第2166页。

常希望陛下不要因我的后事劳费天下，只需因山建坟，陪葬器物用瓦木就可以了。"皇后还是想重述一些话，虽然这些话，这些道理，历史上被人说过不知道多少次，而太宗也是耳熟能详的了。可是熟悉的道理也时常会被忽视，她马上就要离开这个世界，离开太宗，所以还是想重述一遍。至少，是她留下的忠告。她说："衷心希望陛下能够亲君子，远小人，广纳忠谏，尽量减少各种工程建设，停止巡游田猎活动，减轻百姓负担。如果能够做到这些，那妾虽处九泉之下，也没有什么遗憾了！妾将不能再陪伴陛下了，但是儿女辈不必让他们前来。我要说的都和陛下说了，他们来了也挽回不了什么，见到他们悲哀，反而让妾心里不踏实。"

皇后说到这里，觉得该说的、想说的都说得差不多了，她从袖子里拿出藏了好几年的毒药，说："妾在陛下病重之时，曾发誓以死相从，不让自己成为第二个吕后。"①

这就是一生贤德的皇后，在临终前所表现出的淡定、智慧以及对太宗和大唐事业的挚爱。几天后，皇后在立政殿去世，她留下了三十卷书，题为《女则》，乃是采自古妇人得失事撰写而成。还有几片散着的文字，论驳汉明德马皇后以不能抑退外戚，使当朝贵盛，徒戒其车如流水马如龙，是开其祸败之源而防其末流。太宗托在手上，览之悲恸，以示近臣曰："皇后此书，足以垂范百世！朕非不知此乃天命，伤悲也于事无补，但自此以后，入内廷不能再听到皇后的规谏之言，失去一位良佐，

---

① 《资治通鉴》卷一九四，第6121页。

所以尤为痛心！"①

四、"后妃之德"

长孙皇后的贤惠与可爱，还体现在她有容人之量。在那个妒妇如云的时代，她亲自为李世民选纳嫔妃，真的是太具有"后妃之德"了。

唐太宗有十四个儿子，还生了二十一个女儿。他后宫的女人自然也不少，但没有超过制度规定的编制。除了少数嫔妃是在长孙皇后去世以后进宫的，大部分都应该是皇后为李世民选纳的。

李世民也爱美色，但他喜欢的是才女加美女型的人，这与他的父亲李渊相比有很大的不同。

李渊好色，来者不拒，甚至冒着生命危险，在太原占用了隋炀帝留在晋阳宫的宫女，还把她们带到了长安，立为嫔妃。他看上了当时担任太子舍人的辛处俭的妻子，就把辛处俭贬到外地做官，硬是把人家的妻子抢占为己有。

而李世民在美色面前还是讲原则的。他曾辞退高丽和新罗进献的美女。当得知郑仁基的女儿已经许配人家后，不顾一切都已操办妥当，放弃了宣召郑仁基女儿入宫的决定。

来到唐太宗身边的女子，都是十三四岁的年龄，这也是当时普遍的婚龄。隋唐时期贵族官僚家庭里的女性受到的教育还是很好的，十三四岁的女孩子，大都能够阅读经史、写诗作文了。

---

① 《资治通鉴》卷一九四，第6122页。

唐太宗更喜欢与自己性格具有互补性的女子，就是知书达理、性格温柔的女子，而不喜欢与自己性格相像的刚烈女子。所以长孙皇后、贤妃徐惠、弟媳杨氏都是他的红颜知己。唐太宗还有一位妃子是隋炀帝的女儿，为他生下了吴王李恪。从后来他对李恪的宠爱来看，唐太宗对这位隋朝的公主是非常钟情的。而性格刚硬的武则天，在贞观时期只能是默默无闻。

第八章　走出玄武门的阴影

大唐武德九年（626）十月初一日，刚做了一个多月皇帝的唐太宗李世民，下令追封在玄武门之变中被杀的故太子李建成为息王，谥曰隐；追封齐王李元吉为海陵郡王，谥曰刺，以礼改葬。下葬的当天，唐太宗到宫城的宜秋门城楼上大哭了一场，哭得非常伤心。原太子的下属魏徵、王珪向唐太宗提出申请，要为二人送葬到墓地。唐太宗不仅批准了魏、王二人的申请，还下令命原东宫、齐王府的旧僚都去送葬。看来，李世民是想尽快从政变和家庭的矛盾中走出来，把精力转移到治理国家的方面上来。但是，那毕竟是一场兄弟父子之间的自相残杀，李世民能否顺利地走出其中的矛盾纠葛呢？

一、李渊移宫事件

李世民的皇位是武装政变得来的。玄武门之变中，他的兄弟被杀，父皇被控制。政变前，李渊从来没有做出决定让李世民做太子，政变后也一定是在李世民的武力胁迫下才同意交出权力，做起了太上皇的。面对突如其来的权力转移，李渊一定有许多不适应。而新做皇帝的李世民也一定无法忽略太上皇的存在。父子之间的摩擦，在所难免。

毫无疑问，父子之间结下了很深的芥蒂。但是，根据现有史料，已经很难了解到李渊在政变之中和政变结束后最初一段时间里的反应。

表面上看，政变结束之后，李渊很快就在思想上转过弯来，对在身边劝解自己的宰相萧瑀、陈叔达等表示：这样也好，让世民来接班也正是我的夙愿。李渊的这个表态和史书上的这种记载，自然有着很多的画外音。事实上，父子之间的紧张要持续很长一段时间。

但事到如今，主动权在李世民一方。如果父子之间的这个疙瘩解不开，将极大地牵扯李世民的精力，影响到贞观时期的国家治理。李世民一定费了很大心思来处理这个问题。

在后宫，长孙皇后对于协调父子关系发挥了很大的作用。除此之外，李世民还采取了一些措施，既要推行新的政策，又要照顾太上皇的情绪，有所为有所不为，把朝政的处理和国家的治理不断推向新的水平。

他首先是在牵涉父子个人感情的问题上，对太上皇采取尊重的态度。李渊不是历史上的第一个太上皇，秦始皇曾经追尊其已故的父亲庄襄王为太上皇；刘邦在夺取天下之后，为了避免与其父相见时礼节上的麻烦，下诏"尊太公曰太上皇"①。但是，李渊却是第一个被自己儿子赶下位的太上皇。他到贞观九年（635）去世，做了九年的太上皇。九年里，有将近三年的时间，李渊还住在供皇帝听政和起居的太极宫，没有迁出去，而

---

① 《史记》卷八《高祖本纪》，中华书局1982年，第382页。

李世民则在太子的东宫登基和处理朝政。

不过，这种状况肯定不能长期下去。所以到贞观三年（629）四月，李渊就迁出了太极宫，迁到此前为李世民做秦王时盖的弘义宫，并改名为大安宫。关于这次移宫，根据史书的记载，是李渊主动提出的。《唐会要》记载："至（武德）九年七月，高祖以弘义宫有山林胜景，雅好之。至贞观三年四月，乃徙居之，改为大安宫。六年二月三日，太宗正位于太极殿。"①

这段记载，从字面上看，好像李世民一直挽留李渊继续住在太极宫，因为在玄武门之变后不久，李渊就看上了有山林胜景的弘义宫，而一直到贞观三年才同意他迁过去。

弘义宫是武德五年为了安置功高的秦王而盖的，建得应该也是不错的，但与太极宫比起来，在规格上肯定还是差了许多。贞观六年（632）监察御史马周在上疏中说，"大安宫在城之西，其墙宇门阙之制，方之紫极，尚为卑小"②。马周说的是一个事实，就是大安宫比太极宫要矮小许多，无论风景如何，气势是要差许多的。

太上皇李渊想从太极宫迁出去，也许是出于某种情绪。但是，李世民把他留下了。

还有，李世民为什么又过了三年才于贞观六年在太极殿正位呢？这里面还有一些事实不太清楚。在李渊是否移宫的问题上，父子之间的心理冲突和情感纠葛一定很复杂。反映在史书

---

① 《唐会要》卷三〇《弘义宫》，第639页。
② 《唐会要》卷三〇《弘义宫》，第639页。

的记载上也有一些矛盾。《旧唐书·太宗本纪》中记载,贞观三年四月,"辛巳,太上皇徙居大安宫。甲午,太宗始于太极殿听政"[1]。也许所谓听政,只是把太极殿作为临时办公场所,而正式的所谓正位,则要等到贞观六年。

一定不是由于装修的原因耽误了正式的迁居。也许是李世民担心李渊前脚搬出去,自己马上就搬进来,显得有点逼宫的味道吧。

在对待李渊生活的问题上,李世民的态度还是比较宽和的。但是,在一些有关制度和用人、有关国计民生的基本政策等方面,李世民却表现出很强硬的态度,甚至不惜与武德时期制定的政策决裂。

二、树立新君权威

李世民在一些政策上要反李渊之道而行之,也许因为他是老二当家,而且是通过政变争来的、抢来的,所以有一种强烈的动力要证明自己。例如,贞观四年(630)唐军消灭东突厥,把颉利可汗俘虏到长安后,唐太宗以太上皇李渊的名义召开了一个庆功会。《资治通鉴》记载:"上皇召上与贵臣十余人及诸王、妃、主置酒凌烟阁,酒酣,上皇自弹琵琶,上起舞,公卿迭起为寿,逮夜而罢。"[2]这不是要借公开场合向李渊表明自己的能力和成就吗?你当年曾经向突厥称臣,使突厥成为国家的一个心病,也是一种耻辱,而我却最终把它打败了。史书上记

---

[1] 《旧唐书》卷二《太宗本纪》,第36页。
[2] 《资治通鉴》卷一九三,第6075页。

载是太上皇李渊主动召集了这个庆功宴会，事实上很可能是李世民的安排。

李世民刚即位不久，就采取了几个动作很大的措施，表明自己要在治理国家方面有所作为，要证明自己夺取皇位不是为了一己之私利，而是为了天下百姓。如武德九年（626）十月，在完成了以礼改葬李建成、李元吉，立李承乾为太子，确定功臣的食实封等级等重要工作之后，他决定裁撤一大批李渊分封的亲王。这件事情引起了很大的震动。

当初李渊封了许多亲王，这也是古代帝王很正常的举措，目的是"强宗室以镇天下"①。李世民要裁撤他们，就不怕失去宗室的支持吗？

也许这些人原本就不是支持李世民的。李渊当初将自己的堂兄弟及其子侄们都封为郡王，"虽童孺皆为王，王者数十人"。现在李世民提出："遍封宗子，于天下利乎？"他对这种做法提出了质疑，而善于逢迎的宰相封德彝回答："前世唯皇子及兄弟乃为王，自余非有大功，无为王者。上皇敦睦九族，大封宗室，自两汉以来，未有如今之多者。爵命既崇，多给力役，恐非示天下以至公也。"李世民充分肯定他的说法："然。朕为天子，所以养百姓也，岂可劳百姓以养己之宗族乎！"②于是，除了有功的少数几人不降低郡王的封爵外，其余宗室郡王皆降为县公。

说大封宗室是"劳百姓以养己之宗族"，这不是明显针对李渊提出的批评吗？李渊作为太上皇，还是掌握着一定权力的，

---

① 《资治通鉴》卷一九二，第6025页。

② 《资治通鉴》卷一九二，第6025页。

而且宰相之中还有几位是武德旧臣，包括裴寂、萧瑀、陈叔达以及见风使舵的封德彝。因此，在当时朝廷议决这些事情的时候，一定存在着分歧和斗争。但是，李世民没有退缩，不言放弃，这是他树立自己明君形象的重要手段。李世民的理论是："以天下之广，四海之众，千端万绪，须合变通"[1]。政策随着时代的变化而调整，并不是离经叛道的事情。太上皇需要尊重和照顾，但必要的政策调整却不能顾忌太多。

如果说裁减宗室亲王是为了减轻百姓的负担，对李渊的生活也没多大影响的话，那李世民把李渊宫里的宫女都遣散了，是否就有赌气报复的因素呢？

据记载，事情的起因是这样的。贞观二年（628），关中地区连续干旱，蝗灾又起，使太宗内心深感不安。到九月间，由于干旱还在持续，中书舍人李百药就向太宗建议："往年虽出宫人，窃闻太上皇宫及掖庭宫人，无用者尚多，岂惟虚费衣食，且阴气郁积，亦足致旱"[2]。古人相信阴阳不调是导致干旱少雨的原因，李百药借机要太宗外放那些无用的宫女。

这明摆着是要减少太上皇身边服务人员的数量，降低其生活待遇。李世民在许多时候并不相信阴阳理论，不会认为外放宫女就可以解除旱情。他的指示如下："妇人长期幽闭于深宫，确实情有可怜。隋朝末年，求采无已，至于各地的离宫别馆，皇帝根本就不去，还聚集了那么多的宫人。这些做法，都是耗费百姓的财力，朕所不取。现在，后宫里还有那么多妇人，除

---

[1] 吴兢撰，谢保成集校：《贞观政要集校》卷二《政体》，第31页。
[2] 《资治通鉴》卷一九三，第6057页。

了洒扫之外，又有什么用呢，应该都放出去，让她们去找到合适的人结婚成家。这么做，不单是节省了国家的开支，减轻了百姓的负担，同时也顺遂了人的情性。"于是，派遣尚书左丞戴胄、给事中杜正伦主持其事，他们在掖庭的西门进行登记，将那些没有特别身份的妇人放出宫，前后所出三千余人。

唐太宗李世民的理由很光明正大，一是节省了国家的开支，二是顺遂了人性，让这些幽闭深宫的妇人能够过上正常人的生活。

要说外放宫人能够调和阴阳，有利于解决旱灾的问题，完全是一个借口。唐太宗同意这样做，一个重要的前提是他能够将心比心，顺遂人性。唐太宗在大部分情况下比较尊重人性，除了外放宫女，修订律令也是在尊重人性的前提下进行的。

贞观元年（627）正月，李世民下令由吏部尚书长孙无忌牵头，与学士、法官等议定律令。这次修订，最主要的内容就是并省和减轻一些刑罚，尤其是废除残存的肉刑。一开始，长孙无忌等决定把原来《武德律》中的绞刑五十条改为断右趾，李世民看过后，还是觉得有点惨无人道。他找来这些参与修订的人员，说："肉刑废除已久，断右趾这一条，还是要想办法改为别的处罚。"于是，参与其事的法官裴弘献请改为"加役流，流三千里，居作三年"①。李世民接受了这个建议，并写进了新的《贞观律》中。

李世民要从法令制度上对李渊以前的政治举措进行修正，自然引起了裴寂等武德旧臣的反对，也一定会给李渊带来不快。

---

① 《资治通鉴》卷一九二，第6031页。

我们已经无从知道李世民是否做了耐心的解释，但结果无疑是这些新政都得到了落实，而且也没有引起与太上皇明显的冲突。

政变给李世民心理上留下了很重的阴影，但当他走出阴影，制定各种政策的时候，心里基本是亮堂的。他的志向是要把国家治理好，而没有过多地去担心和顾忌太上皇与武德旧臣们的感受，事实上也就没有把个人恩怨放在国家大事之上来考虑。

李世民虽然无法摆脱各种个人恩怨，也不能说他对李渊就没有一些埋怨甚至怨恨，但他在改变武德时期某些措施的基础上推行的一系列政策，确实是有利于国家稳定和发展的。而且，他的这些措施，不仅在治国实践中加以推行，还往往上升到理论层面加以阐释和发挥。无论是削减宗室成员的封爵、外放宫女，还是修订律令，其基本思想都是基于为君之道与安民之道，也就是他在出台这些措施前后反复表达的："为君之道，必须先存百姓。若损百姓以奉其身，犹割股以啖腹，腹饱而身毙。若安天下，必须先正其身，未有身正而影曲，上治而下乱者"①。

李世民推行新政还是很磊落的。翻看一部《贞观政要》，李世民的言行确实很亮堂。在他宣讲的大道理和具体的政策措施之间，可以看到有机的结合，大体是言行一致的。

三、摆脱武德旧臣

如果说对于太上皇李渊，李世民还是能够注意照顾其感受的话，那么对于一些顽固的、妨碍其推行新政的武德旧臣，他采取的措施就非常果断了。但是，果断不等于阴暗，恰恰也是

---

① 吴兢撰，谢保成集校：《贞观政要集校》卷一《君道》，第11页。

一种磊落，尽管有些残酷。

李世民即位后，在朝政中具有影响力的武德旧臣主要有裴寂、封德彝、萧瑀、陈叔达、宇文士及等人。他们当中，弯子转得最快的是封德彝。他是有名的"两头蛇"，首鼠两端，史书上说他"险诐"，就是见风使舵的阴险之人。

事实上，李世民最初并没有识破封德彝的阴险用心。即位后，封德彝由中书令升迁为尚书右仆射，担任了最高行政长官。当时担任左仆射的是萧瑀。封德彝在武德时期担任中书令，是由萧瑀推荐的。现在二人同为尚书仆射，掌管国家最高行政事务。封德彝为了掩藏自己当初反对李渊改立李世民为太子的事实，设法排挤知道真相的萧瑀，利用李世民对武德旧臣的戒备心理，主动制造萧瑀与房、杜之间的分歧和矛盾。每次李世民要更张武德旧制的时候，封德彝与萧瑀原本意见一致，两人也商量好了作为尚书省的集体意见向太宗反映，但等到面见的时候，封德彝却统统否认，而站到了秦府旧属房、杜等人这一边。房玄龄、杜如晦对武德朝的人事关系和一些隐秘的决策也不是很清楚，他们都认为封德彝比较识时务，所以"皆疏瑀而亲德彝"①。萧瑀实在受不了，就给李世民打秘密报告，牵扯出很多乱七八糟的事情，李世民也很不耐烦。

封德彝也确实够阴险的，这是一箭数雕啊。萧瑀很快就被罢去了宰相之职，闲置在家。因为被封德彝算计得很被动，萧瑀很窝火，加上封德彝的挑拨，他和另一位武德旧臣陈叔达也发生了争执，并且把火气烧到了皇帝面前，于是，萧、陈二人

---

① 《资治通鉴》卷一九二，第6025页。

"皆坐不敬，免官"①。

封德彝想把武德旧臣都挤下去，这样自己当初那点阴事就没有人揭发出来了。但是，做了亏心事总归是心虚的。有部电视剧里有这样的剧情：封德彝与裴寂议论当初阻止李渊改立太子之事，被李世民撞见，随后被当场吓死了。这个情节不见得完全符合历史实际，因为李渊未必有过改立太子的想法，但是却抓住了封德彝的性格缺点。裴寂在武德时期一直是反对李世民掌权的，这李世民自己也知道，封德彝和他聊这个事比较可靠，因为裴寂不会去向李世民揭发。但要是被李世民撞见了，那封德彝就一定会被吓破胆。史书记载，"贞观元年，（封德彝）遘疾于尚书省，太宗亲自临视，即命尚辇送还第，寻薨，年六十"②。也就是说，封德彝是在尚书省上班的时候得病，然后一病不起的，很快就一命呜呼了。

按照电视剧里的情节逻辑，看来是封德彝以为太宗听见了，其实太宗什么也没听见，所以还对他的病情很关心，派人用自己的御辇送他回家，并亲自去看望他。李世民知道他坚定地站在李建成一边，支持李渊维护建成太子地位的真相，要到很久以后了。

封德彝是吓死也好，病死也好，总之贞观元年就去世了。萧瑀和陈叔达也被太宗收拾得老实了。宇文士及与李世民的关系本来就很亲近，没有构成什么特别的阻力。可是裴寂却不一样，他是李渊的铁杆兄弟，他要维护还是太上皇的李渊的脸面、

---

① 《资治通鉴》卷一九二，第6025页。
② 《旧唐书》卷六三《封伦传》，第2397页。

尊严和权威，因此对李世民针对武德政策的一些新政，一定会常常唱反调。

李世民刚即位不久，就在武德九年底，专门找裴寂谈过一次话，提醒他要脑筋转弯，要为新君服务，不要总添乱。史书上记载的原话是这样的："比多上书言事者，朕皆粘之屋壁，得出入省览，每思治道，或深夜方寝。公辈亦当恪勤职业，副朕此意。"①因为裴寂是太上皇身边最受信任的人，所以太宗要敲打敲打。

但是，裴寂就是转不过弯来，那李世民就只好找机会收拾他了。有一个法号叫做法雅的沙门（僧侣），当初"以恩幸出入两宫"②，专门讲一些怪力乱神的事。贞观三年（629）唐太宗下令禁止他搞这些迷信活动，但随后他又口出妖言。李世民派兵部尚书杜如晦来审查这个案子，结果牵连出了裴寂。于是，李世民将裴寂免官，削减食邑之半，遣返回家。

《新唐书·裴寂传》里有一段话，说当初在武德末年裴寂就向李渊说起，"愿赐骸骨归田里"③，就是要辞职回家。李渊哭着对他说："别这样啊，我要与你一起变老。你是国家的支柱，我为太上皇，我俩年纪大了，一起度过逍遥的晚年，不亦善乎！"史臣把这段谈话的时间安排在武德时期，似乎有些问题。可以理解为，是唐太宗李世民要罢免裴寂，而裴寂向太上皇李渊求情，那这个场景才比较合理。

---

① 《资治通鉴》卷一九二，第6026页。
② 《旧唐书》卷五七《裴寂传》，第2288页。
③ 《新唐书》卷八八《裴寂传》，第3738页。

裴寂本人也请求留住京师，遭到了李世民的一通数落："计公勋庸，不至于此，徒以恩泽，特居第一。武德之时，政刑纰缪，官方弛紊，职公之由。但以旧情，不能极法，归扫坟墓，何得复辞？"①大意是说，你别以为自己是和我并列的首席开国功臣，就摆什么老资格。你那个首席，并不是因为你真的有什么功劳，只不过是因为和太上皇的私交。武德年间，国家政治生活中出了那么多的问题，搞得乌烟瘴气，很大程度是由于你掌权的缘故。你现在犯了错误，我念着旧情，不把你依法治罪，只是让你回家去待着，你还有什么好挑三拣四的。

这话说得很尖刻，李世民嘴上不饶人的本领，又一次得到了发挥。而且，连带将太上皇也数落了一把，很有点指桑骂槐的味道。

也许裴寂找太上皇说情，反而把他们父子之间的矛盾激化了。所以，也就在两三个月后，李渊就从太极宫迁了出去。裴寂于是也灰溜溜地回到了河东蒲州老家。

李世民的这一通数落，连带裴寂的被罢免，是其摆脱武德旧臣的关键一步，针对性很强。其实，就在一年以前的贞观二年（628），太宗到南郊祭天，曾安排裴寂与长孙无忌同升金辂，就是和太宗一起乘坐观礼车，分别站在左右。这是作为大臣的最高荣宠。裴寂当时就辞让，太宗还说："因为你有佐命之勋，无忌也对朕竭尽忠诚，要安排两人和朕一起乘车观礼，还有什么人比你合适呢？"那时，李世民看重他是佐命元勋，是最大的开国功臣。可这会他却责备裴寂，说你功居第一也没有什么了

---

① 《旧唐书》卷五七《裴寂传》，第2288—2289页。

不起的，只不过和太上皇私交很密切而已。这也是话里有话。

后来还发生了一些事情，裴寂被流放到静州，即今广西梧州。李世民很气愤地对身边的大臣们说，裴寂有四条死罪，尽管他有免死金牌，我要杀他也不是没有理由，只是许多人都说把他流放到岭南就可以了，朕也就听从了大家的意见。

第九章　将心比心换人心

大唐贞观六年,即公元632年年底的一天,在准备辞旧迎新的时候,唐太宗李世民来到长安的监狱,亲自过问囚犯的情况。当他看到那些行将被处决的死囚时,顿生怜悯之心,觉得他们不能回去与家人团聚,非常可怜。于是太宗下令把全国所有死囚犯都放回家过年,并且规定来年秋天到来之前,都必须按期回到监狱,接受行刑。规定的日期到了,几百个死囚全部回来报到。唐太宗被这种信任所感动,当即将他们全部赦免了。

可以想见,当唐太宗宣布赦免这几百人的死刑时,是怎样一种感人的场景。可回过头来说,难道唐太宗就不怕这些人都逃走了吗?他为什么具有如此自信呢?

这件事情,新、旧《唐书》和《资治通鉴》等史书上都有记载,还被白居易写进了《七德舞》诗中。这事听起来有点玄,令人难以置信。尽管史书记载的这件事情有着明显的官方宣传的味道,但确实发生过这样一件事情,总还是应该相信的。两《唐书》的《太宗本纪》里,是把它作为当年很少的几件大事来记载的。唐太宗之所以能成为中国古代政治传统中"明君"的典范,很重要的一个原因是他讲人道,尊重人生命的价值。这方面，他与作为"暴君"典型的隋炀帝形成了鲜明的对比。

一、死囚四百来归狱

从隋炀帝被杀到唐太宗即位，前后不过十年时间。十年是历史长河中的一瞬，可是却出了两个在历史上评价截然相反的皇帝。隋炀帝是典型的暴君，唐太宗却是少有的明君。历史的反差有时就体现在一些细微之处。放还死囚之事，可以说正是体现暴君和明君之别的一个特写镜头。

隋炀帝的野心很大，他太想做成大事了，即位之初的几年里，户口大增，国库充盈，朝廷可以调用的劳动力和财物都极其丰富，想干什么都能干成。于是，接二连三的征调丁夫，动辄上百万人，直到辽东之役，把全国百姓都拖累得流离失所，群起为盗了。这就给他一种错觉，以为百姓的生命不值钱。在平定杨玄感叛乱后的一次谈话中，隋炀帝对侍臣们说："玄感一呼而从者如市，更加说明天下人不必太多，多则为贼。要把有牵连的人赶尽杀绝，否则，将来就难以制止了。"[①]这是一种什么心态啊，不把百姓当人看，他很快就尝到了苦果。

而唐太宗却懂得普通百姓也是人，百姓的生命也值得珍惜。白居易在《七德舞》诗中有诗句形容那件事，叫作"死囚四百来归狱"。这事在历史上应该是绝无仅有的。

这个决定其实冒着很大的风险。如果这些死囚放出去后不回来了，那该如何收场呢？唐太宗哪来那么大的自信，相信他们都会回来？

[①]《隋书》卷二四《食货志》，中华书局1974年，第688页。

应该说，贞观六年（632）前后，正是唐太宗在治国方面最有成就、最为自信的时候。他相信，自己已经做得很出色，在治理国家方面超越了所有的帝王，无论是什么人，都会为有这样的君王而自豪，都愿意相信，这样的君王所作出的安排不会是陷阱。两年前，唐朝打败了东突厥，李世民决定把所有的突厥部众都迁移到内地安置。当时就有许多反对的意见，觉得这样不安全，万一突厥到内地还联合起来造反，那将难以收拾。可是，唐太宗还是坚持这样做，他的自信心允许他作出这样的决定。现在要放还死囚，道理也一样。他觉得突厥的人心与自己可以相通，囚犯的人心同样也是可以相通的。

可话要说回来，天下的事情不怕一万，就怕万一。在内地安置突厥的决策，其实唐太宗还是留有后手的。即使突厥到内地后还要捣乱，唐太宗也不怕，还有办法应对。那对于放还囚犯之事，唐太宗是否在相信"以心感人"的强大感召力的同时，对于可能出现的后果，也有很大的成算？

三四百个死囚，被放还到各地，地方组织同样可以监控他们。唐朝的乡里组织是非常严密的，里是最基层的国家控制的组织，按照制度规定，每一百户就设一个里，由里正承担各种管理职能，五里设一个乡，而且"四家为邻，五家为保"，邻里之间承担各种连带责任。在这样的组织系统中，州县乡里层层监控，囚犯放还不可能有逃散的风险。

也可以说，这不过是一场政治秀而已。风险不大，成本也不高，效果却非常好。但这样的表演也不是一般的统治者可以做得出来的。这样做的前提，首先是要自信，更关键的是要社会稳定。当时的社会，无疑是非常稳定的。

还有一种可能，就是这些囚犯都非罪大恶极的亡命之徒，甚至可能还存在许多冤假错案。唐太宗检查工作后，发现了这一点，于是就采取一种特殊的方式来弥补此前的错判。

《资治通鉴》上记载，唐太宗放还的死囚是三百九十人，白居易用的四百是约数。将近四百人，难道他们就真的一个也无法逃亡吗？他们就真的不怕死，都回来等待处决？囚犯们的心态其实也不难理解。他们已经作好了要死的准备，现在却可以回家团聚，得到皇帝如此的信任，很容易就被感化了，回到家一定很好地改造了自己，而且认为再回来说不定还可以有活着的机会呢。这真的是"以心感人人心归"。当皇帝的把死囚犯的人心都唤回来了，那其他的人，自然都不难感化了。

以上是从历史叙事文本的字面上获得的一些推测，或者说从历史书写者引导下得出的分析。其实，从白居易到司马光都相信的纵囚事件，很大程度上是一种历史叙事的传统模式，或者说一种描述良吏止讼息狱、化民向善政绩的程式化书写模式。如研究者指出，"纵囚归狱"是汉唐间常见的表彰地方长吏的历史故事，隋唐时期君主一度取代良吏成为纵囚故事的主角。写进历史书中的故事往往会影响现实政治的运作，唐太宗根据此类故事主导了贞观纵囚事件，但客观效果并不理想[1]。后来，北宋史学家和大文豪欧阳修写了一篇史论名为《纵囚论》，对这个事件及藉此宣扬的皇帝仁德提出了质疑："吾见上下交相贼以成此名也，乌有所谓施恩德与夫知信义者哉？不然，太宗施德于

---

[1] 陈爽：《纵囚归狱与初唐的德政制造》，《历史研究》2018年第2期。

天下，于兹六年矣，不能使小人不为极恶大罪，而一日之恩，能使视死如归，而存信义。此又不通之论也。"[①]唐太宗即位以后，关心民生，尊重人性，还有许多的事例。

据《资治通鉴》记载，贞观二年（628）关中地区发生了严重的旱灾，接着是蝗灾。夏日的一天，唐太宗来到皇城的御苑中，发现了蝗虫，顺手就抓起了一只，拿在手上，用咒语般的话谴责起蝗虫来："民以谷为命，你这些家伙却把庄稼吃了，有本事你们就来吃掉我的肺肠吧。"说完，举手就要把蝗虫往嘴里送。左右的大臣赶紧劝阻，说："这些个脏东西，吃了会得病的。"唐太宗说："朕为民受灾，还有什么疾病好逃避的！"于是把这只蝗虫吞吃了。

《资治通鉴》记载这件事情的结果是，"是岁，蝗不为灾"[②]。也许是唐太宗的真诚感动了上苍，但更可能的是感动了天下百姓，提高了灾区人民减灾抗灾的积极性和战胜灾害的自信心。

贞观二年的时候，由于旱灾引起饥荒，有的人家只好卖儿鬻女。太宗得知这个情况后，对身边的侍臣说："水旱不调，皆为人君失德。朕德之不修，天当责朕，百姓何罪，而多遭困穷！闻有鬻男女者，朕甚愍焉"[③]。他敢于把造成自然灾害的责任揽

[①] 欧阳修著，李逸安点校：《欧阳修全集》，中华书局2001年，第287—288页。

[②] 《资治通鉴》卷一九二，第6054页。

[③] 吴兢撰，谢保成集校：《贞观政要集校》卷六《论仁恻》，第328页。

到自己身上，勇于承担责任，而不是怨天尤人。于是，他派遣御史大夫杜淹到关中各地去巡视检查，发现被卖的孩子，就由国库出钱把他们赎回，还其父母。

由于连续的自然灾害，唐太宗在贞观二年三月下了一道大赦诏，诏书里说："若使年谷丰稔，天下乂安，移灾朕身，以存万国，是所愿也，甘心无吝。"①四月又下诏，针对"隋末乱离，因之饥馑，暴骸满野，伤人心目"②的状况，下令各级官府出资，把散落在荒野的尸骸进行收葬。

这几件事情，都发生在唐太宗即位不久的贞观二年，可以想见当时的经济和社会状况是多么的恶劣。但是，唐太宗以自己的诚心和勇气，号召百姓进行抗灾，最终克服了自然灾害给唐朝政权带来的冲击，社会很快稳定了下来。

唐朝中期的诗人白居易在《七德舞》一诗中，将此概括为"亡卒遗骸散帛收，饥人卖子分金赎"③，把它作为唐太宗体恤民生的德政来加以歌颂。

唐太宗之所以能够做到如此关心民生疾苦，是因为贞观君臣都有强烈的求治理想，他们在治国理论上进行了深刻的探讨。贞观二年（628）正是贞观君臣讨论"安民之道"最为集中的一段时期，他们从理论上认识到，要使皇位稳固，要把国家治理好，关键是要把老百姓的生活安顿好。

---

① 《资治通鉴》卷一九二，第6049页。
② 《资治通鉴》卷一九二，第6049页。
③ 《白居易诗集》卷三《七德舞》，第275页。

二、张蕴古之死与五覆奏

唐朝的法令规定：凡决大辟（即死刑）罪，在京者，行决之司五覆奏；在外者，刑部三覆奏。若犯恶逆已上及部曲奴婢杀主者，唯一覆奏。凡京城决囚之日，尚食蔬食，内教坊及太常皆彻乐。每岁立春后至秋分，不得决死刑。①

其中五覆奏、三覆奏的规定，是从唐太宗时期开始执行的。原本唐朝的死刑判决，是由皇帝召集中书、门下两省五品以上及尚书等官员进行议定的。这看起来已经很慎重了。但是，贞观五年（631）发生的一件案子，使太宗对死刑判决更加慎重。

有河内（治今河南沁阳）人李好德，犯有精神疾病，说出了妄妖之语，也就是喊了反动口号之类的。按照法令，这是十恶不赦的死罪。负责断罪的大理丞张蕴古，认为李好德犯精神病的证据确凿，不应该治罪。太宗答应了从宽处置。可是张蕴古又把这个意思私下告诉了李好德，而且还和李好德一起博戏。于是，治书侍御史权万纪向太宗汇报说，张蕴古奏事不实，涉嫌徇私枉法。因为李好德之兄李厚德在张蕴古的老家相州（治今河南安阳）做刺史，为了讨好这个老家父母官，张蕴古故意包庇李好德。太宗想起不久前张蕴古曾在狱中和囚犯弈棋，现在又要包庇放纵李好德，这是执法犯法，其罪当诛。于是，一气之下，下令把张蕴古斩于东市。但是，太宗很快就后悔了，觉得自己下令处决张蕴古太过草率了，而且张蕴古还是颇识治

---

① 李林甫等撰，陈仲夫点校：《唐六典》卷六《尚书刑部》，中华书局1992年，第189页。

国理政道理的名臣。唐太宗即位之初，时任幽州总管府记室直中书省的张蕴古曾上奏一篇《大宝箴》，对皇帝加以规诫，引起过太宗的重视。①《贞观政要》专门载录了这篇文章，认为张蕴古被任命为大理寺丞就是因为上奏《大宝箴》得到唐太宗的赏赐和提拔。②

在此前后，还发生了两件事。一是交州（治今越南河内）都督卢祖尚，因为违抗了皇帝的旨意，而被斩于朝堂；二是有几个朝廷小吏贪污，虽取财不多，太宗还是一怒之下把他们杀了。这都让太宗很快就追悔莫及。

经过这样几件事，太宗觉得人死不能复生，砍脑袋的事一定要慎重。于是，他下诏规定，凡决死刑，虽我下令当即斩杀，仍需三覆奏。过了几天，他又觉得三覆奏也不保险，就说："比来决囚，虽三覆奏，须臾之间，三奏便讫，都未得思，三奏何益？自今已后，宜二日中五覆奏，下诸州三覆奏。"关于五覆奏，有一种解释是，"其五覆奏者，以决前一二日，至决日又三覆奏"③。只有犯恶逆者，也就是那些罪大恶极的人，一覆奏以后就处决。

这个规定出台后，唐太宗为自己下令处决犯人赢得了慎重考虑的时间。此后，许多被断为死罪的人，在太宗的慎刑政策下活了下来，避免了许多的冤假错案。

---

① 《旧唐书》卷一九〇《文苑传上·张蕴古传》，第4992—4994页。

② 吴兢撰，谢保成集校：《贞观政要集校》卷八《论刑法》，第431—434页。

③ 《旧唐书》卷五〇《刑法志》，第2140页。

一个张蕴古的死,换来了众多臣民的生。这也许是那次怒杀的一个收获吧。

前面讲到过唐太宗慎刑的例子,就是他建议把断右脚趾的刑罚废除了。其实,关于他的慎刑,还有一个很重要的事例,就是把杖刑从"脊杖"改为"臀杖"。

据《资治通鉴》记载,贞观四年(630)十一月,唐太宗读《明堂针灸书》,看到这本医书上说:"人五藏之系,咸附于背",人体很多重要器官的穴位都在胸背部,这些部位被击打会有生命危险;他再看图中臀部的重要穴位就少多了。于是下诏,规定"自今毋得笞囚背"①。凡鞭打犯人,屁股是受刑部位,不许打胸背部。至此,"臀杖"成为后来大多数王朝的定例。

三、社会秩序的稳定

《资治通鉴》记载:"贞观元年,关中饥,米斗直绢一匹;二年,天下蝗;三年,大水。上勤而抚之,民虽东西就食,未尝嗟怨。是岁(贞观四年),天下大稔,流散者咸归乡里,米斗不过三四钱,终岁断死刑才二十九人。东至于海,南及五岭,皆外户不闭,行旅不赍粮,取给于道路焉。"②

前两年出去逃荒的流散之人,都陆续回归乡里,因为粮食丰收,每斗米不过三四钱,终岁断死刑才二十九人。这是说,老百姓对新政权充满信心,没有把自然灾害带来的苦难转嫁为对政府的抱怨。由于年成的好转,社会秩序也很快安定下来,

---

① 《资治通鉴》卷一九三,第6083页。
② 《资治通鉴》卷一九三,第6084—6085页。

犯罪率很低。全国全年断死刑才二十九人,这是一个非常令人振奋的数字。两年以后的贞观六年,关押的死囚就有三百九十人,或许就是一个正常的数字了。

吴兢在《贞观政要·政体》里描写,经过几年的恢复和发展,到贞观中期,全国的经济形势已经有了根本的好转。他用了"商旅野次,无复盗贼,囹圄常空,马牛布野,外户不闭"①这样一段话,来描写当时的社会稳定和经济复苏状况。

以上记载都是出自史学家的手笔。其实,唐太宗本人对贞观时期的社会状况也有一段充满憧憬又具有一定现实性的描述。《贞观政要》记载贞观十六年(642),他对身边的大臣说:"国以民为本,民以食为命。如果收成不好,那是国家最大的忧虑。当前粮食大丰收了,朕作为亿万百姓的父母,只想更加勤俭节约,而不能奢侈浪费。朕常常想,要给天下百姓都赏赐一些财物,让百姓都富贵。可我怎么也赏赐不过来啊,于是我坚持减免徭役、不妨碍农时的方针,让百姓都可以放手去耕种,结果大家都富起来了。又倡导文明礼让的社会风气,使得全国上下都出现了'少敬长,妻敬夫'的可喜局面,大家都过上了体面的生活,这也就是让大家贵起来了。只要我们实现了这样的目标,朕即使不听音乐、不游山玩水,也是乐在其中啊!"②

唐太宗正是看到了自己制定的政策给百姓带来的实惠,内心非常得意。

贞观初年实行务本劝农、轻徭薄赋的政策,从根本上说,

---

① 吴兢撰,谢保成集校:《贞观政要集校》卷一《政体》,第52页。
② 吴兢撰,谢保成集校:《贞观政要集校》卷八《务农》,第427页。

就是要严格执行国家制定的赋役制度。当时的《赋役令》规定：民户以丁男（成年男子）为单位向官府交纳一定数量的粮食和丝织品，称为租、调；此外，每丁每年还要服役二十日，若不服役，则每日折绢三尺，称为"庸"。如果政府额外加役，十五天免调，三十天租调皆免，正役和加役，总数最多不能超过五十天。如果遇有水旱虫霜等灾害，要计算损失进行赋税减免，十分损四以上免租，十分损六以上免调，十分损七以上课役俱免。[1]也就是说，如果受灾比重达到百分之七十，就要免除百姓对国家的所有负担。

为了保证农民不误农时，唐政府推行"以庸代役"的制度，尽量减少徭役的征发。丁男每年二十日的正役，正常情况下都是缴纳一定数量的丝织品代替，而不去服役。唐太宗从思想上对保证农时有深刻的认识，认为只有君主抑情损欲，尽量减少战争和土木兴建，才能做到不夺农时。事实上，唐太宗多次放弃了一些大规模的工程建设，或者尽量在冬闲时征发必须的徭役和民丁。例如，贞观五年（631）二月，皇太子要行冠礼，需要征发府兵作仪仗。唐太宗因为"农时最急，不可失也"[2]，不顾大臣们搬出阴阳五行一套理论竭力反对，坚持把冠礼推迟到十月举行。即使是贞观三年打突厥这样重要的战争，也是在冬闲时进行的（尽管有可能是突厥遭遇雪灾而给唐朝以战机）。这

---

[1] 参见天一阁博物馆、中国社会科学院历史研究所《天圣令》整理课题组校证《天一阁藏明抄本天圣令校证》，中华书局2006年，第270—274页。

[2]《资治通鉴》卷一九三，第6086页。

样，就不仅从制度上，而且从具体行动上，保证农民不因徭役兵役而耽误农时或中断生产。

贞观时期农业生产的恢复，就是建立在各种完善的制度和惠农政策之上的。农业生产恢复和发展的一个显著效果，就是粮价的迅速下降并平稳下来。贞观四年（630）以后，粮价开始下降，经过四五年的时间，到贞观八、九年的时候，粮食价格由贞观初年的每斗米一匹绢（二百文钱左右）下降到每斗米四五文钱。这是一个极大的落差。而粮价如此大的下降，到底是什么原因造成的呢？

贞观四年以后粮价下降并保持着相对平稳的水平，除了自然灾害的减少、粮食增产这些自然因素外，主要有以下几个方面的原因。

首先，此前粮价的高涨是由于战乱和政治动荡造成的。从隋末到贞观以前，粮价都处于一种高涨的态势。贞观四年下降以后的粮价，是一个比较正常的水平，而此前的高粮价是一个非正常的状况。

其次，是政治稳定的结果。在唐初的政治史上，贞观四年是一个具有转折意义的年份。前一年，裴寂被罢去宰相之职，太上皇李渊迁出太极宫，唐太宗开始在太极宫听政，政治上的"贞观气象"开始真正显现出来，人们对政局动荡的担忧彻底消除了。在朝廷财政和百姓生活都还很艰苦的条件下，贞观四年初，唐军打败了长期威胁唐朝北境的东突厥，也给全社会带来了一种新的景象和新的信心。

再次，从社会层面来看，是朝廷政策带来的一个显著后果。在几年的自然灾害中，百姓感觉到了朝廷和地方政府对民众生活的关心，形成了一种少有的凝聚力和向心力。"贞观之治"历史内涵的一个重要方面，就是老百姓对政府有信心。这种信心，使得贞观时期能够克服自然灾害带来的冲击，能够打败东突厥的侵扰，也能够把粮价降到一个通常的低水平上。

四、"天可汗"的威望

李世民即位以来，不仅不断调整自己的心态，处理好朝廷之中的各种矛盾，营造出良好的君臣关系和政治氛围，而且在对周边民族和国家的关系上，也逐渐赢得了主动，彻底改变了长期以来中原王朝受制于北方民族的局面。

唐太宗逝世后，唐高宗下令在其昭陵的陵园里，雕琢了"昭陵六骏"与"十四国君长像"，以"阐扬先帝徽烈"[1]，宣扬太宗的功绩。被雕刻在石像上的十四国酋长，分为两排安置。西侧廊房的石人分别是：薛延陀真珠毗伽可汗、于阗王伏阇信、吐蕃赞普弃宗弄赞（松赞干布）、焉耆王龙突骑支、高昌王左武卫将军麴智盛、龟兹王诃黎布失毕、吐谷浑河源郡王乌地也拔勒豆可汗慕容诺曷钵。置于东侧廊房的石人分别是：颉利可汗阿史那咄苾、突利可汗阿史那什钵苾、阿史那思摩、阿史那社尔等四位突厥的首领，以及帝那伏帝国王阿罗那顺、林邑王范头黎、新罗乐浪郡王金贞德。

十四国君长像则"写诸蕃君长贞观中擒伏、归化者形状"[2]，代表着唐朝前期边境的几个主要民族，是贞观时期唐代

---

[1]《唐会要》卷二〇《陵议》，第458页。

[2]《唐会要》卷二〇《陵议》，第458页。

与周边民族和国家关系的象征,从一个侧面展示了唐太宗的"天可汗"形象。

唐太宗的"天可汗"威信,可不是死后才得到的。他在周边民族中之所以享有崇高的威望,很大程度是由于他实行了比较开明的民族政策,即所谓"羁縻政策"。具体做法是,不改变被征服民族的生产方式和生活风俗,让他们的部落首领继续统领部众,在唐朝设立的羁縻府州继续原来的生活。这样的政策,坚定了其他民族归顺唐朝的决心。随着唐朝对东突厥战争的胜利,边境各族纷纷遣使至长安朝贡,当时的中书侍郎颜师古图写了《王会图》以示后人。他们诣阙请唐太宗为"天可汗"。从此,唐太宗给西北地区的少数民族发布文告,都以"天可汗"自称。

突厥各部落的酋长归附唐朝后,"皆拜将军、中郎将,布列朝廷,五品已上百余人,殆与朝士相半,因而入居长安者近万家"①。其中,最著名的突厥将领有阿史那思摩、执失思力和阿史那社尔,他们原来都是突厥的部落首领,归降唐朝后都被任命为高级军官,为唐朝的开疆拓土作出了积极的贡献。

阿史那思摩在东突厥被打败后,被唐朝任命为都督,继续统领突厥部落。贞观末年入朝,被任命为右武卫将军,跟从唐太宗远征辽东,被流矢射中,唐太宗亲自为他吸吮伤口,去世后陪葬昭陵。

执失思力曾经两次代表突厥出使唐朝,东突厥失败后,他护送隋朝的萧皇后入朝,授左领军将军。后来在灭薛延陀汗国

---

① 《资治通鉴》卷一九三,第6078页。

的战争中立有大功。执失思力娶了唐高祖的女儿九江公主，封为安国公。

阿史那社尔是突厥处罗可汗的次子，贞观十年（636）归附唐朝后，被授予左骁卫大将军，还迎娶了衡阳长公主，成为驸马都尉。贞观十四年（640），他以交河道行军总管的身份参与平高昌，后封毕国公。阿史那社尔在太宗逝世时，请求为太宗殉葬，高宗以太宗先前有旨而拒绝了。他到高宗时期才去世，得以陪葬昭陵。

以这三位突厥将领为代表，可以看到唐太宗对待出自周边民族的将领的信任，以及这些部族将领对唐太宗的忠诚。在贞观时期，唐太宗能够得其死力的周边部族将领还有许多，如铁勒部首领契苾何力和铁勒出身的将领史大奈等。

第十章　江山代有才人出

武德九年（626）九月的一天，即位不久的唐太宗李世民，从各种繁杂的仪式和纷纭的心绪中缓过神来，召开了一个范围很广的大会，他要当面确定各位功臣的封爵等级。说白了，就是要在取得胜利之后，按照功劳的大小给功臣们重新排定名次。对于这次会议上可能发生的纷争，唐太宗心里有所准备，但当老宰相陈叔达宣读完排名结果之后，引起了一场轩然大波，却是他没有想到的。到底李世民如何应对这次纷争？他又如何在今后的皇帝生涯中解决好选官用人这一千古难题？

唐太宗在中国古代的传统政治中被奉为"圣君"，很重要的一个原因是其公正而高超的用人之道。作为最高统治者，如何把各方面优秀人才都笼络到自己的手下，使其尽心尽力地为自己效力，使每个人的才能得到最大限度的发挥，是一个千古难题。李世民在这方面做得很出色。后世人们津津乐道于曹操的"唯才是举"，殊不知唐太宗李世民在用人艺术上，有着更多的精彩之处，留下了许多发人深省的故事。

一、不私于亲

武德九年九月的这次会议,不是李世民主持的第一次人事会议,会议内容也不是人事调整,而是确定功臣的待遇级别,所谓"面定勋臣长孙无忌等爵邑"。就是在取得胜利之后,按照功劳的大小给功臣们重新排定座次级别。排在最前面的是长孙无忌、房玄龄、尉迟敬德、杜如晦、侯君集等人。

当宰相陈叔达把功臣等第当众唱名公示之后,唐太宗对各位大臣说:"朕给各位爱卿排定的勋赏,也许还有不合适之处,大家都发表一下意见吧。"他是要让众人把心中的想法说出来,免得日后闹出些纠纷和麻烦。这种场合一般人是不便说话的。《资治通鉴》里记载说,"于是诸将争功,纷纭不已"[1],恐怕是夸大之词,但会场上有一阵窃窃私语,却是难免的。

可是,有一个人终于克制不住,站出来说话了。他就是李世民的叔父淮安王李神通。

李神通当众嚷嚷起来:"臣举兵关西,首应义旗,今房玄龄、杜如晦等专弄刀笔,功居臣上,臣窃不服。"[2]

李神通为什么就敢于和唐太宗叫板呢?而且针对的还是太宗最信重的两位谋士。

李神通是高祖李渊叔父的儿子,对李世民来说是叔叔辈。在李渊起兵南下关中的过程中,这个人发挥了很大的作用。太原起兵后,李神通与李渊的女儿平阳公主在关中举兵响应,神

---

[1] 《资治通鉴》卷一九二,第6022页。
[2] 《资治通鉴》卷一九二,第6022页。

通自称关中道行军总管。打下长安后，李渊任命他为宗正卿，掌管皇室事务。后来在唐朝统一战争的过程中，李神通先后与宇文化及、窦建德、刘黑闼等交战，可以说是没有功劳也有苦劳。

他就是要摆老资格，而且是一种因亲疏而定功勋大小的观念。他想，老子是皇帝的叔叔，最早响应起兵的元老，这天下是我们李家的天下，为什么不能功居第一？这种想法自然显得有点狭隘。

李神通确实是小农意识。他不敢和李世民的妻兄长孙无忌相比，无论功劳还是亲疏，都觉得欠点。但房玄龄和杜如晦居然也排在他前面，那他自然就不服了。他认为自己不仅在与皇帝的关系上比房、杜二人亲近，就是论对李世民继承皇位的功劳，也比房、杜要大。当初太子建成对李世民下毒手，用毒酒鸩杀李世民，还是他李神通把李世民救了出来。据《资治通鉴》记载："建成夜召世民，饮酒而鸩之，世民暴心痛，吐血数升，淮安王神通扶之还西宫。"[①]

李神通肯定是想不通。可是，唐太宗意识到，这是一个很不好的动向。如果大臣们都以太原起兵和武德时期的功劳为资本，向自己要官要地位，那他李世民就无法成为真正的一国之君。他需要树立自己在用人方面的权威。于是，他毫不留情地数落起自己的这位叔父，说："当初义旗初起，叔父虽然首倡举兵，在关中响应，那大概也是出于无奈的自救之举吧。后来被派往河北山东与窦建德作战，叔父是全军覆没；又后来跟朕去

---

① 《资治通鉴》卷一九一，第6004页。

镇压刘黑闼，叔父还是望风而逃。平心而论，您到底有多大的功劳呢？"①李世民挖苦起人来，总是如此的刻薄。

唐太宗的意思很明白，你李神通只不过是仗着皇亲的身份邀功而已。

这一通数落也够狠的，给自己的叔父一点情面也不留，而且当众点明，不要老拿起义之初的功劳来说事。这背后，应该还另有所指。李世民当上皇帝，一些高祖时期的老臣还是会有想法的，比如裴寂、萧瑀、封德彝等人，包括刚刚宣布封赏名次的陈叔达。有些话要挑明是需要找到话头的。李神通先发难，又是一个合适的可以挑开来说的人，于是就成功地为李世民表明用人立场打开了一个突破口。

唐太宗是要借机发布一个政治宣言。他接着说："房玄龄等人，运筹帷幄，为朕出谋划策，最终安定了社稷，有如汉之萧何，论功行赏，自然要在叔父之前了。尽管你叔父大人是朕的至亲，但不可以因为私恩，而滥与勋臣同赏！"②

李神通的自撞枪口，很可能是唐太宗的政治策略。唐太宗借此打出了"不私于亲"的用人旗帜。皇帝既然连自己的叔父都可以无所偏私，那一定会秉持至公之心来安排各人的位置。这叔侄二人很可能唱了一出双簧。从事后唐太宗对待李神通的态度看，二人并无芥蒂。事实上，这也仅是一个幌子而已。房玄龄和杜如晦才是他真正的亲信之人。但是，人们还是愿意相信唐太宗是出于公心的，至少司马光就非常推崇。所谓"房谋

---

① 《唐会要》卷四五《功臣》，第936页。
② 《唐会要》卷四五《功臣》，第936—937页。

杜断",二人为李世民夺权出谋划策,贡献最大,而且他们确实很有治国之才,为后来"贞观之治"局面的出现作出了积极的贡献。

唐太宗在位的二十多年时间里,基本上还是坚持了"任人唯贤,不私于亲"的用人原则的。尤其在贞观前期,面对太原起兵功臣、玄武门事变功臣、武德旧臣、原太子、齐王府僚属等多种政治力量的重新洗牌,最简单也最有效的用人办法,就是"任人唯贤,不私于亲"了。

也就是说,当时人事关系的格局太复杂,要想在用人方面照顾关系的话,根本照顾不过来。而且,照顾了一个人,就等于得罪了一大批人。这样很不划算,也不符合帝王风范。

二、为民设官

李世民在即位之初,采取的用人方针是"不私于亲",不照顾关系。其中有一个原因是关系太复杂。

不过,话又说回来,关系再复杂,也总还是有一些基本队伍需要照顾的。那些跟李世民出生入死的所谓"秦府旧将",他是否也能摆脱出来,根本不予照顾呢?

就在李世民刚即位不久,原来秦王府的一班旧属,就找到了他们的代言人房玄龄,抱怨说:"我们这班人跟随在皇上的左右,已经多少年了!现在任命官职,反而放在前东宫、齐王府那班人之后考虑。"

当房玄龄把这些话转达给李世民之后,这位新皇帝又借机作了一个宣言式的表态,他说:"王者至公无私,故能服天下之心。朕与卿辈日所衣食,皆取诸民者也。故设官分职,以为民也。当择贤才而用之，岂以新旧为先后哉！必也新而贤，旧而不肖，安可舍新而取旧乎！今不论其贤不肖，而直言嗟怨，岂为政之体乎！"①

这个表态和前一次"不私于亲"的表态相比，又提高了一个境界。前一次强调的是功劳，以功劳大小来否定关系的亲疏。这次强调的是"设官分职，以为民也"，用人标准从功劳变为治国理民的才能，针对的则是关系的新旧而不是亲疏了。

这个变化的背后，是李世民的思想从夺权转移到治国方面了。这样一来，就把"任人唯贤"与"不私于亲"两个原则统一起来了。这样的用人思想和原则，基本上贯穿了整个贞观时期。

贞观七年（633）十一月，唐太宗要任命长孙无忌为司空，长孙无忌坚决推辞，说："臣忝预外戚，恐天下谓陛下为私。"于是，唐太宗说了一段很有原则的话："吾为官择人，唯才是与。苟或不才，虽亲不用，襄邑王神符是也；如其有才，虽雠不弃，魏徵等是也。今日之举，非私亲也。"②

这就是"内举不避亲，外举不避贤"了。李世民为了用长孙无忌，为什么非要拿李神符来说事呢？

襄邑王李神符，是淮安王李神通之弟。唐太宗即位后，任命李神符为宗正卿。但不久以后，他就因病辞职。尽管唐太宗在生活上还是对他很关照，多次到他府上去慰问看望，并给予丰厚的赏赐，但他的官是被免掉了。所以，唐太宗可以拿他做

---

① 《资治通鉴》卷一九二，第6023页。
② 《资治通鉴》卷一九四，第6103页。

例子，来说服自己的妻兄担任司空，其实也是为了说服朝中文武大臣接受他对长孙无忌的特别任用。

三、重用东宫官属

尽管李世民强调任人唯贤、不私于亲，李神通、李神符兄弟的遭遇体现了"不私于亲"，但长孙无忌、房玄龄和杜如晦等人，毕竟都是李世民的亲信之人。任用他们虽可以说是任人唯贤，但还不能很好地体现"不私于亲"的原则。而李世民如何对待过去的政敌，则是从另一个方面来体现其"不私于亲"的原则。

李世民是通过政变夺取皇位的。玄武门之变后，如何安排原太子李建成的东宫官属，就成为一个敏感的政治问题。那批人本来都是为李建成出谋划策的，都曾经要置李世民于死地。如果出于个人情绪，把他们都杀掉或者流放出去最为解恨。

但是，那样做的后果，就是示天下以私，缺乏帝王的气度。

有可以重用的政敌，也许是一个领导者的幸运。历史上有许多重用政敌的成功事例，比如春秋时期齐桓公就通过重用管仲而成就霸业。李世民尽管挖苦人的时候很尖刻，不留情面，但他很懂得在关键时刻克制自己的情绪，避免意气用事。在政变结束后，他很快就把李建成的部下都陆续委以重任。

魏徵是李建成最器重的谋臣之一，因为多次劝李建成除掉李世民，故而早就上了秦王府的黑名单。玄武门之变后，命运多舛的魏徵，又一次面临着人生的转折。他将以怎样的态度去面对未来的新君呢？李世民又将如何从魏徵的身上打破僵局，在旧政敌面前树立起自己新的形象呢？

具体的我们后面还会讲到。李世民先安排魏徵担任自己新太子府的詹事主簿。当时李世民还没有即位为帝，还是以太子身份处理朝政。詹事府是太子东宫的最高行政机构，相当于朝廷的尚书省，此时实际上就是朝廷的最高行政机关。而级别只有从七品上阶的詹事主簿，是负责对所有往来政务文书进行收发审查并用印的职务。这比魏徵原来的级别要低，可作用却是极其关键的。

应该说，这样的安排不是考验，也不是奚落，而是双方在心理和期望上正好可以接受的一个结果。

除了魏徵之外，还有一些前太子的亲信，比如王珪和韦挺，也被召回并很快委以重任。而且，唐太宗在大部分时间里，都很好地做到了"用人不疑，疑人不用"。

贞观元年（627），尚书右丞魏徵上表推荐杜正伦，以为此人的才能古今难匹，于是唐太宗任命他为兵部员外郎。上任前，太宗接见了他，对他进行了一番鼓励和劝勉性质的谈话，说："朕现在下令要在朝的官员举荐有德行才能之人，不是朕挑剔，而是因为任命有德行才能的人，能有益于百姓。朕对于宗亲及勋旧之人，如果是没有德行才能者，总是不加任用。因为爱卿忠直，朕今天提拔你，卿要继续努力，对得起我的提拔啊。"[①]

看来，唐太宗对于自己不任用宗亲和勋旧，一直感到很得意。所以有机会就要提出来炫一下。

---

① 《旧唐书》卷七〇《杜正伦传》，第2542页。

四、用人如器

不别亲疏,不分新旧,这只是大的原则问题。如何发现更多的人才,把不同特点的人才放到合适的岗位上,真正做到"君子用人如器,各取所长"①,则是需要具体操作的复杂技术问题。

用人的首要前提,是要有人可用,就是要善于发现人才。当初李世民手下有一批战将,也有房玄龄、杜如晦这样的谋士,但对于当了皇帝的李世民来说,这些人毕竟还是有限的,还需要不断发现和提拔新的人才。

那李世民要找的人才在哪里呢?每个时代是否都有适应时代需要的人才?

看似简单的问题,不是人人都能想得通的。这涉及人才观念的问题。贞观初年,唐太宗就一直为难于发现人才而苦恼。给事中杜正伦有一次对他说:"每一个时代都一定有人才,随时都可以用,岂能等到梦见傅说,遇到吕尚,然后才求治理国家吗?"②傅说是传说中商王武丁时的贤人,吕尚就是姜太公,是周文王时期的贤人。

那如何才能把国家需要的各种人才选拔出来呢?仅凭皇帝一个人接触的范围,肯定是有限的。

所以李世民下令中央各部门的长官举荐贤能,表示将量才

---

① 《资治通鉴》卷一九二,第6032页。

② 吴兢撰,谢保成集校:《贞观政要集校》卷五《论仁义》,第249—250页。

任用。可是，过了好多天，不见占据最高职位的尚书右仆射封德彝有所举荐。当太宗诘问他的时候，封德彝辩解道："臣岂敢不尽力，只是现在还没有遇到奇才异能的人。"

这好像也是李世民当初的困惑啊！

但此时李世民已经想通了。他搬出杜正伦的理论，对封德彝驳斥道："前代明主，用人如器，都是用的当时的人，没见有向其他时代借人的。只要以己所需，用其所长，便是善于用人了。哪个时代没有贤才？只是你没发现而已。朕就是让你去发现人才的。"①

封德彝无言以对。

经过多次举荐，贞观初年的人才班底基本搭起来了，各方面的人才都陆续提拔到合适的岗位上。

那大臣们推荐的人才，李世民都能够接受吗？他又是如何做到用人如器、各取所长的呢？毕竟每个人都有自己的好恶，依据自己的好恶来判断人才的优劣，就容易求全责备，横挑鼻子竖挑眼，很难真正做到用人如器、各取所长。李世民能够克服这个问题吗？

五、两次经典的人物点评

李世民之所以能够成为历史上的"明君"，之所以能够成就"贞观之治"，用人的气度和见识是一个很重要的原因。他在这方面做得很成功，有两个经典的事例可以说明问题。

一次是贞观二年（《资治通鉴》作四年），王珪被任命为门

---

① 《资治通鉴》卷一九二，第6032页。

下省的长官侍中,是集体宰相之一。当时,同在宰相之位的还有房玄龄、魏徵、李靖、温彦博、戴胄等人。有一次,太宗设宴招待宰相们,席间,太宗对王珪说:"卿识鉴精通,尤善谈论,自玄龄等,咸宜品藻。又可自量孰与诸子贤。"①

意思是说,你王珪是以善于品评人物出名的,口才又好,今天你就针对在座的各位大臣,都来品评一番吧,还要对自己有个定位,与各位大臣相比,衡量一下自己的短长。其实就是要王珪当着众人的面来评判大家的优缺点。这在官场上是一个忌讳的问题。有时候表扬与自我表扬也不好做。

但是,王珪也不推辞,当着皇上和宰相同僚的面,就发起了高论:"孜孜奉国,知无不为,臣不如玄龄。每以谏诤为心,耻君不及尧、舜,臣不如魏徵。才兼文武,出将入相,臣不如李靖。敷奏详明,出纳惟允,臣不如温彦博。处繁理剧,众务必举,臣不如戴胄。至于激浊扬清,嫉恶好善,臣于数子,亦有一日之长。"②王珪认为,房玄龄的特长是鞠躬尽瘁、任劳任怨,魏徵则以直言敢谏著称,李靖的特点是文武兼备,温彦博以公正严谨见长,戴胄的能力则体现在办事有条理。说到他自己,也很得意,那就是好恶分明,敢讲话。

王珪是拿自己做参照,把宰相们一一做了评价,而且皇帝和他们本人都觉得非常到位。

宰相是国家最高层的人才,唐太宗能够把他们安排在不同的部门担任主要领导,集体组成宰相联席会议,这说明唐太宗

---

① 吴兢撰,谢保成集校:《贞观政要集校》卷二《任贤》,第67页。
② 吴兢撰,谢保成集校:《贞观政要集校》卷二《任贤》,第67页。

是了解众人的长处的。而且，太宗把每个人的长处都发挥得恰到好处，形成了君臣之间的共识。

这个氛围本身，就表明当时有一个健康的政治环境，大家都可以开诚布公地谈论各自的短长，自我表扬也不会引起同僚的特殊反应。

另外一次是唐太宗本人公开点评当朝大臣。贞观十八年（644），唐太宗对长孙无忌等大臣说："人都苦于不能明了自身的过错，各位爱卿请明确指出朕有什么问题吧。"

长孙无忌回答说："臣等将顺之不暇，又何过之可言！"陛下的武功文德，我们想理解消化起来都很困难，哪里还有什么过错可言呢！唐太宗是要在高层开一次民主生活会，可大臣们总是不敢给皇帝当面指出过失，如何把民主生活会开得有实效呢？

还是唐太宗自己打破了僵局。他说："朕问公以己过，公等乃曲相谀悦，朕欲面举公等得失，以相戒而改之，何如？"太宗说话了，好啊，你们不好意思评议我，那我就先来说说你们大家的得失长短，有则改之，无则加勉。

面对一片拜谢声，太宗说开了："长孙无忌善避嫌疑，应物敏速，决断事理，古人不过；而总兵攻战，非其所长。高士廉涉猎古今，心术明达，临难不改节，当官无朋党；所乏者骨鲠规谏耳。唐俭言辞辩捷，善和解人；事朕三十年，遂无言及于献替。杨师道性行纯和，自无愆违；而情实怯懦，缓急不可得力。岑文本性质敦厚，文章华赡；而持论恒据经远，自当不负于物。刘洎性最坚贞，有利益；然其意尚然诺，私于朋友。马周见事敏速，性甚贞正，论量人物，直道而言，朕比任使，多能称意。褚遂良学问稍长,性亦坚正,每写忠诚,亲附于朕,譬如飞鸟依人,人自怜之。"[1]

看来,李世民对当朝大臣非常了解。唐太宗深知人无完人,他多次强调"人之行能,不能兼备"[2],只有真正做到各取所长,才能发现人才,培养人才。太宗把朝中的一些主要大臣都做了总结,了解得非常深入,确属难能可贵。

唐太宗在晚年总结自己的成功时,特别强调在这方面的经验。他说:"朕所以能把国家治理到这个局面,主要有五个方面的经验:一、自古帝王多疾胜己者,朕见人之善,若己有之;二、人之行能,不能兼备,朕常弃其所短,取其所长;三、人主往往进贤则欲置诸怀,退不肖则欲推诸壑,朕见贤者则敬之,不肖者则怜之,贤不肖各得其所;四、人主多恶正直,阴诛显戮,无代无之,朕践阼以来,正直之士,比肩于朝,未尝黜责一人;五、自古皆贵中华,贱夷、狄,朕独爱之如一,故其种落皆依朕如父母。此五者,朕所以成今日之功也。"[3]

---

[1] 《资治通鉴》卷一九七,第6210页。
[2] 《资治通鉴》卷一九八,第6247页。
[3] 《资治通鉴》卷一九八,第6247页。

第十一章　唐太宗的铁杆谋臣

唐朝刚刚建立不久，秦王李世民的手下就聚集了众多的优秀人才，让当朝皇帝李渊都自叹不如。于是，李渊将其中的一些人外调任职，杜如晦也被外放。房玄龄得知后，非常着急，趁机对李世民说："其他人调走了，都没有什么好可惜的，但杜如晦却不一样，他有辅佐帝王的才干。您要是做一个守成的藩王，用不用他无所谓，可是您要想经营天下，非此人不可！"[1] 房玄龄那个时候就知道，李世民不会甘心永远做秦王的。可是，这杜如晦到底有什么特别的才干呢？房玄龄对杜如晦又为什么那么了解和信任呢？

一、最早的"自家人"

在唐朝刚刚建立之初，李渊就急于要把秦王李世民手下的一些人调到外地任职。这就是说，李渊很早就有了限制李世民的想法。李渊是个明白人，对于自己几个儿子的能力、性格和野心都很清楚。比老大小了九岁的老二李世民，在政治上的野心时常会不经意地表露出来，藏都藏不住。而且，李世民身边

---

[1]《旧唐书》卷六六《杜如晦传》，第2468页。

的那批谋臣，对自己这个开国皇帝也是一种威胁。尤其是房玄龄和杜如晦，与李世民的私交太好，感情太深，而且又是足智多谋之人。一边是野心勃勃的秦王，一边是在秦王身上下了最大政治赌注的谋士，让他们长期待在一起，说不定会闹出什么乱子来。

难道房、杜二人一开始就是只忠于秦王李世民而不忠于皇帝李渊？的确如此。隋末动荡之秋，房、杜二人进入李家政权，都是直接投奔李世民来的，是真正的贴心谋士。

他们都是隋朝官僚的子弟，但在隋朝都屈居下僚。李渊起事的时候，房玄龄是隰城县尉，杜如晦是滏阳县尉，都是最低级别的地方官。但是，他们又都有政治抱负，还在初次参加铨选，也就是参加类似于今天的公务员考试的时候，就让主持考试的吏部侍郎高孝基另眼相看，说他们今后都可以成就一番事业。

可是，在县尉的位置上，如果在正常情况下，是很难有大发展的。投奔李世民是改变其政治命运的转折点。正值隋末社会纷乱之际，他们都弃官不做，在等待和寻找机会。当李世民带兵围攻长安的时候，他们感到机会来了。房玄龄是"杖策谒于军门"，就是自己带着早已想好的计谋，来到李世民的军中自荐。同时，还得到李世民属下温彦博的推荐。李世民正在寻求发展自己的势力，对于计谋之士，自然是一见如故，当即任命他为自己的机要秘书"渭北道行军记室参军"[1]。杜如晦是在李渊军队进入长安后，来到李世民身边的，应该是房玄龄把

---

[1]《旧唐书》卷六六《房玄龄传》，第2460页。

他招罗来的。就这样，房玄龄、杜如晦形成了历史上的一对黄金组合。

可以说，房玄龄、杜如晦的到来，是李世民经营自己势力的开始。李世民在谋划和参与组织太原起兵的过程中，自己就是李渊的谋士。那个时候，李世民还没有形成属于自己的力量，即使是刘文静，也是和李世民一起为李渊出谋划策之人。但是，当李渊父子带兵南下进入长安，离夺取全国政权的政治目标越来越近的过程中，新的权力格局开始形成。这时，李世民无论是作为前方的元帅，还是作为政治格局中的重要一极，都在考虑经营自己的势力了。而房、杜就可以说是李世民最早网罗的属于自己的谋士。

从此以后，房、杜二人就一直在李世民的身边为他出谋划策。他们在李世民的政治发展过程中发挥了很大的影响。

据《旧唐书》等史籍记载，房玄龄来到李世民帐下以后，深感李世民对自己有知遇之恩，"既遇知己，罄竭心力，知无不为。贼寇每平，众人竞求珍玩，玄龄独先收人物，致之幕府。及有谋臣猛将，皆与之潜相申结，各尽其死力"①。房玄龄最重要的工作，就是为李世民收罗人才，开始了他作为李世民大管家的政治生涯，还有就是替李世民打点与李渊的关系。史载，每当李世民派房玄龄到李渊那里奏事，李渊都会感叹："玄龄为吾儿陈事，虽隔千里，皆如面谈。"②李渊特别欣赏，说你说的就像我儿子在身边向我报告的一样，你怎么这么了解他呀？

---

① 《旧唐书》卷六六《房玄龄传》，第2460页。
② 《资治通鉴》卷一八九，第5932页。

房、杜之所以能够和李世民一拍即合，双方合作的基础很重要。唐军的最高领导人是李渊，为什么他们都投奔李世民而不直接投奔李渊呢？

因为，房、杜的级别，好像还不够资格直接找李渊。李渊是隋朝的大官僚，是高级贵族，他所看重的人，大都是隋朝的高官和贵族。在争取人才方面，李渊走的是高层路线。而李世民的贵族情结原本就没有李渊重，早在太原起兵的过程中，李世民就帮助网罗了许多出身低微的人。李世民这个高级贵族家庭出身的二公子，在一些中下级官僚子弟中很有人缘，而且在辈分上，房、杜与李世民也更为接近。

还有一点，就是李世民和他手下的人都想改变现状。毕竟，对于房、杜来说，来到李世民的帐下，并非想捞个普通的官来做。如果李世民只是一个普通的亲王，他们的政治抱负还是有可能落空。

这天下是李渊领导打下的，房、杜原本难以列入核心的开国功臣名单之中。在武德年间确定的功臣名单中，根本没有房、杜的影子。李世民需要在唐朝统治集团内部来一次权力再分配。这对于李世民及其文臣武将来说，无异于"二次革命"。只有这样，房、杜的抱负才能真正实现。

二、"房谋杜断"与武装夺权

我们不妨比较一下武德和贞观的两份功臣名单，从中就能够发现房玄龄、杜如晦作为李世民铁杆谋臣的历史作用。

李渊要封的功臣，是从太原起兵到唐朝建立过程中发挥了关键作用的人。其中李世民是首席功臣，但那是在皇帝和太子之下的功臣，是臣而不是君，是开国元帅而不是国家的领袖。武德元年（618）八月六日的诏书中，确立了一份最核心的功臣名单，他们都被称为"太原元谋勋效"，具体包括李世民、裴寂、刘文静等十七人。

这份名单让人觉得很陌生，除了秦王李世民，没有一个是后人通过演义小说而熟知的隋唐英雄。要说还有一点知名度的，也就是裴寂和刘文静而已。这十七个人都是唐朝真正的开国英雄，为什么在历史上留下的名声反而那么小呢？

因为他们大都不是李世民的人。在历史上影响最大的隋唐英雄，都是李世民的部下。这就是为什么李世民会给人"开国之君"印象的一个重要原因。

再看一下李世民接掌政权后的另外一份功臣名单，里面人物的知名度就大不一样了。

武德九年（626）九月，刚刚即位的李世民就召开会议确定功臣的待遇级别，所谓"面定勋臣长孙无忌等爵邑"[①]，按照功劳的大小给功臣们重新排定座次级别。排在最前面的是长孙无忌、房玄龄、尉迟敬德、杜如晦、侯君集等人，他们五人是首席功臣，待遇是食邑各三千户，并封为国公。长孙无忌封齐国公，房玄龄封邢国公，尉迟敬德封鄂国公，杜如晦封莱国公，侯君集封潞国公。

这个名单很明显是对玄武门之变中有功者的封赏。其中长孙无忌是长孙皇后之兄，是李世民的妻党，也是李世民夺权最积极的推动者和参与者。尉迟敬德和侯君集是武将，不仅长期

[①] 《资治通鉴》卷一九二，第6022页。

跟随李世民作战，忠心耿耿，而且在玄武门之变当天发挥了关键作用。房玄龄和杜如晦，原本只是秦王府的僚属，在这个名单中却跻身到国家首席功臣的行列。

房、杜的作用，就是一直以来帮助李世民策划夺权。用李世民在武德九年九月二十四日诏书中的话说，就是"夙预谟谋，绸缪帷幄，竭心倾恳，备申忠益"①。

历史上有所谓"房谋杜断"之说，就是房玄龄善于谋划，杜如晦善于决断。他们的密切配合和优势互补，成就了李世民的帝王事业。

"房谋杜断"是宋朝人对房、杜历史作用的经典概括。在欧阳修、宋祁的《新唐书》和司马光的《资治通鉴》里，都有这样一段描写，说每当唐太宗召房、杜二人议事，房玄龄如果先到，讨论到关键时候就会说，此事非杜如晦不能筹划妥当。等到杜如晦一到，听了分析，很快就拍板定了下来，但用的却是房玄龄的计策。杜如晦长于断，房玄龄善于谋，二人之间有很好的默契，他们又能够体察唐太宗的心思，这样的领导集体，确实是一个很理想的干事班子。

后人用历史上著名宰相执政的典故，"萧规曹随"用得很多，而"房谋杜断"用得却很少。其实，要真正做到"萧规曹随"也很不容易。新官上任三把火，都想有所建树，做出成绩，"萧规曹随"就等于把自己埋没了。即便如此，人们还是愿意说自己要"萧规曹随"，表示对前任的尊重，也表示自己的谦虚。可是，很少有人敢用"房谋杜断"的典故。

---

① 《唐会要》卷四五《功臣》，第936页。

这里面有几个原因。一则"萧规曹随"说的是前任和继任者之间的关系，而"房谋杜断"说的是同事之间的关系。说尊重前任总是容易做到的，反正是否真的尊重，前任也没有多少发言的机会了。而尊重同僚不同，同事之间互相欣赏是很难的。二则"房谋杜断"的前提，是皇帝对宰相班子的信任。房也好，杜也好，他们都是忠心地为皇帝谋和断，都得到了皇帝的充分信任。其实他们都是谋，真正的断还是皇帝本人。三则所谓"房谋杜断"，并不像宋朝人说的那样是李世民当了皇帝，房、杜担任宰相时候的事情，实际上是在李世民武装夺权的过程中，房、杜发挥了谋和断的作用。也就是说，"房谋杜断"的历史背景是武装夺权。由于这几个原因，后人就几乎很难用"房谋杜断"来表达自己的行政理念了。

可是自宋朝以来，人们都把"房谋杜断"理解为治国而不是夺权。即使在治国的层面上，"房谋杜断"也是无法模仿的。毕竟要形成"房谋杜断"的局面，需要多方面的条件。更何况它指的是夺权的背景，那一般是无人以此自况了。

三、打破僵局的勇气

说"房谋杜断"的实际内容是关于武装夺权，这可以从房、杜的政治经历中得到说明。随着统一战争的进展，李世民的功劳越来越大，而李渊为了平衡儿子之间的关系，为李世民建了天策上将府，并同意他在秦王府组建一个文士班子，号为"秦府十八学士"。房、杜是天策府和学士班子的核心，杜如晦为十八学士之首。李世民的一切机密决策都是由他们参与谋划作出的。

所以，我们前面讲过，长孙皇后临终时跟唐太宗说，房玄龄参与了所有的机密，而且从未泄露过一丁半点。所有的机密中，最大的秘密莫过于武装夺权之事了。房、杜对李世民夺取政权，起了推波助澜、出谋划策的关键作用。也许这不是什么先见之明，而是特殊的机缘巧合，使他们一开始就进入李世民的阵营。但一旦来到李世民身边，就决定了他们难以回避当时已经产生的兄弟之争，利益共同体因此而结成。他们只有帮助李世民夺取政权，才能保全和成就自己。

李世民和平夺权的计划彻底失败后，最先提出武装夺权的，就是房玄龄。《旧唐书·房玄龄传》记载，当李世民感到"计无所出"的时候，是房玄龄首先找到长孙无忌商量，他提出要"遵周公之事"，就是要像周公诛杀其兄弟管叔、流放蔡叔那样，发动武装政变。他知道李世民也有顾忌，毕竟是杀兄逼父，有悖人伦。所以，他特别对长孙无忌强调，"古人有云，'为国者不顾小节'，此之谓欤！孰若家国沦亡，身名俱灭乎？"[1]

长孙无忌是李世民最信任的人，所以房玄龄先找他商量，通过长孙无忌这个中间环节，来劝说李世民下决心。这也说明房玄龄办事周全稳妥的性格。

房玄龄的特点是善于分析形势，他对长孙无忌说："现在兄弟之间的嫌隙已经产生了，这种事情是没有退路的，最终总是要通过一场较量，决出个结果来。面对这样的形势，天下人心惶惶，人们什么想法都有可能出现。真的发生了什么意想不到的事情，就一定会引起大乱。这样的话，不仅祸及我们秦王府

---

[1] 《旧唐书》卷六六《房玄龄传》，第2460页。

和朝廷，更可怕的是有可能倾危社稷。面对这种情况，我们怎能不深思啊！"

房玄龄的想法是，既然嫌隙已经产生，又根本没有可能重归于好，那么就这样拖下去，拖的时间越长，结果越糟糕，后果就越严重。这种情况下，从人的惰性和自私出发，有关的各方面都想维持现状，患得患失之间，谁都不愿意最先出来打破这个僵局，要拖死就大家一起死。其实，这也是一种不负责任的表现。有大志向的人，应该不去顾忌那些所谓"忘恩负义""目无尊长""小人得志"之类的指责，不应去考虑一些人伦小节问题。用非常手段来结束这种僵局，可能要遭受一些指责和攻击，但要成就大事，就得承担责任，自然也包括一些道义上的责任。

房玄龄了解李世民，知道李世民不是那种甘于拖到最后大家一起死的人。所以，他要和长孙无忌挑明：我们要武装夺权，来打破这个僵局。长孙无忌听明白了，表示："久怀此谋，未敢披露，公今所说，深会宿心。"①

这种时候，就怕大家都逃避，都事不关己。只要有人出来挑明，总是还有希望的。当然，要有一个具备了实力，能够结束僵局的能人。

不过，要点破这一点，确实需要很大的勇气。连长孙无忌都不敢说出来。搞政变的谋划，需要一个特殊身份的人才能挑明，而且最先提出来的人，要承担很大的风险。万一政变失败，不仅要满门抄斩，而且还要留下骂名，成了挑拨兄弟关系的千

---

① 《旧唐书》卷六六《房玄龄传》，第2460页。

古罪人。

但房玄龄已经豁出去了。因为他和李世民的特殊关系，如果不先下手为强，也是死路一条。而房玄龄一旦挑明，长孙无忌就有了台阶，也有了勇气，他当即告诉了李世民。李世民召见房玄龄，问他："你说的那种危险性，已经呈现出来了，我们要如何应对呢？"房玄龄回答说："国家患难，今古何殊。自非睿圣钦明，不能安辑。大王功盖天地，事钟压纽，神赞所在，匪藉人谋。"[①]这段话就不是从道德上来论证了，而是给李世民鼓气，说这是天命，是神的旨意，一定有办法取胜。

武装夺权的谋划就这样定下来了。可是具体的部署，还有许多工作要做。在玄武门之变的现场，我们看到的是那些武将在拼命厮杀。那么，房玄龄、杜如晦当时在哪里呢？

具体部署都是房玄龄、杜如晦在安排，史书上说二人勠力同心，制订了严密周全的方案。尽管他们是文臣，但还是现场参与了事变。据《旧唐书·太宗本纪》记载，武德九年六月四日，"太宗率长孙无忌、尉迟敬德、房玄龄、杜如晦、宇文士及、高士廉、侯君集、程知节、秦叔宝、段志玄、屈突通、张士贵等于玄武门诛之"[②]。

到这种生死攸关之时，整个秦王府的文臣武将全面出动了。看来，房玄龄、杜如晦到现场是要坐镇指挥。他们的具体任务没有明确记载，但肯定是政委加总参谋长一类的角色。

[①]《旧唐书》卷六六《房玄龄传》，第2460页。

[②]《旧唐书》卷二《太宗本纪》，第29页。

四、功臣的宠遇与压抑

房、杜在贞观朝一直具有崇高的地位,唐太宗对二人的态度也绝非一般大臣可比。例如,贞观四年(630)杜如晦去世后,唐太宗哭得很伤心,并亲自布置大文豪、著作郎虞世南代为写碑文。唐太宗说:"朕与如晦,君臣义重。不幸奄从物化,追念勋旧,痛悼于怀。卿体吾此意,为制碑文也"[①],并嘱咐虞世南要在碑文中充分表达自己的那份痛惜和哀悼。

此后一段时间里,唐太宗难以挥去杜如晦的影子。吃到一个好吃的瓜,突然想起杜如晦不能一起分享,心里难过,于是吃到一半就停下来,派专人把另一半送到杜如晦的灵位前,祭奠这位勋旧。

有一次,唐太宗赐给房玄龄一条黄银带,又想起了杜如晦,对玄龄说:"昔如晦与公同心辅朕,今日所赐,唯独见公。"说着说着,就泪流满面,又接着说:"朕闻黄银多为鬼神所畏。"[②]于是,命取黄金带,派遣房玄龄亲送到杜如晦的灵位前。

历来皇帝都疑忌功臣,但李世民在这方面有绝对的自信,所以对功臣倒是没有过多的防范心理,即使对李靖、李勣和侯君集那些武将,也只是在适当时候提醒提醒就可以了,用不着如临大敌般防范。至于房、杜这些文臣,更是用不着防范什么了。反过来,倒是房、杜他们日子过得战战兢兢,生怕自己知

---

① 《旧唐书》卷六六《杜如晦传》,第2469页。
② 《旧唐书》卷六六《杜如晦传》,第2469页。

道的秘密太多，一不小心得罪了自己的主人。

房、杜在贞观时期的作用，主要是帮助太宗处理国家的政务，例如人事调整和缩减编制，制定各种办事规程和典章制度、财政预算和财务管理等，是贞观初年朝政的大管家。史书上说，"至于台阁规模，皆二人所定"①。

杜如晦死得早，所谓"房谋杜断"，房、杜之间的配合主要在李世民夺权的过程中，以及贞观初年各种复杂人事关系的调整方面。杜如晦去世后，房玄龄失去了帮他作决断的好搭档。

房玄龄是典型的小心谨慎的一类人，虽然看事情都很明白，但一辈子都小心翼翼，如履薄冰。有谋而不敢断，本身就说明他缺乏气魄。当李世民还是一个亲王的时候，房玄龄的这个特点还不是很明显，但当李世民成为皇帝以后，他的缺点就暴露出来了。最明显的就是行事只能保持低调，缺少大臣风范，不能说他委琐，但经常代行下属之职事，缺乏高度。所以，贞观三年的时候，唐太宗找来担任左右仆射的房玄龄和杜如晦，委婉地批评他们说："公为仆射，当广求贤人，随才授任，此宰相之职也。比闻听受辞讼，日不暇给，安能助朕求贤乎！"②并因此下令，尚书省的日常事务，就由相当于办公厅主任的左右丞负责，作为尚书省长官和当然宰相的左、右仆射，只负责需要向皇帝报告的大事。

房玄龄是李世民的大管家。所谓管家，那就不同于客人，实际上是下人。主人可以对忠诚的管家很客气很友好，但不能改变

---

① 《旧唐书》卷六六《杜如晦传》，第2468页。
② 《资治通鉴》卷一九三，第6063页。

下人的身份。贞观时期的房玄龄，就具有那种管家的心态。

他约束太多，顾忌太多。既不如长孙无忌亲近，又不如魏徵放肆。长孙无忌可以商量任何敏感的问题，魏徵可以向太宗提出尖锐的意见，而房玄龄能做的就只是尽心竭力办好太宗交办的所有事情。至于违逆太宗的一些意见，他是无法提出来的。他的角色就是太宗的影子，一切都是替皇帝操办。如果站在皇帝的角度看，他是很合格的管家，辛辛苦苦做了事情，还不留名声。

还有一点，就是房、杜知道的秘密太多了，或者说知道的阴谋太多了。帮助皇帝做了那么多见不得人的坏事，在皇帝需要树立阳光形象的情况下，自然不能再那么自如地表现自我了。从皇帝情绪的角度考虑，为了保命，他也必须得低调。

房玄龄的这种低调保持得确实很到位。史书上记载，"玄龄虽蒙宠待，或以事被谴，辄累日诣朝堂，稽颡请罪，恐惧若无所容"①。大凡太宗对他有点脸色，他就是诚惶诚恐，死罪死罪，大气都不敢出。

他这样的心态也有一个好处，就是特别能体会皇帝的心思，特别能替皇帝着想。当然，这种心态如果遇到一个昏君，那就只好跟着为非作歹，或者说是助纣为虐了。但是，遇到一个好皇帝，他就能够协助做成许多大事，成为忠实的执行者。

房玄龄很幸运地遇到了李世民这样的好皇帝，"贞观之治"局面的出现，有他很大的功劳。史载"玄龄明达政事，辅以文学，夙夜尽心，惟恐一物失所；用法宽平，闻人有善，若己有

---

① 《资治通鉴》卷一九三，第6063页。

之，不以求备取人，不以己长格物"①。他的谨慎和低调，为唐太宗笼络各方面优秀人才，树立明君形象，为贞观时期许多重大政策的出台和实施，都起到了无可替代的作用。

杜如晦就是死得太早，所谓房、杜并称，杜如晦的地位，实际上要在房玄龄之上。当年的秦王府十八学士，杜如晦是首席，位在房玄龄之前。后来贞观十七年（643）凌烟阁功臣的排名，杜如晦也在房玄龄之前。

在贞观十七年凌烟阁功臣群像中，排名第一的是长孙无忌，接着是三位去世的大臣赵郡元王李孝恭、莱成公杜如晦、郑文贞公魏徵，接着才是房玄龄。在活着的人中，房玄龄还是排在第二的。但他就是不能像长孙无忌那样，无论是死是活，都可以堂而皇之地排在最前面。

这就是房玄龄的尴尬，也可以说是房玄龄一生压抑的宿命。即使在个人生活中，他也是压抑的。历史上著名的吃醋的故事，就发生在他的身上。他不仅怕皇帝，还怕老婆，在单位、在家里都是个受气包。

---

① 《资治通鉴》卷一九三，第6063页。

第十二章　不是冤家不聚头

贞观十七年（643）正月的一个晚上，唐太宗断断续续做了一个梦，挥之不去。他白天刚去看过病重的魏徵，晚上就总梦见魏徵像平时一样，在朝堂之上梗着脖子直言进谏。太宗辗转反侧，半睡半醒。到天亮时分，有人来报，魏徵去世了。太宗听闻，不由想起夜间的梦，若有所悟地点了点头，长叹一声，缓缓流下泪来……唐太宗的心里一下子空了许多，朝堂上少了魏徵的身影，他的帝王生活就缺少了一个重要的砝码。

游戏需要对手。少了魏徵，唐太宗的政治生涯将会向何处去呢？

一、魏徵的早年经历

魏徵少年孤贫，却落拓有大志，十分喜欢读书，曾求学于隋末大儒王通的门下。他眼见天下将要大乱，尤其留意纵横家之说，以备将来之用。及至隋末，各地反叛，天下动荡，魏徵因为生计，暂时当了道士，不久被武阳郡丞元宝藏所识，成为他的门客。大业十三年（617），元宝藏归降李密，一应书檄都由魏徵负责起草。李密得到元宝藏的致书，十分赞赏，于是就问执笔者为谁，元宝藏便答是门人魏徵。李密觉得魏徵是个人才,马上将他召到自己身边任职。当时的魏徵以为遇到明主,积极地向李密献上十策,李密却没有采用。魏徵的一身抱负还是没有找到用武之地。

虽然瓦岗寨没有给魏徵提供施展才能的空间,但是却给了他接触和了解社会现实的机会,给了他书本之外的知识和丰富的阅历,这些无形的财富对魏徵本人和大唐帝国都起到了至关重要的作用。

魏徵跟随李密归降唐朝之后,并没有得到唐朝方面的重视,但以他的身份和地位来说,这也是意料之中的事。因此魏徵决定毛遂自荐,向李渊请命前去安抚山东。李密失败之后,山东地区群龙无首,有些郡县归附了王世充,有些则据城自保。安定山东、争取山东确实是唐朝当时的紧迫任务之一,而魏徵扮演这样的角色也的确很合适。所以,武德元年(618)末,李渊接受了魏徵的请求,任命他为从五品上阶的秘书丞,派他出关东巡。

虽然官阶不高,但是魏徵却踌躇满志。他知道山东地区对于定都关中的政权来说,具有举足轻重的意义,唐朝也不例外。如果可以顺利安抚山东,无疑可以为大唐的巩固作出巨大贡献,同时实现自己的价值。魏徵认为他有这样的能力,面对这样一个让他大展抱负的机会,他确信自己可以抓得住。

魏徵首先来到黎阳(今河南浚县),瓦岗军大将徐世勣此时仍然镇守在这儿,没有决定何去何从。魏徵致书徐世勣,详细分析了当时的各种形势,果断地指出归唐是徐世勣现在最好的选择。如果迟疑不决,一旦为人所败,就自身难保,悔之晚矣。徐世勣得书之后,终于下定了归唐的决心,遣使入关请降。

徐世勣归唐之后，李渊待之甚厚，更赐姓李氏，并命其经营虎牢以东的地区，可见正是看重他在山东豪杰中的地位，想借他来吸引更多的这一方的力量。因此唐朝得到的并不只是一员大将，还是一面招纳山东豪杰的旗帜，而魏徵在其中可谓功不可没。

武德二年（619）初，魏徵又成功地劝降了故主元宝藏。他这次的行程看似十分顺利，出关前的雄心似乎也即将实现。可是天有不测风云，占据河北一带的窦建德南下，攻陷了黎阳，魏徵也被俘虏。窦建德任命魏徵为起居舍人，待他也不错。乱世难有定主，魏徵在窦建德政权中一待就是两年。

武德四年（621），窦建德被李世民打败，归降唐朝，魏徵得以重返长安。当时的太子李建成听说魏徵很有才干，所以将他引进东宫，担任太子洗马，掌管经、史、子、集四库图书刊辑之事。魏徵在新的岗位上开始了工作，太子对他也十分器重，但他很快意识到自己被卷入了政治权力斗争的旋涡中。

太子李建成与秦王李世民之间为了储位展开了明争暗斗，并且愈演愈烈。魏徵作为东宫一员，当然积极帮助太子击败政治对手。在平定刘黑闼的战役中，魏徵建议太子改变原来李世民所采取的政策，结果取得了明显成效。不仅战争获得了胜利，安抚工作也顺利完成，令太子赢得了漂亮的一仗。但是，一场玄武门政变，李世民赢得了最后的胜利，而魏徵面临又一次人生转折。

二、冤家对手之间的默契

玄武门之变，李世民杀死了太子建成和齐王元吉，又斩草除根，一天之内杀死了大哥和四弟的十个儿子，可谓血流成河。李世民听说，魏徵替太子出了不少的主意，于是派人把他给请过来。见了魏徵，李世民严厉质问：你为什么要离间我们兄弟之间的感情，要不是你小子尽出馊主意，我和大哥怎么会落到今天这步田地呢？但是魏徵毫不胆怯，他说：如果皇太子早听了我的劝告，必定没有今天之祸。李世民杀人几时手软过？你魏徵已经是人家刀板上的鱼肉了，还这么嚣张！

魏徵说的是真心话，并不是故意博得什么，也不像有人说的是在"卖直"。所谓"卖直"，就是我知道李世民不会杀我，但还是要在政治上作一个表演，表明我这个人是有骨气的，也就是一场"政治秀"。我不这样理解。实际上对魏徵来说，他有政治上谋略的成分在里面，但同时也是一种生存之道。

他虽然历仕多人，但都是尽心尽力，没有辜负所担任的职务。他可以跟在不同的人身边，为之效力，因为在其位，食其禄，就应该谋其政。可是如果这些人没有真正地赏识他、重用他，听从他的建议，他也无须为他们的失败负责，就会继续寻找知己之主，继续追求实现自己抱负的机会。

那么魏徵可能给李建成出了什么主意呢？其实李建成和李世民兄弟俩大部分时间的较量，都是和平夺权，李世民是在暗处。武装夺权对于李世民来说，也是风险很大的。既然是和平夺权，魏徵给李建成的建议，基本上是要劝李建成早做防范，不要让李世民一步一步地抢了风头。从这个意义上来讲，李建成实际上是听了魏徵很多建议的。李世民并没有占到优势，所以到最后他才会搞武装政变。

魏徵也不是故意想激怒李世民，好让自己图个痛快，早点了结，也落下一个忠臣的名声。

那么，魏徵为什么要在那种场合说那么一番激怒李世民的话呢？

其实，这是聪明人之间一次很高明的过招。魏徵自然了解李世民这个对手的习性。他知道，李世民是那种爱才的人，而且有着招降纳叛的习惯。凡是敌人手下有什么能人，李世民总是会想办法笼络到自己的手下来。你看他手下那么多名将，很多都是从敌手那里挖过来的。魏徵知道自己的分量，有辉煌的履历，又险些把李世民逼到绝路上。李世民不可能不用他。

魏徵之所以敢那么放肆地和李世民叫板，说那样不留后路的话，看起来凶险，其实是最好的开场白。魏徵有这样的智慧和判断力。如果要猥琐求生，乞求李世民放自己一条生路，反而会留下笑柄，也会让李世民瞧不起自己。

李世民也是故意试探魏徵，他本来就是爱惜人才之人，也是有容人之量的领导。最终他将魏徵任命为詹事主簿，参与自己新组建的东宫政府里行政文书的处理。魏徵从此开始了与李世民的君臣之谊，从瓦岗寨一路走来，他的前途渐渐清晰。

聪明人之间的过招，最重要的就是那一重默契。东躲西藏，回避主题，反而会把问题搞得复杂。既然双方都是明白人，关键处点到为止就够了。说出来的好像是另外一回事，但其实双方所要表达的意思，都已经明了，只是局外人不容易看穿。就如同后来赵匡胤导演的"杯酒释兵权"一样，双方目的都达到了，大家还都没有输掉脸面。

魏徵保全了自己的尊严，也不能说他对原太子建成就不讲义气。政治本来就不是讲义气的问题，关键是要有大智慧。就在这次谈话之后不久,李世民派魏徵去河北、山东宣讲新的政策,并考察社会上的动向。

那时候政变刚刚过去,一些原来忠于建成的地方官还心存疑虑,还有一些人互相告发,以图免祸或借机报复。要打消李建成老部下的顾虑,魏徵的身份很有说服力。魏徵还在路上,就遇到了押送建成部下进京问罪的囚车。魏徵没有避嫌,他直截了当地对押解的人说:"这些是我的同僚,把他们都放了,有什么问题我来负责。"

这也是魏徵和李世民之间的一次默契配合。当时,东宫旧臣对李世民已经没有了太大的威胁,而魏徵的举措反而给这些人一个信号:大家放心吧,新太子不会对你们寻机报复的。这对安定政局是有好处的,是符合李世民交给自己的使命的。

魏徵可谓一举两得,对老同事和新主人都好,事情做得大气。这里面不一定是义气,但足见他的智慧。

三、挑战自我与克服骄惰

魏徵是贞观一朝谏诤之臣的代言人。扮演这种角色,不仅与魏徵本人的性格有关,更是由他以前的复杂经历决定的。从魏徵的经历来看,他从隋末到现在,已经历仕几主,并不是太宗的"原班人马",根本不能算一个忠臣。若他想以"忠"事太宗而获得好的名声,是不可能实现的。所以魏徵选择了一个特殊的立身处世方式,即以太宗客卿的身份,来辅佐他成就一番功业。用魏徵自己的话说,就是尽量做一个良臣而不是忠臣。

贞观元年(627)的时候,有人告发魏徵,说他结党营私。太宗就命御史大夫温彦博去查证此事,证明是告者所言不实。

但温彦博却说，魏徵虽然没有结党，但既然有人告发他，也肯定是他的行为有所不妥，也有应该责怪的地方。于是太宗令温彦博转告魏徵说："爱卿向朕进谏数百条，怎么因为这点小事，便损害了自己的美名呢。自今以后，言行举止要注意一些啊。"

过了几天，太宗问魏徵："这几天有没有听到什么不合适的事啊？"魏徵答："前几日您令温彦博告诉微臣，要多注意言行举止，此话就大大不是。臣听说君臣本为一体，可没听过不管是否公道，而只在乎言行举止的。如果君臣上下，都以此为原则，那国家是兴是丧，就不一定清楚了啊！"[①]

实际上，在一个过于看重人际关系的政治环境里，人们往往容易为了表面上的一团和气而收敛自己的形迹，隐藏自己的个性，甚至不顾原则而说一些违心的话，做一些违心的事。和稀泥的老好人，总说一些永远正确的废话的人，以及总有耐心听这些废话而不管事情实际效果的人，凡此等等，都会在这样的政治环境里如鱼得水，稳步升迁。而一些有个性、有能力的人，敢于表现自己真性情的人，得到的评价往往是非常具有争议的，甚至完全是负面的。

魏徵最担心的就是朝野内外为了取悦皇上以及互相取悦而唯唯诺诺、蝇营狗苟。这样的话，国家就只会走向衰亡，根本不可能拥有活力与朝气。他的性格以及对国家的责任感，都决定了他不可能去扮演老好人的角色。

太宗正色道："说过那些话之后，朕也觉得后悔，确实是大

[①]《旧唐书》卷七一《魏徵传》，第2547页。

大的不是。爱卿不要介意,以后还是有什么说什么啊。"①

魏徵于是起身拜了两拜,既而说:"臣此身已经交付给国家,必将直言不讳,不敢有所欺隐。但愿陛下使臣为良臣,勿使臣为忠臣。"

太宗问:"忠、良有差异吗?"

魏徵说:"良臣不仅能够使自己获得一个好的名声,还能够使自己的君主也获得一个好的名声,就是能够同时成就臣和君。而忠臣是什么呢?历史上的忠臣,实际上都是陷君于恶的。商纣王杀比干,比干是忠臣。但是,比干是成就了自己,在历史上留下了一个好的名声,可是把他杀了的君主,却成了一个暴君。你不能为了成就自己忠臣的名号,就把君主陷于暴君这个境地吧?家国并丧,只是为自己落得一个好名声而已。这样的忠臣,我魏徵不能做。"

太宗领会了魏徵的意思,点点头说道:"爱卿不要违背今日的话,朕一定不忘为国家社稷大计着想。"②之后赐给魏徵二百匹绢。

李世民听完这个话以后什么态度?很感动,也觉得很到位。过去没有人这么分析,儒家的传统里面一直讲忠臣不事二主。看来,魏徵也有自知之明。他知道自己换了几个主子,从客观上来说,魏徵想做忠臣大概也做不了。既然自己不可能是一个忠臣了,所以干脆就提出"良臣"这样一个概念。

魏徵给自己这样的定位,不仅与他自身的性格、经历有关,

---

① 《旧唐书》卷七一《魏徵传》,第2547页。

② 《旧唐书》卷七一《魏徵传》,第2547—2548页。

还由于他对太宗有充分的了解。首先，魏徵明白太宗有自信，可以容下他这样的政敌的旧臣。因为他是原太子旧臣，太宗为了表示宽大为怀，对他的进谏反而会有所优容，不会轻易龙颜大怒。其次，魏徵对自己的治国理念、政治修养很有信心，他明白太宗以藩王即位，对于如何治理国家不熟悉，需要像他这样的人才，所以他的意见是会被采纳的。凡此种种，使魏徵最终选择了当太宗"人镜"这一谏诤之路，而历史也证明他的选择是正确的。

尽管唐太宗有时候对魏徵恨得牙根儿痒痒，但是又离不开魏徵，似乎魏徵是他故意为自己树立起来的一个对立面。实际上，唐太宗是在挑战自我。因为帝王的权力是无限的，无限的权力再加上自我膨胀，对治理天下是非常危险的。唐太宗经常和魏徵探讨历史上的成败得失，对于"偏听则暗，兼听则明"的道理有很深刻的体会。

魏徵性格耿直，敢提意见，也会提意见，能够提出许多好的建议。朝堂上有了这么一个人，有很大的示范作用。唐太宗也总是在一些关键的时候，最终听从魏徵的建议，避免了朝政走向混乱。

四、魏徵的谏诤生涯

尽管魏徵给唐太宗提的意见，许多都是关于国家方针政策的，但是他也没有放弃对太宗个人生活的监督。魏徵特别重视太宗作为一个帝王的个人修养，他认为君主的个人修养是国家长治久安的前提。

贞观初，太宗有一次谈到自己不敢放纵，因为认识到如果君主沉迷于声色犬马、私欲太多，就会妨碍政事的处理，扰乱百姓的正常生活。魏徵接着加以发挥，说："古代圣哲之主，也都是先从身边小事着手，才能体会万事万物的道理。昔日楚国聘请詹何，问他治国之要，詹何却讲如何修身。楚王又问治国的办法到底是什么，詹何说没有听过自身修养搞好了而国家却衰乱的。现在陛下所体会到的，其实与古代的治国真义是相同的。陛下要时时保持这样的想法啊。"①太宗点头称是。

后来，太宗得到了一只很好看的小鸟，常常让它站在自己的手臂上玩耍。有一天，太宗正把玩着那只鸟，远远看到魏徵来了，想起他的劝告，就马上把小鸟藏在怀中。魏徵其实已经看到了，所以就故意拖延奏事的时间，等到他说完离开之后，太宗再一看，他的爱鸟已经闷死了。虽然太宗十分心痛，不过也没有办法，谁让魏徵说的大道理都是正确的呢。

还有一回，太宗出去打猎。刚好那天兴致特别好，所以一直玩到第二天早上才回来。魏徵就不乐意了，马上进谏。太宗只好听了魏徵长篇大论的一番话，然后表示自己以后一定会多加注意。

而且，魏徵不仅只关注太宗个人，还关注整个皇室家族的礼仪规范。因为在魏徵看来，动静都合乎礼，那是儒家的道德标准，个人和家族都应该遵守这个标准，而皇帝更要为全国臣民带个好头。

贞观六年（632）三月，长乐公主要出嫁了，这是朝廷上下

---

① 吴兢撰，谢保成集校：《贞观政要集校》卷一《君道》，第11—12页。

的大喜事。长乐公主是太宗和长孙皇后所生的女儿,特别受到皇上的疼爱,真可以算是掌上明珠。正因为这样,太宗赏赐给公主好多东西作为嫁妆,比当年永嘉长公主出嫁时候的要多一倍。

魏徵认为这样做不合规矩,于是向太宗进言:"当年汉明帝要封他的儿子,对臣下说,我的儿子怎么能和先帝的儿子相比呢?给他们的封地都只是先帝儿子楚王、淮阳王的一半而已。在历史上这件事可是传为美谈。现在陛下给长乐公主的嫁妆多过于永嘉长公主,这不合规矩。天子的姐妹封为长公主,女儿封为公主,这是礼法,而长公主前面既然加了'长'字,就表示比公主要尊贵。陛下疼爱长乐公主,那是人之常情,但感情有差别,道义上却不能有差别啊。这给长乐公主的嫁妆比永嘉长公主多,恐怕是于理不合,请陛下三思。"[1]

太宗虽然有些不情愿,不过觉得魏徵的话的确是对的,所以就取消了原来的命令。

贞观十二年(638),唐太宗提出了创业难还是守成难的问题。尚书左仆射房玄龄回答说:"隋末天下大乱,群雄竞起。陛下身经百战,历经重重危险,才打下今日江山,这么说来自然是创业更难。"

魏徵则回答说:"帝王刚开始创业的时候,都是天下大乱。乱世方显英雄本色,也才能获得百姓的拥戴。而得天下之后,渐渐有了骄逸之心,为满足自己的欲望不断滥用民力,最终导致国家衰亡。以此而言,守业更难啊。"

---

[1] 《旧唐书》卷七一《魏徵传》,第2549页。

太宗总结说:"玄龄当初跟我打天下,出生入死,备尝艰苦,所以觉得创业难。魏徵与我一起治理天下,担心我生出骄逸之心,把国家引向危亡之地,所以觉得守成更难。现在创业时期的困难已经成为往事了,守业的艰辛,我跟大家一起谨慎面对吧。"

群臣都齐声贺道:"陛下能这样想,真是国家之幸,百姓之福啊!"①

到贞观十五年(641),太宗再次提出守天下难易的问题,魏徵说:"守业很难啊。"太宗反问:"只要任用贤能之人,虚心接受进谏,不就可以了。为何说很难呢?"魏徵进一步作了发挥,说:"看看自古而来的帝王,在忧患危险的时候,往往能够任贤受谏。但到了天下安乐,必定会懈怠,这样日积月累,问题渐渐出现,最终导致国家危亡。这也就是为什么圣人要求居安思危的道理所在。天下安宁还能心怀忧惧,岂不是很难吗?"②

魏徵认为,打天下还存在着"天授人与"的机遇,只要符合大多数人的要求,就一定能够取得胜利;而治天下就必须始终保持清醒谨慎的头脑,不能对个人的欲望有丝毫的放松,这才是最难的。

其实魏徵也是经历过隋末动乱的,只不过在李世民掌权以前,没有跟随他夺取皇位而已。说他不懂得创业的艰难,这是不可能的。但魏徵的政治修养令他比房玄龄更明白这个时候应

---

① 《资治通鉴》卷一九五,第6140页。
② 吴兢撰,谢保成集校:《贞观政要集校》卷一《君道》,第25页。

该关注的是守成,是治国。当然也是因为魏徵没有创业的功劳可居,没有那方面的发言权罢了。

在贞观十三年(639),魏徵还特地上疏,明确指出这些年以来,太宗在十个方面显示出"渐不克终"的倾向。所谓"渐不克终",就是有可能导致不能善终的一些苗头。其中一个就是滥用民力,还说百姓没有事情干就生骄逸之心,只有让他们多服劳役才容易管束。这与贞观前期的安民之道无疑是天差地别。太宗看了,深表赞赏,跟魏徵说:"卿所上疏,朕已经令人写到了屏风上,可以方便常常观看,提醒自己。"①

魏徵经常性的提示,确实使太宗思想上提高了许多警惕。

贞观十七年(643)正月,魏徵去世了。太宗听闻,下令为魏徵罢朝五天,以示哀悼。让文武百官都去吊丧,以一品礼仪陪葬于昭陵。魏徵死后,太宗总是怀念这位臣子,曾对身边的人说:"以铜为镜,可以正衣冠;以古为镜,可以见兴替;以人为镜,可以知得失;魏徵没,朕亡一镜矣!"②

---

① 《资治通鉴》卷一九五,第6147页。
② 《旧唐书》卷七一《魏徵传》,第2561页。

第十三章　李世民的人才渊薮

人们熟悉的隋唐英雄，主要是《说唐》、《隋唐演义》和《兴唐传》等演义小说和评书中描写的英雄人物，如李元霸、宇文成都、裴元庆、雄阔海、罗成、杨林、魏文通、王伯当、史大奈、秦琼、程咬金、尉迟恭、单雄信等。其实，他们当中的许多人和事，都是小说家编出来的，在历史记载中并无其人或其事。在历史记载中确有其人，又有显著事迹的隋唐之际英雄人物，主要有王伯当、史大奈、秦琼（叔宝）、程咬金（知节）、尉迟恭（敬德）、单雄信、李勣（徐世勣）等人。

如排在"隋唐十八好汉"第一的李元霸，他在历史上是确有其人，是李渊的第三子，李世民的弟弟，李元吉的哥哥。但是，他仅活到十六岁，史书上记载是"早夭"，没有留下任何事迹。又如罗成，在小说中是白衣素袍，冷面寒枪，高贵俊俏的侯门公子，是北平王罗艺之子，秦叔宝的表弟。其实，历史上只有罗艺而无罗成。

这些人除了尉迟恭以外，都曾经是李密的部下。而到了后来，除了单雄信忠于洛阳的王世充，与李世民为敌以外，其他人又都成了李世民的部下，并进而成为跟随李世民东征西讨，为大唐的统一建功立业的开国功臣。

李密是瓦岗军的领袖，是曾经号令天下的盟主，那么李世民如何把他手下的英雄豪杰都笼络到自己的旗下了呢？是李密失败的结局，成就了李世民汇聚天下英雄的理想。或者说，是李世民取代李密，最终成为这帮山东豪杰的首领。

一、不安分的青年李密

李密的祖、父辈，都是西魏、北周和隋朝的重臣，关陇集团的成员。他年少时即袭爵蒲山郡公，并像许多贵族子弟一样，以父荫而任皇帝的侍卫。史载李密某次当值，为隋炀帝所见，并当即被开除了。这是李密在历史舞台上第一次出场亮相，也就是二十出头的年纪。这一出场，竟然引起了当时最重要的三个人的关注：隋炀帝、宇文述和杨素。也许是冥冥之中有什么力量在故意安排，日后与反隋事业相关的几个重要人物就这样见面并结识了。杨素的儿子杨玄感是最先起来反隋的贵族子弟，而宇文述的儿子宇文化及是在江都发动政变的主角。

在众多的卫士中，为什么李密一眼就被隋炀帝注意到了？绝对不仅是因为李密的长相。当时隋炀帝问身边的大将军宇文述说："队伍左边的那个黑色小儿是何许人？"宇文述回答说，是已故蒲山公李宽之子李密。炀帝说："这小子眉宇间透出一种不同寻常的气色，不能让他担任宿卫之职。"[①]

李密天生就是一个不安分的人，举手投足之间总是掩饰不住那份冲动和激情。老于世故者，在那些只看重仪式或形式的场合，能够做到呆若木鸡、面无表情，把自身也仪式化了。那

---

① 《旧唐书》卷五三《李密传》，第2207页。

样的场合是不需要表达自己的,只要像植物一样立在那里就足够了。不仅不需要说话,甚至也不需要随着那位高高在上的主持者的情绪变化,而显露出附和或者其他的表情。可李密做不到,用隋炀帝的话来说,他视瞻异常,也就是表情太丰富了。

皇帝知道,这样的人很难安分守己,更不可能循规蹈矩。可李密哪里知道,自己的心得体会无法合得上皇帝的情绪节拍。自己不小心流露出来的寻找机遇的迷茫与失落,见到皇帝而与其一起情绪起伏的表情变化,都把皇帝惹得不高兴,也不踏实。

在宇文述的劝说下,李密开始专心读书。宇文述劝他的话是,"弟聪令如此,当以才学取官,三卫丛脞,非养贤之所"[1]。意思是说,你老弟这么聪明的人,不适合在宫廷宿卫队里混。这种地方混不出什么大名堂,一般人混个饭碗也就罢了,而你应该去读书,日后通过自己的才学获得官职。李密听后大喜,以身体不好为借口,辞职不干了,开始潜心读书,很长时间里都没有在社会上露面。

可李密到底喜的是什么呢?

宇文述的指点,对于迷茫中的李密来说,有两个方面的意义。一是宇文述为当朝掌权的大臣,是具有权威的名人,得到这样的人关心和鼓励,是一种安慰;二是宇文述的话为他指出了一条虽然有风险但更有希望的路,这使李密在迷茫中决定了下一步的方向。

后来,李密在寻访当时大儒包恺的路上,遇到了当朝宰相、担任尚书令的越国公杨素。李密被杨素遇见的情景是:

---

[1] 《旧唐书》卷五三《李密传》,第2207页。

在寻师的路上，李密骑在一头黄牛的背上，牛背上垫着一块草甸子，而牛角上挂着一个袋子，里面装着一部《汉书》。李密一手牵着牛绳，一手翻着一卷书在投入地读着。路过的杨素看到此情此景，把马勒住，从后面轻轻地跟了上来。到了跟前，杨素大声地问道："何处书生，读书专心到如此地步？"

李密毕竟在朝廷里当过差，认得杨素。于是赶紧下牛，连忙拜了两拜，并作了自我介绍。

杨素接着问他读的是什么书，李密说是《汉书》的《项羽传》。这更加引起了杨素的好奇心。因为《汉书》是当时有政治理想和抱负的人喜读之书，而《项羽传》更是其中最能给人传递野心、智慧和教训的一篇。

杨素于是和这个书生慢慢交谈起来，接着是大加赞赏。事后，杨素对他的儿子杨玄感说："我看李密的见识和气度，远在你们兄弟之上啊"[1]。就这样，杨玄感认识了李密，并把他作为自己的铁杆兄弟看待，也因此才有了后来李密参与杨玄感起兵的故事。

《三字经》里有"如负薪，如挂角，身虽劳，犹苦卓"的说法，其"挂角"指的就是李密骑牛挂角读书之事，作为一个励学故事被传诵。

偶遇杨素，难说是李密的幸运还是不幸。问题是，怎么那么凑巧，寻师路上勤学苦读，偏偏遇见的是当朝宰相？也许这是不甘屈沉的李密处心积虑安排的一次自荐。

大业九年（613），隋炀帝还在辽东前线，负责督运粮草的

---

[1] 《旧唐书》卷五三《李密传》，第2207—2208页。

礼部尚书杨玄感在黎阳起兵反隋，并派人把李密从关中接到了军营。李密成了杨玄感的主要谋划者。他看到天下将乱，正是英雄成就一番事业的时机，而他的人生道路也从此跌宕起伏。他的那位亲家，在太原担任晋阳县令的刘文静，也因为受到他的牵连而改变了自己的命运。

杨玄感起兵失败之后，李密被官府抓住，他凭着计谋得以逃脱，开始了流亡的生活。李密一路南行，来到淮阳一带，改名换姓，自称刘智远，聚徒教授。壮志不能施展，生活又清苦。他不知道属于自己的机会何时到来，但是他绝不甘心平庸无为地过完一生。

二、李密领导瓦岗军

李密的生活虽然颠沛流离、朝不保夕，但是他没有放弃寻找施展抱负的机会。他往来于众多地方割据势力之间，暗查诸帅，觉得翟让实力最强，因而选择投其帐下。此时已经是大业十二年（616）。从此，李密与瓦岗军结下了缘分，他的成败与瓦岗军的兴衰紧密联系到了一起。

瓦岗军在李密到来之前，已经有了万余人，成员多是今河南北部与山东交界一带的中小地主和自耕农民，英勇善战。

李密的加入，无疑是瓦岗中的异彩。他贵族出身，饱读诗书，气质风度，眼光见识，都比一般瓦岗人众高出许多。在得到翟让的接纳后，李密就劝他道："当今主昏于上，人怨于下，全国的精锐部队都开拔到了辽东，突厥也断绝了与隋室的和亲，不再是当朝政权的后援。而此时的皇帝却放弃了长安和洛阳，巡游扬、越。这正是当年刘邦、项羽奋起的时机。以足下之雄才大略，士马精勇，完全有能力席卷二京，诛灭暴虐的隋氏政权。"[1]这一番言语，是对翟让所说，实际上却是李密自己抱负和野心的真情告白。他看清了天下形势，也明白这是英雄奋起的时机，但是他缺少人马物资，没有资本。所以他知道必须借用翟让所领导的瓦岗军的力量，方能实现自己的目标。

翟让本是因为生计，亡命山泽，哪想得如此大业？纵然有心，也无周全策略。如今听得李密之言，自然是既兴奋又犹疑。况且许多传言都说杨氏将灭，李氏将兴，更有人说民间流传的歌谣《桃李章》唱的就是李密将代隋之事。翟让不能肯定，究竟李密是不是真有这样的天命。

一个朝代将要衰亡，总有各种政治谶言出现并流传开来。它预示着旧王朝面临土崩瓦解，天下将要易主，也预示着新的势力正在成长壮大。"李氏将兴"就是隋末政治谶言之一。图谶产生之后，李密、李渊还有河西李轨都曾被认为是应谶之人，而最后证明只有李渊才是那个人。

不过在当时，李密的家世身份、谈吐气质，都让很多人相信他可能就是新王朝的开创者。更有一个叫李玄英的，从东都一路寻访李密，说他一定能够取代隋朝。李玄英的解释是："民间《桃李章》歌谣曰：'桃李子，皇后绕扬州，宛转花园里。勿浪语，谁道许！'这'桃李子'谓逃亡者李氏之子也；皇与后，皆君也；'宛转花园里'，谓天子在扬州无还日，将转于沟壑也；'勿浪语，谁道许'者，密也"[2]。也就是说，逃亡的李密正是

---

[1] 《旧唐书》卷五三《李密传》，第2210页。
[2] 《资治通鉴》卷一八三，第5709页。

应谶之人。

同时，李密更是以自己的才略，游说了很多豪杰，让他们都归到了瓦岗军中，进一步壮大了瓦岗军的实力。既有天命又有能力，翟让逐渐开始信任李密了，跟李密的感情也一日好过一日。

李密为瓦岗军的发展着想，劝翟让攻取荥阳（今属河南），占据一个稳定的根据地，粮草也有着落。翟让虽然也攻破了荥阳郡境内的一些县城，但是曾败于荥阳通守张须陀，心中惧怕，不敢再进。李密智勇双全，用计大败隋军，张须陀也在这一仗中战死。河南郡县大受震动，瓦岗军的声势越来越高涨了。

此战之后，翟让便让李密别建营帐，号蒲山公营，单独统领一支部队。李密自己的力量逐渐壮大起来。在李密的领导下，他所部军队整齐严肃、令行禁止，不再是以往盗贼模样。而李密也以身作则，生活朴素，所得财物都颁赐部下，故而很受将士爱戴，人人乐为所用。不过李密的抱负又怎会仅此而已，他很快就将目光放在了东都洛阳。

大业十三年（617）春，李密领精兵七千袭破兴洛仓，开仓放粮，任民取用，一时间老幼皆至，达数十万之多。同时，李密又一鼓作气，率军击败了东都派出的隋军，缴获了大量的武器铠甲。许多隋朝地方官也来归降，瓦岗军的气势更盛了。

李密的功劳有目共睹，翟让于是推举李密为主，号为魏公。大业十三年二月庚子，李密设坛即位，称元年，大赦天下。李密建立的这个"行军元帅魏公府"，实际上相当于一个朝廷，他任命房彦藻为左长史，邴元真为右长史，杨得方为左司马，郑德韬为右司马，拜翟让为司徒，封东郡公，单雄信为左武候大将军，徐世勣为右武候大将军，祖君彦为记室，其余人各封拜官职。远近来投者络绎不绝，江、淮以北的地方武装纷纷归附，有数十万之众。李密将其收编起来，筑洛口城，方圆四十里，令归者各统所部居之，悉拜官爵。李密进而利用这些力量，不断扩张，河南郡县大都被其攻破。瓦岗军成为最强大的反隋力量，李密也成为受到天下豪杰瞩目的英雄。而此时的李渊，还没有从太原起兵。

三、李密帮了李渊的忙

随着各方面形势的发展，瓦岗军迎来了越来越多的归附者。与以往不同的是，许多归附者是隋朝的地方官吏，如巩县的县长柴孝和、侍御史郑颐、虎贲郎将裴仁基及其子裴行俨。隋王朝的统治逐渐走向土崩瓦解，人们都要寻找新的出路。大业十三年（617）四月，李密看到时机成熟，于是命祖君彦作《移郡县书》，列举了隋炀帝十大罪状，明确提出了推翻隋王朝、建立新王朝的号召。

从当时的情况来看，李密要完成这一目标，最理想的计划应该是入关攻取长安。柴孝和也劝说李密西袭长安，并从历史经验教训和当前的形势分析了西取长安的必要性。他郑重地提醒李密："但今英雄竞起，实恐他人我先，一朝失之，噬脐何及！"让李密抢先占领关中，以之为根据地，再图天下。李密又怎会不知此为上计，这也是杨玄感起兵之时他自己所提出的策略。所以李密说："君之所图，仆亦思之久矣，诚乃上策。"但李密这时却有了如杨玄感当时一样的顾虑，一来隋炀帝还在江都，"昏主尚存，从兵犹众"，入关不成就会腹背受敌；二来部下"并是山东人,既见未下洛阳,何肯相随西入?诸将出于群盗,留之各竞雄雌。若然者,殆将败矣!"①

李密的顾虑与他成功的原因一样。他部下的瓦岗人马,都是以洛阳为中心的关东地区为活动地盘,确实不会愿意跟从李密入关。另外,李密家族已经衰落,在关中也不一定有很大的号召力,贸然入关,不仅很难成功,还可能白白丢失瓦岗一方的力量。李渊在这点上又与李密不同,他作为隋朝盛族,关中支持力量远远大于李密,而起兵时候的跟随者又大都为隋朝旧将,所以入关一开始就是他的目标。李渊进入长安之后,也确实受到了"三秦士庶"的欢迎,迅速控制住了局面。少了这个重要优势的李密,虽知长安是关键堡垒,却仍决定留在关东。某种程度来说,这等于将机会送给了李渊。

然而洛阳也并不是一块容易到手的肥肉。作为隋炀帝安排的四大据点之一,东都洛阳周围集结了大量的隋兵,勇将也不少。李密领导的瓦岗军与隋军数次交战,互有胜败,都难给对方致命一击。远在江都的隋炀帝一边派王世充北上援救东都,一边调配关中兵力抗击李密。纵然天下纷乱,这位帝王并没有放弃,更何况洛阳又是如此重要。

或许正是因为攻克东都困难重重,李密才致书此时于太原起兵的李渊,希望李渊与他会盟,共商大业。这是大业十三年(617)五六月间的事情。

但是李密过于自负,更比不上李渊的老谋深算。李渊在回信中将李密吹捧了一番,并说自己年老,已无壮志,辉煌的事

---

① 《旧唐书》卷五三《李密传》,第2219页。

业只待李密完成,图谶所说也必将应验在李密身上。其实,李渊是利用李密为他挡住东都的隋军,自己集中精力向关中进发,占领先机。可惜李密自恃才略过人,又缺乏政治经验,以为李渊真的推重于他,不免沾沾自喜,便以反隋盟主自居,将精力全部投入到夺取洛阳的战争中。李渊坐收其利,一路径直往长安打去。

李密与东都隋军及其援军前后打了大小六十余仗,双方仍是互有胜负。试想,如果不是李密领导的瓦岗军牵制住了强大的隋军,李渊怎么可能如此顺利,在年底就占领关中呢?

四、瓦岗军的内讧与溃散

战争进行得如火如荼,还未有结果,瓦岗军内部却出现了分裂。翟让身边一些亲信,眼见瓦岗在李密的领导下竟真有了逐鹿天下的实力,不禁眼红起来。他们暗中劝说翟让,将李密的权力夺过来,不能白白把做皇帝的机会让给了李密。翟让听了一笑置之,也没有放在心上。可是消息传到了李密的耳朵里,他却不能置若罔闻。在身旁谋士的怂恿下,李密决定先发制人,即使他隐隐意识到这样做对瓦岗军的发展会产生不利的影响,可人性的自私和权欲最终淹没了这种理性。

大业十三年(617)十一月的一天,李密邀请翟让、徐懋功、单雄信、王伯当等人一块儿聚会,而这次聚会却是一场鸿门宴。李密说,我得到了几把好弓,都可以百步穿杨,让大家一起来开开眼。翟让满心欢喜,想来显显自己的身手,拿上弓一看,的确是好弓,然后正要拉开弓试射的时候,一个黑影从身后蹿了出来,照着后脑勺就是一刀,翟让当场毙命。

现场还有很多瓦岗旧将,当时被杀的还有翟让的哥哥及几个亲信。在混乱当中,徐懋功也挨了一刀,如果真要再下一刀,就没命了。这时候,单雄信出来说话了。他向李密求情说:魏公,我们要留下徐懋功啊。经过王伯当、单雄信等人的求情,最后李密放过了徐懋功。但是心里的这个疙瘩,从此是留下来了。

翟让平时威信本就远不如李密,亲信也不过几人,加上李密安抚得当,仍命徐懋功、王伯当、单雄信领军,翟让所部并没有发生太大的动荡,瓦岗军也很快恢复了平静。但是,李密与瓦岗旧部之间已经埋下了嫌隙,人人始有自疑之心。原本就不属于同一集团的李密和瓦岗众人,由合作逐渐走向分裂。李密盟主之位看似更加巩固了,实则隐伏危机与忧患。而此时的李渊,已经进入长安,奉代王杨侑为新君,改元义宁。

大业十四年(618)三月,宇文化及等在江都(今江苏扬州)发动兵变,杀死了隋炀帝,随后拥兵北上,气势汹汹向中原而来。宇文化及这支力量的出现,打破了瓦岗与东都相持的局面,河南的形势又一次发生了变化。留守洛阳的越王在五月称帝,而东都君臣希望先联合李密对付宇文化及,等到攻破宇文化及之后,再消灭已经疲敝的李密。

瓦岗军久攻洛阳,却一直没有攻下,而随着宇文化及拥兵北上,局面变得更混乱,李密的现实处境也变得越来越困难。宇文化及北上的目标当然是要西入关中,而他们经过洛阳,是想会合洛阳的力量后再进入长安。

可是宇文化及也是打错了算盘,他要进洛阳也好,入关也好,都必须经过李密的地盘。这样,李密就面临几个选择了:

继续打洛阳好像没有什么胜算，打长安也不现实，江都也不要打了，因为皇帝被杀，那支部队北上了。

那么，李密这时候可以考虑称帝么？毕竟他拥有当时最强大的军事实力。但李密还是不敢，他还有很多的顾虑。洛阳还没有打下来吧，拿什么号令天下？自己根本就没有根据地，长安、太原、洛阳、扬州等中心城市，一个也不在自己手里。所以李密一直想着，我必须拿下洛阳以后，才有可能称帝号令天下。

这个时候的李密，实际上处于一个很尴尬的境地。长安城里面，李渊拥杨侑为帝；洛阳城里面，王世充他们拥杨侗为帝；宇文化及把隋炀帝杀了以后，立杨浩为帝。现在就把李密夹在了中间。

于是，李密接受了洛阳伸来的橄榄枝。接受东都杨侗政权的招抚后，李密即以精兵全力东击宇文化及。后来洛阳的王世充发动政变，使李密投奔洛阳的计划破产了，并乘虚攻击瓦岗军。不久，在与王世充的决战中，李密大败。

李密手下的新附之人，看到他失利，大多逃散，有的投降了王世充，忠心跟随之人很少。尽管瓦岗军的主力还在，可是因为杀了翟让，李密不敢去黎阳找徐世勣，最后只好选择投降唐朝。

五、李密的归降与复叛

武德元年（618）十月，兵败洛阳城外的李密，率领残部向长安进发，去向李渊投降。

李密原本打算投奔据守在黎阳的瓦岗大将徐世勣，可有人劝他："当时杀翟让的时候，徐世勣也险些丧命。如今去投，他是否会接纳我们?"李密听了也不由得心中嘀咕,前尘往事浮现脑中,他犹豫了。关键时刻,最令他难过的是,自己怎么就没有一块踏实的根据地呢?他甚至想不出自己的根基到底在哪里,或者从来就没有过真正的根基。

李密年轻的时候在隋炀帝的朝廷里做过相当于皇帝侍卫队员的三卫,但不知怎么就让皇帝看不顺眼,随后在权臣宇文述的劝说下离开了朝廷,也彻底放弃了当时贵族子弟通常所走的晋升之路。他虽然承袭了父祖的爵位,那个让侪辈羡慕的蒲山郡公,但其实在隋朝没有做过任何真正的官职,反而长期过着流亡的生活。也就是说,他的出身和家庭背景有可能带给他的资源,他一点也没有利用上。哪里比得上李渊,依靠那个七岁时就承袭了的唐国公爵位和与隋朝皇室联姻的家庭背景,做到了隋朝的刺史、卿监和领兵的大将,最后当了雄踞一方的太原留守。

李密不仅在隋朝的体制内没有营建下任何根基,在瓦岗军系统内其实也没有多少真正属于自己的势力。瓦岗军的根基是翟让、徐世勣等人打下的。当初王伯当把自己引荐给翟让,并得到东郡反隋武装集团的接纳,完全是他们为了借重自己的谋略和缥缈神秘的出身背景。

李密考虑了很多。最终,他选择归附当时已经称帝的李渊,虽然这样不可避免地要向他人称臣,可是却能换来安逸的生活及明朗而稳定的前途。

李渊得到李密要来归降的消息,十分高兴,派出去迎接的使节"相望于道"①。这位老谋深算的政治家当然明白，李密不是一个普通的投靠者。他是瓦岗盟主，极盛之时，有百万之众，控制着河南、山东的大部分地区，曾经还被认为是广为流传的政治预言中的天下之主。李密的归降，不仅使自己少了一个劲敌，更能为新创立的大唐王朝带来许多资源。李渊坐收渔人之利，怎能不欣喜万分。

当初李密对自己趾高气扬，现在却要主动归降，李渊心里也是如同打翻了五味瓶一样，酸甜苦辣一齐涌上。当然，更多的是得意，是笑到最后的那种得意。话说回来，李渊还是把李密看得很重要，甚至重要到需要费尽心机的程度。他毕竟太难安排了。既不能给他做人臣之极的宰相，又必须给他适当的职位。

李密到达长安以后，李渊接见了他。昔日称兄道弟的李姓二雄，如今已是君臣之分了。

该说点什么呢？尴尬自然在李密一边。

李密想，当初给刚刚在太原起兵的李渊写信的时候，自己俨然是天下盟主，尽管以弟称兄的口气致书李渊，但表达的雄心也太狂妄了，态度也太傲慢了，说什么要李渊参加自己的计划一起灭隋，等到消灭了长安的代王残余政权之后，要给李渊记大功。如今看来，这简直太轻狂自大、目中无人。而接纳自己的当今皇上，当时给自己的回信是那样的谦逊，甚至说只要能够被接纳，就是攀龙附凤。哎！李密都觉得自己无颜以对、无地自容了。

---

① 《资治通鉴》卷一八六，第5816页。

傲慢的李密，不甘寂寞的李密，掩藏不住自己悲喜情绪的李密，面对这种情形，尴尬是在所难免了。他要是真的能够做到"不以物喜，不以己悲"，真的具有那份定力、豁达与淡然，也就不会出现今天这样的场面了。

尴尬只能由李渊的热情接待和亲切问候来打破。我们已经无法复原他们当初的对话，甚至也很难想象他们的开场白到底说了些什么。也许该说的都没法说出来，也许根本就用不着说出来了。谈话的结果是，李密被封为光禄卿、上柱国，赐爵邢国公。李渊对他礼遇有加，呼之为弟，还将自己舅舅的女儿独孤氏许配给他。当然，这一声"弟"，与李密当年自称的"弟"，其意味已经大不相同。

然而，光禄卿为从三品，掌邦国膳食，是个主管宫廷伙食的职位。对于李密来说，担任此等官职，根本是让他难堪。加上朝中大臣又多轻视，位高者更是向他求取贿赂，李密心中的失落与不满与日俱增，觉得现实与自己所期望的相差甚远。复叛的种子也许在此时就悄悄埋下了。

武德元年（618）十一月，李密自请出关，要去山东招纳他的旧部归朝，为国建功。途中李密决定叛唐东归。可是这一次，李密没有成功，最终丧命刀下。这年，他三十七岁。

李密死后，原来的瓦岗大将，现已归附唐朝并被赐与国姓的李世勣，请求收葬他，李渊准许了。李世勣以君臣之礼，将李密葬于黎阳山南五里。归葬之日，三军缟素，旧部皆痛哭失声，更有泣至呕血者。

六、李世民与李密

李密和李渊之间,到底谁猜忌谁呢?有人说如果将李渊换成李世民,可能李密不一定造反,两个人能够融洽相处。这个说法有一定道理。李密是见过李世民的,就在他投奔唐朝后不久,李世民就在陇西打下了薛仁果,班师回朝。李渊就派李密去迎接秦王的军队。

李密一见到秦王李世民,眼睛一亮。他说了一句话:"秦王果然是英明神武,这样的人,才是统一天下的英主。"①

命运有时候就差那么一步。李密有才能、有野心,但是他心比天高、命比纸薄。每当一个机会出现的时候,似乎他总是把握不好。俗话说,无欲则刚,可他的欲望太多了,每次选择又总选错。如果一个人没有太多的想法,心眼儿不要太活,反倒可能会有福气。

李密是隋唐之际最值得关注的人物之一。他有着高贵的门第和显赫的家世,有着超越群伦的胆略和感召力,在历史舞台上一出场就显得异乎寻常。他是最早参与反隋事业的人,也是在推翻隋朝的历史进程中作用最大的人,他领导的瓦岗军很大程度上改写了那个时代的历史。但他没有成为代隋而立的新朝代的君王,反而成为那个时代最大的悲剧性人物。

李密的悲剧不仅在于他自己的失败,更让人感慨万千的是,他的手下曾经拥有当时最优秀的文臣武将,而这些人后来都成了唐朝开国的英雄。由于自身性格的弱点以及出身与时代的局

---

① 《资治通鉴》卷一八六,第5822页。

限,李密在关键时候断送了自己的政治前途,但他却没有断绝手下兄弟们的出路。李密手下的那些英雄豪杰,逐渐都汇聚到李世民的旗帜下。大唐开国的历史舞台上,李密的穷途末路和李世民的功成名就正是一出悲欣交集、耐人寻味的剧目。

中国古代的正史,对人物列传的位置大有讲究。李密在《隋书》和新、旧《唐书》中都有传。《隋书》是唐朝贞观年间由魏徵主编的,虽然魏徵曾经是李密的部属,但从唐朝政权需要维护的隋朝正统立场看,李密只能是反贼。所以他在《隋书》中的位置就放到了以杨玄感为首的一组里。而在《旧唐书》和《新唐书》中,李密的列传是后妃或宗室亲王公主之后的第一篇,相当于《汉书》中的陈胜和项羽,位置非常重要。

第十四章　李世民与"喋血双雄"

大唐武德二年（619）二月，唐军与盘踞洛阳的王世充政权的军队在洛阳西南的九曲城对阵。两军对垒之时，突然间，王世充的军营中有数十骑人马出阵，朝唐军方向走来。走出百来步，又停住了，只见为首的两员大将，一个下马，一个在马上，朝王世充拜谢作揖。然后，他们掉转马头，径直朝唐军阵前走来。这为首的两人，下马拜谢的叫秦叔宝，在马上作揖的叫程咬金，他们都是背叛王世充来向唐军投降的。这仗还没打，王世充的两员大将为什么就要投降呢？秦叔宝和程咬金，这两位富有传奇色彩的隋唐英雄的故事，为什么总是被人们联系在一起来传颂呢？

一、英雄不问出身

秦叔宝和程咬金，是演义小说中的大英雄，也是家喻户晓的唐朝开国功臣。在各种版本的故事中，这二人总是相伴相随，形影不离。历史上，他们也是长期在一起共事的。根据唐朝国史编撰的《旧唐书》里，他们的传记都是放在一起的。

但是，两人的出身却完全不同。

秦叔宝是隋朝的军人出身，单名琼，字叔宝。他是齐州历城(今山东济南)人。隋朝大业年间,他被征调为兵,担任名将来护儿的警卫员。由于他武艺高强,勇敢彪悍,在军中表现突出,得到来护儿的看重。他的母亲去世时,来护儿派专人去吊问。手下的军吏感到很奇怪,说:"军中士卒死亡或家人去世的多了,将军您都未尝过问,这秦叔宝的母亲去世了,您怎么就那么关心?"来护儿回答说:"这后生有勇有谋,志向远大,意志坚强,肯定有很好的前途,怎么能把他看作是卑贱的人而忽略他呢?"①

这是秦叔宝卑贱之时得到的一个很高的评价。来护儿是一代名将,也算是慧眼识英雄。尽管史书上有关秦叔宝早年经历的记载很少,但从来护儿的这几句评价中,已经透露出一些重要的信息:秦叔宝不是一个普通的士兵。所以,在演义小说中,秦叔宝的出身和来历就被描写得很传奇。单田芳的评书《瓦岗英雄》里,对秦叔宝的介绍是这样的:

这个人姓秦名琼字叔宝,外号人称"小孟尝"。秦琼家住山东济南府历城县,为人正直,事母至孝,济困扶危,侠肝义胆。故此有人说他交友似孟尝,孝母赛专诸。秦琼自幼曾受高人传授,枪马纯熟,武艺精通,骑一匹黄骠马,马踏黄河两岸,使一对熟铜锏,锏打山东三州六府半边天。②

秦叔宝在隋朝军队里干得最漂亮的一件事,就是与罗士信一起偷袭反隋武装卢明月的营寨。罗士信的事迹也很感人,他其实就是《隋唐演义》中罗成的原型。

---

① 《旧唐书》卷六八《秦叔宝传》,第2501页。
② 单田芳著:《瓦岗英雄》,群众出版社1999年,第1页。

当时，秦叔宝在荥阳通守张须陀的手下，随大军一起去下邳围剿卢明月部。卢明月有十万人马，而张须陀所统才一万人，敌众我寡。相持了十余日后，张须陀部由于粮草供应不上，决定撤兵。但张须陀想将计就计，乘敌人追击时，来一次偷袭，派人攻入敌营。他说："这是一次危险的行动，有谁能去完成这个任务？"①众将无敢答应者，只有秦叔宝和罗士信请命出击。结果，他们领着千余人马，拔掉了卢明月的大本营，在张须陀大部队的配合下，彻底打败了卢明月。

从此，秦叔宝一路随着张须陀征剿各地反隋武装，在隋朝部队中的名声越来越大，做到了中级军官建节尉。建节尉是隋炀帝于大业十一年设立的勋官，位在正六品。

程咬金则是地道的绿林出身，咬金是他的本名，后来也许是觉得这个名字有点不雅，有些匪气，就改名为知节，所以出现在唐朝国史上的名字就是程知节。他是济州东阿（今山东东阿）人，从小就骁勇好斗，尤其善于用马槊。隋朝末年，天下大乱，程咬金自己做起了山寨王，在老家聚集了几百人，干起了劫富济贫、保卫乡里的绿林事业。

由于秦叔宝出身于隋朝的官军，后来又和程咬金这样的绿林好汉成了兄弟，所以他在演义小说中就被描写成了一个善于交友、在官府上层和绿林英雄中都有很好人缘的传奇人物。

历史上，程咬金是反隋的地方武装头领，秦叔宝是隋朝军队中的中级军官。二人的结识，还是要到李密的阵营里。

---

① 《旧唐书》卷六八《秦叔宝传》，第2501页。

二、瓦岗军中的好汉

李密进入瓦岗军以后，瓦岗军得到很快的发展，在河南、山东一带迅速扩大地盘。原本在乡里自保的程咬金，也加入到瓦岗军中。李密原本是孤身一人进入瓦岗的，他需要经营自己的势力，尤其是军事实力。《旧唐书·李密传》记载李密归附翟让后，"遣说诸小贼，所至皆降"①。程咬金就是李密自己招纳的地方武装之一。

当李密召集到的地方武装达到一定规模的时候，他就在军中选拔了敢死之士八千人，建立起一支"内军"，由四个内军骠骑统领。李密对此很得意，表示这八千人可以当百万之师。程咬金就是四骠骑之一，很受李密的看重。不久，李密又安排程咬金和单雄信分领内外马军，与盘踞洛阳的王世充展开决战，取得了一系列的胜利。

秦叔宝则是作为李密的手下败将进入瓦岗军系统的。

大业十二年（616），隋炀帝任命张须陀为荥阳通守，镇压日益强大的瓦岗军。张须陀是隋末一个能战的将领，许多反隋武装都被其镇压下去了。翟让对他也有强烈的恐惧。

十月间，在李密的指挥下，瓦岗军在荥阳与张须陀指挥的隋军展开激战。李密在大海寺北边的树林间设下埋伏圈，设计要翟让把张须陀引入这个埋伏圈。在翟让、徐世勣、王伯当等几路人马的合围下，张须陀军被围困起来。本来张须陀已经突围而出，但他为了救出被围困的将士，三番五次冲入瓦岗军的

---

① 《旧唐书》卷五三《李密传》，第2210页。

包围圈，最后自己战死。

张须陀的战死，是隋朝官军在河南战场上走向败亡的重要转折点，也是瓦岗军迅速走向强大的起点。荥阳之战的胜利，也使李密在瓦岗军内站稳了脚跟。

作为张须陀手下的军将，秦叔宝在张须陀战死后率领余部归附了裴仁基。裴仁基是留守洛阳的越王杨侗派来对瓦岗军进行反扑的隋朝将领。

大业十三年（617），取得了兴洛仓的瓦岗军正在势头上，不仅打败了洛阳派出的隋军，还乘机招降了裴仁基。刚刚归附了裴仁基的秦叔宝，也因此来到了瓦岗军中。

李密得到了秦叔宝这样一员猛将，自然是十分欢喜。他安排秦叔宝进入他的内军系统，让他担任四骠骑之一。这样，秦叔宝和程咬金就在一起共事了，皆成了李密的心腹干将。从此，出身不同的两个山东老乡，由于志趣相投，并肩走上了隋唐之际的历史舞台。

当秦叔宝进入瓦岗军的时候，正是瓦岗军发展的鼎盛阶段。秦叔宝与程咬金、单雄信、王伯当、徐世勣等，成了瓦岗军中威名远扬的勇将。

不久，李密就取得了瓦岗军的领导权，李渊也在太原起兵了。在李密与洛阳隋朝残余政权对峙的时候，从江都（今江苏扬州）北上西归的宇文化及，于大业十四年（618）六、七月间来到了瓦岗军的地界上。李密决定接受洛阳的委任，被越王杨侗以太尉之职相许，然后率兵迎击宇文化及，在黎阳（今河南浚县）的童山上展开激战。

宇文化及掌握着江都的精锐部队，尽管军心涣散，但战斗力还是很强大的。童山一战，胜负难料，双方都在竭尽全力。

混战中，李密被敌人的冷箭射中，掉下马来，晕倒过去。李密的左右将士，都纷纷逃散，敌人的追兵眼看就要来取李密的性命。只有跟随在李密身边的秦叔宝独自留了下来，拼死护着李密，左突右冲，奋不顾身地把李密救出了包围圈。秦叔宝的勇猛和忠诚，在这一阵厮杀中展露无遗，其无与伦比的英雄气概，令敌我双方都赞叹不已。

童山之战，秦叔宝不仅救出了李密，而且还乘势收集瓦岗军的兵力，和宇文化及展开决战，把宇文化及从黎阳赶到了魏县（今河北大名西南）。最后宇文化及被窦建德消灭了。

但是，李密的部队也受到了重创。八、九月间，洛阳的王世充组织了两万多人的军队，乘机进击李密。双方在偃师展开决战。结果，李密被打败，连大本营都被王世充端了。

王世充是一个善于使诈的人。他在围攻偃师之前，就找到了一个模样与李密极为相像的人，秘密关押起来。等围攻偃师的时候，与李密军还没有全面接战，他就派遣几十骑人马，把那个长得像李密的人的头颅取来。王世充假装不信，要众将领一起来辨认，大家都一致认为这就是李密。这对大战在即的队伍来说，是一个很大的鼓励。王世充号令队伍向偃师城发动进攻，又把这颗人头抛掷到城里去。城里的李密军将也以为自己的主帅被杀了，只好打开城门投降。王世充就这样攻下了偃师城。

秦叔宝和程咬金为瓦岗军的发展壮大作出了贡献，但真实的历史却与演义小说有很大的不同。在《隋唐演义》里，秦叔宝和单雄信的戏份最多，交情也很深。单雄信（单通）是绿林人的总瓢把子，人称赤发灵官。秦叔宝无意杀了人，多亏单雄信从中周旋，不惜万金收买官府，终于把死罪买成活罪。秦叔宝母亲做寿时，单雄信还献上个稀世珍宝"三星白玉人"。这两人可是过命的交情。其他还有王伯当、徐懋功这些人，和秦叔宝也是交情匪浅。

其实，历史上和单雄信一起出生入死，交情过命的是徐懋功，也就是后来的李勣，没秦叔宝什么事。单雄信和徐懋功都是瓦岗重将，属于可以独当一面的大帅型人才。秦叔宝的身份只是李密亲卫队的头子，属于保镖型，是"将"而不是"帅"。相比单雄信和徐懋功，地位要低得多了。

三、叛离王世充

偃师之战，秦叔宝和程咬金等李密的亲将被俘，单雄信也投降了王世充。李渊已于当年的五月在长安称帝，建立了唐朝。李密本人在走投无路的情况下，与王伯当、常何、贾润甫、魏徵等率领两万人投降了唐朝。这已是唐朝武德元年的十月了。

秦叔宝、程咬金和单雄信等一班瓦岗将领，在王世充的手下也很受重视。秦叔宝被任命为龙骧大将军，程咬金被任命为将军。按照演义小说的说法，单雄信则成了王世充的女婿。

天下纷乱，英雄豪杰都在寻找值得托命的主人，以期共同开创一番事业。李密失败后，秦叔宝、程咬金也以为王世充就是那样的人，但他们很快就发现，王世充阴险狡诈，不是值得托命之人。

程咬金私下对秦叔宝说："王世充这人气量狭小，又喜欢说大话，还爱搞一些咒誓之类神神怪怪的东西，怎么看都像个老巫师，哪里会是乱世的真主呢！"①两个人早已是"身在曹营心在汉"了。他们与唐朝军队有过接触，也看到已经建国称帝的李渊才是能够统一天下的力量。

于是出现了本章开头的一幕。武德二年（619）二月，王世充与唐朝大军在洛阳西南的九曲（今河南宜阳附近）开战，命秦、程二人随军应战。当双方列阵对峙，正要击鼓出战之时，秦叔宝和程咬金，还有数十个人突然从阵中奔了出来。只见他们策马向唐军方向猛跑，百余步后停了下来，勒转马头，向目瞪口呆的王世充拱了拱手，远远说道："您待我们不薄，本来应当报此恩遇，可是您喜好猜忌，不是我们能托身的明主。今日就跟您告辞了，不烦相送。"②

说罢，径直往唐军阵中奔去。王世充懵了半天，回过神来，却也不敢阻挡，知道那都是以一敌百的勇将，只好叹息一声，赶忙下令收兵。

秦叔宝和程咬金，他们这次又采取了一致行动。其实，自从相逢在瓦岗之后，他们就再也没有分开过，可见他们之间的交情确实不同一般。而且他们的地位也基本相当，甚至程咬金比秦叔宝还要高出一些。

但是，在演义小说中，程咬金可没法和秦叔宝相比。小说中的程咬金，只会三斧头半，武功太差劲了，甚至都难以登上隋唐英雄排行榜，而且非常缺心眼，连打劫当强盗都会自报姓名。这傻大个程咬金性如烈火，专门惹是生非，不知道给秦叔

---

① 《旧唐书》卷六八《程知节传》，第2503页。

② 《旧唐书》卷六八《程知节传》，第2503页。

宝惹了多少祸。秦叔宝的父亲是马鸣关大帅秦彝，而程咬金小名阿丑，父亲是马鸣关副帅程有德。两家交情深厚，秦叔宝和程咬金从小一块玩。后来因为两家父亲都被靠山王杨林杀了，两个孩子失散，长大后才碰到。秦二哥肯屈尊和这傻大个交朋友，完全是因为过去的老交情。

四、秦王李世民的沙场骁将

历史上的程咬金，并非有勇无谋之辈。他和秦叔宝进入唐朝的军队后，主要归秦王李世民领导，并为唐朝的统一事业立下了汗马功劳。

秦叔宝、程咬金投降以后，唐朝一班君臣可是喜出望外。尤其是秦叔宝，据说对李渊还有救命之恩。在演义小说和各种民间传说中，李渊一直呼叔宝为恩公，但这只是小说家之言而已。

不过，李渊确实很赏识秦叔宝。据《旧唐书·秦叔宝传》记载，秦叔宝后来协助李世民收服了尉迟敬德之后，高祖李渊派人给他送去许多礼物，里面有一个金瓶，并传话予以慰劳，说："卿不顾自己的老婆孩子，大老远的来投奔我大唐，现在又立下这么大功劳，我真是不知道如何感谢你啊。我身上的肉，如果你用得着，我一定割下一块送给你，何况是一些美女和财物呢？你一定要接受，继续为我大唐建功立业。"[1]看来，历史上李渊对秦叔宝也是非常看重的。

既然李渊这么看重秦叔宝，为什么又让他去了李世民麾下？

---

[1]《旧唐书》卷六八《秦叔宝传》，第2502页。

因为，这样的人很难管，只有李世民才能把他们管住。而且，李世民是统一战争中的前敌总指挥，能打仗的人，都要归他指挥，好派上用场。

李世民是爱惜英雄的人，他对此二人早就有所耳闻，很欣赏他们的勇武。所以，李渊安排他们前来，李世民自然是十分欢喜，对他们非常客气，并当即任命秦叔宝为马军总管，程咬金为左三统军。

秦、程二人自从进入李世民的帐下后，可谓是英雄得遇明主，如鱼得水，誓死效命。秦叔宝从李世民破尉迟敬德，程咬金随李世民攻宋金刚，都是军中的核心大将。后来擒窦建德、降王世充、平刘黑闼，二人都是秦王李世民军中的主力，立下了赫赫战功。

武德三年（620），李世民攻王世充于洛阳城下，二人也相随同去。未及攻城，李世民令叔宝先去镇他们一镇。叔宝得令，跨上战马，拿起长枪，飞驰而去。到了城下，将长枪往门前一插，又转头而去。城中士兵都觉得十分奇怪，有几个就来搬动叔宝的长枪，却怎么都拔不起来。这下大家都来劲了，前后叫来了数十人一起拔枪，但那枪居然像钉住了一样，纹丝不动。这时叔宝又飞骑而来，在马上顺手拔起长枪，掉转马头，绝尘而去。城中士兵皆大骇，以为神人。据唐人写的野史记载，后来每逢朝廷有大的典礼，在陈设仪仗的时候，都会把秦叔宝使过的那杆枪摆放在殿庭之中，以表彰他的功劳。[1]

且说秦叔宝归来一报，大家都哈哈大笑，都说他的长枪太

---

[1] 刘餗撰，程毅中点校：《隋唐嘉话》，第13页。

重，若不是他这样臂力非凡的人，怎么可能拿得动，更别说舞了。程咬金则不忘添油加醋地说："也要谢谢你的好马呀！"

秦叔宝的马名叫"忽雷驳"，是难得的良驹。叔宝自己爱喝酒，也常常喂这马儿喝，奇怪的是，马也喝得津津有味。这马与叔宝一样矫健非常，驮着主人还有他那长枪，照样奔跑如飞，真是英雄配宝马。

正是因为秦叔宝有这样一匹心爱的宝马，所以演义小说中才有"秦琼卖马"的故事。说的是秦琼当差出使山西，在潞州落了难，穷得连住店钱也付不起，先是典押了随身的兵器金双锏，后来逼得连自己的坐骑黄骠马也卖了。可是人在倒霉的时候，样样不遂心，连马也没人要。幸而遇见了一位卖柴的老者，动了同情心，指引秦叔宝说："这西门十五里外，有个二贤庄，庄上主人姓单名通号雄信，排行第二，人称为二员外，要买好马送朋友。"秦琼久闻潞州单雄信的大名，都是绿林中的兄弟，就由这位老者介绍到二贤庄，与单二员外见面。秦琼羞于说出真名实姓，只称姓王，拿了马价而去。后来单雄信从别人口中获知，卖马的人就是山东济南府的秦琼，便立刻追赶，捧着秦琼的脸说："叔宝哥哥，你端的想煞了单通也。"[①]自然是把马还给了他。

后世小说家编了这英雄落难的故事，是为了衬托他的英雄气概。事实上，在唐朝人的眼中，秦叔宝就有很多的传奇故事。据史书记载，秦叔宝每回跟从李世民出征，李世民看到对方营

[①] 《说唐全传》第六回《樊建威冒雪访良朋 单雄信挥金全义友》，江西美术出版社2018年，第29页。

中有炫耀武功、策马来回奔驰者，就命叔宝取之。叔宝得令上马，必于万军之中刺中此人，且人马俱倒，无一次失手。李世民因此更加器重秦叔宝，而他也常常以此为傲。①

秦叔宝和程咬金都为唐朝的统一立下了汗马功劳。跟随李世民攻打窦建德、王世充和刘黑闼，是他们人生的辉煌顶点。

五、壮士暮年——从玄武门走向昭陵

当李世民和太子建成的矛盾公开化以后，李世民手下的一班大将都成了太子党的眼中钉，秦叔宝和程咬金自然也都是太子党想翦除的秦王府亲信。武德七年（624），在太子建成的建议下，李渊要将程咬金外放为康州刺史。接到任命后，程咬金找到了李世民，对他说："大王的左右手都被翦除了，您还想自我保全，可能吗？我这一去，必死无疑，所以不敢去！"②也许是李世民又到李渊那里力争，程咬金继续在秦王府统领马军。

据《旧唐书·太宗本纪》："（武德）九年，皇太子建成、齐王元吉谋害太宗。六月四日，太宗率长孙无忌、尉迟敬德、房玄龄、杜如晦、宇文士及、高士廉、侯君集、程知节、秦叔宝、段志玄、屈突通、张士贵等于玄武门诛之。"③

程咬金和秦叔宝都是参与了玄武门之变的主要将领。秦叔宝之所以被奉为"门神"，就是因为他在玄武门之变中表现英勇，可以震慑住太子和齐王元吉。政变成功之后，秦叔宝和程

---

① 《旧唐书》卷六八《秦叔宝传》，第2502页。
② 《旧唐书》卷六八《程知节传》，第2504页。
③ 《旧唐书》卷二《太宗本纪》，第29页。

咬金分别被任命为统兵的最高军职左、右武卫大将军，都得到了实封七百户的封赏。

参与玄武门之变，并不是他们人生的自主选择。这与当初选择投奔唐朝有根本的不同。在隋末的动荡之中，他们选择投奔唐朝，是为了建功立业，看清了历史的大势后，把自己融入唐朝统一的历史潮流中。所以他们的人生放射出异样的光彩，彰显了英雄豪气。而在李世民和李建成的兄弟之争中，他们作为李世民手下的亲将，只能站在李世民一边，各为其主，被裹挟到一场统治阶级内部的权力之争中。

玄武门之变后，秦叔宝和程咬金似乎都进入到壮士暮年的状态。

秦叔宝在那以后身体一直不好，疾病缠身。他时常对身边的人感慨："我这一辈子，一直是戎马生涯，经历过大小二百余战，多次受到重创，流的血加起来有几十石之多，这身体怎能好得了呢？"[1]说这话的时候，秦叔宝心里的苦闷一定是溢于言表的。

程咬金在贞观年间的状态也许比秦叔宝要好一些，至少他身体还好，一直在中央和地方担任军队的要职。而且在功臣榜的排名中，程咬金比秦叔宝的位置也要靠前一些。但是，历史记载中，已经不见他在贞观年间有任何言行了。职务可以变换，但他的活动舞台其实也不大了。

他们也许应该想到，自己作为一介武将，在战争年代可以大展身手，但到李世民夺取了政权，致力于开创贞观之治局面

---

[1] 刘餗撰，程毅中点校：《隋唐嘉话》，第13页。

的年代里，自己就使不上多少劲了。而在行伍中曾经不被自己看在眼里的魏徵等人，却跃居为政坛上耀眼的明星。他们甘心吗？

贞观十二年（638），秦叔宝在疾病的折磨下去世了。他一定是很孤独、很苦闷的，以至于跟随他半生的那匹骏马"忽雷驳"也嘶鸣不已，竟然也绝食而死。唐太宗下令他陪葬昭陵，并安排雕琢石人石马立于其墓前，以表彰他为统一战争立下的赫赫战功。

秦叔宝的去世，一定令程咬金感到更严重的失落。他还继续在军队供职。贞观十七年（643）唐太宗命人在凌烟阁图画功臣像的时候，程咬金是为数不多的还健在的武将。对秦叔宝来说，则只是作为一种死后的殊荣而登上凌烟阁的。

唐高宗显庆二年（657），离唐朝建立已经四十年了，老将程咬金还披挂上阵，担任葱山道行军大总管，率军西征，讨伐西突厥阿史那贺鲁部。在追击西突厥的过程中，程咬金率军来到怛笃城（今哈萨克斯坦境内）下，当地有胡人数千家出城投降，但程咬金却大开杀戒，屠城而去。西突厥阿史那贺鲁部被吓得向西远逃。

这是一次不光彩的胜利。军队回到长安后，程咬金被免职。后来，唐高宗还想任命他做岐州刺史，但程咬金以身体不好拒绝了。过了八九年的退休生活，程咬金于高宗麟德二年（665）病逝于长安。唐高宗下令，以其陪葬昭陵。

江湖始终是个虚拟世界，和历史世界的规则是不相同的。民间演义推崇义气、武功，强者不仅武艺高强，而且都以侠义为先，朋友第一，但历史的强者却是完全不同的人。武功再高如西楚霸王也死在混混刘邦手下，朋友义气要让位于帝王心术。现实中的秦琼不会在马上要被打死时邂逅个做北平王妃的姑妈，也不会有人屡屡用性命为惹事的朋友顶罪，更不会每次都走运而不死，而且能感动一批人成为朋友。

所以，"秦二哥"只能在虚拟的江湖世界里，成为那"骑一匹黄骠马，马踏黄河两岸，使一对熟铜锏，锏打山东三州六府半边天"的好汉了。不过，这场景虽然虚构，却也曾让多少少年神往！

秦叔宝和尉迟恭，并列为民间两大门神。既然真正和秦叔宝要好的是程咬金，为什么门神却没程咬金的份？

被选为门神靠的不是英雄们的历史地位，而是民间威望。在民间传说中，程咬金的武功太差，没法当门神。而尉迟恭和秦叔宝并列英雄榜第十三位，正是两位旗鼓相当的英雄。再说，秦叔宝和程咬金的关系那么铁，秦叔宝当了门神，程咬金自然会来帮忙，因此用不着两个人都为李世民站岗了。

秦叔宝和程咬金在历史记载中的地位并不显赫，与他们在民间故事中的威名相差很远。这个现象本身，就彰显着中国文化传统的一些深刻内涵。在唐初的历史舞台上，他们不像长孙无忌、房玄龄、杜如晦、侯君集等人那样功勋卓著，不像魏徵、王珪、李靖、李勣他们那样给李世民以压力，也不像尉迟敬德那样总给皇帝惹事。他们不是当时的焦点人物，但却不妨碍他们成为家喻户晓的隋唐英雄。

第十五章　唐太宗的守护神

在通俗演义《说唐》中，描写唐高祖在麒麟阁庆功时，命秦王李世民写了一副对联：双锏打成唐世界，单鞭撑住李乾坤。其中表彰的就是秦叔宝和尉迟敬德的丰功伟绩。

在有关隋唐英雄的传奇故事中，李世民手下的三员勇将，秦叔宝、程咬金和尉迟敬德，是最富有传奇色彩的。秦叔宝和尉迟敬德在民间的名气很大，一直到今天，老百姓过年的时候张贴的门神，还是他们两位。一个持锏，一个握枪；一个黄脸，一个黑脸，都是威风凛凛。从李世民手下的两员猛将，变成了民间老百姓家门上让妖魔鬼怪闻风丧胆的门神，秦叔宝和尉迟敬德经历了从人到神的过程。秦叔宝我们前面讲过了，那么尉迟敬德的武功究竟又如何了得？在历史上，他和李世民之间究竟发生着怎样的感人故事呢？

一、李世民诚心释怨

尉迟恭，姓尉迟，名恭，字敬德，是今天山西朔州人，他的先辈是来自西域的于阗人。尉迟是个"胡"姓，是西域少数民族的姓。他们家在山西这个地方生活了一段时间，但是历史上记载并不多。只知道尉迟敬德在隋炀帝的时候已经参军，在高阳（今属河北）一带讨捕农民反隋武装，以勇武见称，官至五品的朝散大夫。

隋末动荡之中，群雄竞起。刘武周乘李渊从太原起兵南下，就在山西北部割据自立。当时，尉迟敬德回到了山西老家，被刘武周任命为偏将。

刘武周有突厥的支持，在那里抢夺唐朝在山西的地盘。他来势很猛，迅速占领了山西的大部分地区。刚开始李渊派裴寂去打刘武周，但是裴寂节节败退，最后退到了黄河边上。尉迟敬德打败了唐朝方面的另一个主帅，永安王李孝基，还擒获了独孤怀恩和唐俭等人。

长安为之震惊，李渊甚至想过放弃黄河以东的地盘，固守关中。

但是，山西这块地方，对建都长安的唐朝来说，实在是太重要了。那里不仅是李渊的龙兴之地，还是关中的天然屏障。如果山西丢了，关中就很容易被攻下。李渊之所以能够从太原起兵后顺利地南下关中，就是如此。

这个时候，李渊不得不又把他的老二李世民派上前线。那个时候，李世民从西边打完了薛仁果，刚刚回到长安。随后，李世民就率军和刘武周的军队在山西展开了激战。

武德三年（620），李世民指挥的唐军与刘武周部下宋金刚、尉迟敬德部在山西柏壁交战，宋金刚大败，最后投奔突厥。尉迟恭继续在介休坚守了一段时间。按照《旧唐书·尉迟敬德传》的记载，李世民派遣任城王李道宗和大臣宇文士及去劝降，最终把尉迟敬德说服了，他和刘武周手下的另外一员大将寻相一起来降。

不过，在演义小说中，尉迟敬德归降李世民，是一场很精彩的戏。单田芳的评书《瓦岗英雄》中，就有一回叫作"白壁关三鞭换两锏 棋盘山一截十万粮"[①]。讲的是李世民被敬德打得落马，命悬一线的时候，正好程咬金去把秦叔宝搬来了。秦叔宝和尉迟敬德大战五十多个回合，未分胜负。李世民一看尉迟敬德如此勇猛，顿生爱惜之情。他朝秦叔宝喊话："手下留情，我要活敬德，不要死尉迟恭！"尉迟敬德打不过秦叔宝，就想以力气取胜，于是他提出以鞭对锏，各打三下，各接三下，接不住者为输。秦叔宝使出全身力气，勉强接住了尉迟敬德的三鞭。但当秦叔宝的第二锏打下去以后，尉迟敬德被震得掉下马来。李世民担心，这第三锏下去，肯定一死一伤，两家大将就将毁于一旦。所以，他忙告诉军师徐懋功，快快鸣金收兵。后来程咬金设计截了尉迟敬德的粮车，在李世民的感召下，尉迟敬德最终向李世民投降。

且不论演义小说对两位英雄交手的场景是如何渲染的，尉迟敬德在山西被李世民收服了，这是历史事实。

得知尉迟敬德这位勇将率众来降，李世民是欣喜万分。他早就听闻尉迟敬德是那种"一夫当关，万夫莫开"的人，自己太需要这种人才了。所以李世民对尉迟敬德恩遇有加，十分重视，亲自设宴为他接风洗尘，授予"右一府统军"之职。

但后来没过多久，在攻打洛阳王世充的战斗中，许多刘武周手下的降将又相继叛逃。李世民的部下都怀疑尉迟恭迟早也要叛变，于是把他囚禁了起来。

[①] 单田芳著：《瓦岗英雄》，第649—656页。

想必是李世民听到了风声前来过问,当时的行军左仆射屈突通、尚书殷开山对李世民说:"尉迟敬德骁勇绝伦,就是他原本不叛,现在我们已经关起了他,他也一定会生出埋怨之心,将来必叛。不如直接将他杀掉算了。"①

二人说得也在理。尉迟敬德也是十分了得的人物,率众归降唐朝,自然希望能够得到基本的尊重,归降的人最怕在猜疑中过日子。现在莫名其妙把他给囚禁起来了,肯定会把这个脾气暴躁的黑面将军惹恼了,至少是埋下了怨恨的种子。这是常人处理问题的思路。

似乎在李世民和尉迟敬德这一对元帅与降将的关系中,出现了死结。如果李世民听了屈突通、殷开山的话,真的把尉迟敬德杀了,那唐朝开国的故事可能就要重写。

好在李世民有着化解人际关系死结的能力。他有着强烈的自信和建立在自信心基础上的冒险精神,有着慧眼识英雄的洞察力。他反驳屈突通和殷开山,说:"不然。我跟你们看法不同。他要是想叛,怎么还会等到现在呢?他是那一批投诚人员中最有能力叛逃的人。马上把人放了!"

就这样,尉迟敬德被释放了。可是没来由地把人这样折腾了一通,总该有个交代才行。不能说关就关,说放就放。解铃还须系铃人啊,主动权在李世民一方。

幸亏李世民深谙抚人之道,他把尉迟敬德召到自己的卧室内,对他说:"大丈夫相交,图的是意气相投,希望你不要把这小小的误会放在心上。我更不会因为一些流言,就害你这等忠

---

① 《资治通鉴》卷一八八,第5890页。

良之士。请你体谅我的这一番用心。要是你执意想走,我也不强留,这里有些金银,你带在路上用吧,也算咱们相识一场。"①

这一番话说得真是发自肺腑,诚恳之极。尉迟敬德被感动了。纵然尉迟敬德知道李世民在某种意义上是在施用安抚之术,但也是为着要留下他、重用他才如此费苦心的呀。

事实就是这样,在人与人的共处中,术和情是一体的,关键看彼此是否配合。或者功利一点说,二人是否有共同的利益,共同的目标,是否意气相投。有些事情,不一定非要点破,保持一点距离,保留一点空间,给对方以回旋余地,对双方都是必要的。

在中国传统的民间传说中,大凡英雄,都是具有独特个性的,而且都曾经落难。如何收服英雄的心,如何让英雄成为愿意效其死力的手下干将,是李世民展示其独特人格魅力的重要方面。面对这些身怀绝技、神勇无比、个性张扬、可杀而不可辱的真心英雄,李世民没有搞强行压服,没有采取死缠烂打的办法,而是欲擒故纵,给他们自由选择的机会,最终赢得了他们的侠肝义胆、铁血忠心,成就了一段君臣相得益彰的千古佳话。

二、尉迟恭武艺超群

尉迟敬德武艺高强,最擅长的武艺是在对阵之时夺取敌手的稍(即长槊)。他常常在两军对阵间,单骑冲入敌阵,即使敌

---

① 《资治通鉴》卷一八八,第5890页。

方众人举槊齐刺，都伤不了他，最奇的是他还能在左闪右避之间夺取敌人的长槊，反刺对方。

齐王李元吉也非常善于马上击槊，听说尉迟敬德也有这方面的技艺，心中很是不服，就来到李世民的营中，要求与尉迟敬德亲自比试，一来炫耀一下自己的武艺，二来挫一挫秦府兵将的锐气。

兄弟相见坐下，召来尉迟敬德。李世民命双方把长槊去掉锋利的尖刃，只以木竿相击，比试一下武艺。尉迟敬德很恭谨地禀报："齐王纵使槊上加刃，也肯定伤不了我。我自己把槊刃去掉就是。"

尉迟敬德的口气实在也太大了。李元吉上马疾驰，总是无法刺中。秦王李世民故意问尉迟敬德："夺槊和避槊，哪个更难？"敬德回答："夺槊难。"李世民就命敬德去夺李元吉的槊。

李元吉执槊跃马，朝着尉迟敬德狠命刺去，想置之死地。一会儿工夫，尉迟敬德就连续三夺其槊。最后，这位齐王不得不服，嘴上大声赞叹，心中却感到莫大的耻辱和气愤[①]。

小说家和评书家把这一段演义成"尉迟恭单鞭夺槊"的神奇故事。

武德四年（621），在秦王李世民攻打窦建德的战斗中，李世民让李世勣、程咬金、秦叔宝等大将在沿途埋伏，自己带着尉迟敬德去窦建德的军营挑战，以把窦军引出来作战。李世民背弓搭箭，尉迟敬德手持长槊，真是一对英雄绝配，窦军前锋多人应声毙命。

---

① 《旧唐书》卷六八《尉迟敬德传》，第2496页。

等窦建德大军出动,进入李世民早已安排好的埋伏圈之后,李世勣、程咬金、秦叔宝率军奋起攻敌,一举打败了窦建德,也为攻下洛阳的王世充奠定了基础。

就在这次战斗中,尉迟敬德还出色地给李世民夺得了一匹良马。当时,王世充的侄子王琬正在窦建德的军营中,他是王世充派去联络窦建德的使臣。王琬所乘的坐骑,是隋炀帝留在洛阳的御马。他穿着鲜艳的铠甲,在窦建德的军前耀武扬威,十分引人注目。李世民也是爱马之人,见后不禁脱口赞叹起来:"那小子所乘之马,真的是一匹良马啊!"①尉迟敬德一听,知道李世民喜欢那马,当即就请冲入敌营去夺马。他和另外两位将领一起冲出,直奔王琬,把他擒获下马,随后尉迟敬德牵着那匹御马,押着王琬,回营复命。可怜那窦建德的一班将士,看着这个目中无人的黑面将军,没有人敢出来抵挡一阵。

三、三救李世民

在李世民做秦王的时间里,尉迟敬德至少三次救了他的命,尉迟敬德也因此成了李世民的守护神。李世民十分器重尉迟敬德,将他列在"凌烟阁二十四功臣"中武将之首。

第一次是武德三年(620),他在洛阳城外从单雄信的枪下救了李世民。

就在李世民将尉迟敬德释放的当天,李世民带了一些随从在外打猎。行至密林深处的时候,遭到王世充一伙的伏击。李世民身边的人本就不多,又没有防备,一下就乱了手脚,纷纷

---

① 《旧唐书》卷六八《尉迟敬德传》,第2496—2497页。

被对方打落马下。王世充手下的单雄信提枪就要来刺李世民，眼看就要伤了李世民性命。在这千钧一发的关头，尉迟敬德大喝一声，冲杀过来，犹如猛虎下山，一枪将单雄信刺落马下，然后保护李世民突出重围。之后更是率众去攻打王世充，与之大战数个回合，将对方击溃，并俘虏了一员大将陈智略。

归来营中，李世民望着尉迟敬德，感叹地说："刚才众人还说你会叛变，真是天意让我没有相信，力排众议，将公保了下来。哎呀！善有善报啊，只是没想到有这么快！"[①]说罢，用力拍了拍敬德的肩膀，并下令重赏。

从此之后，尉迟敬德一直追随在李世民身边，立下了赫赫战功。

第二次是武德五年（622）在河北临洺（今河北曲周西），尉迟敬德从刘黑闼的包围圈中救出李世民。

当时，李世民率兵征讨刘黑闼，当刘黑闼军向李世勣部发动袭击时，李世民带领部队从后面偷袭。但是，刘军很快集结了许多人马，来势凶猛，把李世民包围了起来。唐军一下子慌了。正当李世民左右冲杀、寻找突围口的时候，尉迟敬德带领几个壮士，勇猛突围而入，来到李世民的身边，把李世民和江夏王李道宗救了出来。

后来，李世民派人去决开洺水上游的堤堰，用水淹没了刘黑闼的军营。刘黑闼被打败，投奔了突厥。

第三次是在武德九年（626）六月四日的玄武门之变中，尉迟敬德把李世民从齐王李元吉勒紧其脖颈的弓弦中救了出来。

---

① 《资治通鉴》卷一八八，第5890—5891页。

正是玄武门之变中的英勇表现，尉迟敬德才成了李世民的"门神"，也成为后来民间的门神。

四、成为门神

唐朝的统一战争基本结束后，李世民与太子李建成和齐王李元吉之间的矛盾逐渐加剧，双方都开始挖起了对方的墙脚。李建成看上的是李世民那边的尉迟敬德，他给尉迟敬德写了一封密信，表示要和他结为生死之交，并送了一车的金银器物。

尉迟敬德是个实在人，他很诚恳地回绝了，要来人给太子传话，说："秦王对我有再生之恩，我生是秦王的人，死是秦王的鬼。如果我私下答应了太子殿下，便是有二心，也就是见利忘义的人。这样的人，太子殿下即使拉拢去，又有什么用呢？"[①]这话把太子噎得也无话可说，但从此却结下了很深的梁子。

后来尉迟敬德把这个事情的经过向李世民作了汇报。李世民心里一定是很感激他的忠心，但还是不忘来个并不轻松的幽默。他对尉迟敬德说："你那一片根本不可动摇的忠心，我从来没有怀疑。只是他们送了你一车金银器物，你收取了就是。现在你拒绝了，恐怕就把人家得罪了，此后就有性命之忧啊。况且，你要是表面上答应了他们，还可以得到许多有用的情报，也不失为良策啊。"[②]话虽如此说，但尉迟敬德哪能有如此的心计？

[①]《旧唐书》卷六八《尉迟敬德传》，第2497页。
[②]《旧唐书》卷六八《尉迟敬德传》，第2497页。

不久，尉迟敬德真的遇到了齐王元吉派来的刺客。元吉本来就对尉迟敬德很害怕，那单鞭夺槊的情景，想想都让人胆寒。李元吉手下的刺客，自然也是胆战心惊。尉迟敬德知道他们要来行刺，晚上睡觉的时候，干脆门户洞开，安卧不动。刺客几次进入到了院庭中，都不敢进入他的卧房，更不要说下手了。

按照《旧唐书·尉迟敬德传》的记载，李元吉没有办法，只好向高祖告尉迟敬德的状，于是高祖下诏要把他杀了。还是李世民苦苦求情才留住了尉迟恭的性命。

当李世民和李建成双方斗争进入关键时刻，而李世民还在犹豫的时候，尉迟敬德劝李世民早下决心，早作准备，要先发制人。他请李世民不要"存仁爱之小情，忘社稷之大计"①，并且扬言如果不动手，那自己就只好先逃亡去了，而且长孙无忌也会跟他一起走。正是在尉迟敬德三番五次的催逼下，李世民才下定决心在玄武门发动政变。

在玄武门之变的现场，尉迟敬德担当着敢死队队长的角色，指挥着七十余骑人马。当李世民将李建成一箭射毙之后，临湖殿伏兵刹那间涌出，七十余骑排山压来，为首的正是尉迟敬德。

当齐王李元吉被射落坠马，惊惶爬起之后，却见秦王李世民所乘之马奔入旁边树林，马的缰绳被树枝牵绊住了，无法前进。齐王是困兽犹斗，不知从哪里涌起一股力量，奔至树下，徒手搏斗间夺过李世民之弓，用弓弦死死勒紧李世民的脖颈。

说时迟，那时快。一声雷厉呵斥，尉迟敬德策马奔来。李元吉顿时松手，慌不择路，向着武德殿便跑。尉迟敬德一箭疾

---

① 《旧唐书》卷六八《尉迟敬德传》，第2498页。

飞，李元吉当场毙命。

这已是尉迟敬德第三次救了李世民的命！

那边玄武门外正在展开一场激战，太子李建成的东宫警卫队和元吉的齐王府兵马，正在薛万彻等将军的带领下猛烈攻城，情况万分危急。尉迟敬德割下李建成和李元吉的人头，提到城门上，宣布太子和齐王都已经伏诛，围攻的队伍才稍稍散去。

尉迟敬德顾不上喘息，连忙带着自己的敢死队，朝高祖李渊正在泛舟的海池边疾驰而去，后面几十骑紧紧跟随。望着全副武装的秦王府敢死队，李渊着实大吃一惊。为了尽快稳定局面，尉迟敬德请高祖李渊颁下一道手敕，下令由李世民接管全国军队的指挥大权。

在整个政变的过程中，尉迟敬德表现英勇、临危不乱，为李世民夺取最后的胜利立下了大功。所以，后来论功行赏的时候，他和长孙无忌都是功居第一。也正因为他的特殊功劳和超强武功，民间传说中才把他画到了门上，成了著名的右门神。

五、秉性耿直的大功臣

李世民做了皇帝以后，尉迟敬德因为在统一战争和玄武门之变中立有大功，被任命为府兵系统最高军职之一的右武候大将军，赐予吴国公的爵位，与长孙无忌、房玄龄、杜如晦一起，成为贞观初年最受重视的人，后来还带兵打败了突厥的侵扰。

但是，尉迟敬德是那种秉性耿直的人，看不惯的事情，不管是谁，他都要站出来说话。尤其是对于长孙无忌、房玄龄、杜如晦他们，因为这些都是政治上的红人，尉迟敬德更不能容忍他们的小动作。每次看到或听到关于他们的一些不是，都要当着唐太宗的面，把他们的问题指出来，因此时常在皇帝面前发生争执。这几位在宰相位置上的当权者，都看尉迟敬德很不顺眼。

有一次，唐太宗与吏部尚书唐俭一起下棋，发生了争执。本来唐太宗和唐俭的关系很亲近，经常与唐俭一起吃饭，甚至唐俭不来他就不好好吃饭。唐俭也是觉得自己与皇上是哥们儿，下棋的时候就不知道让着，把唐太宗给惹恼了。于是，唐太宗一怒之下，要把唐俭贬为潭州（今湖南长沙）刺史。但是，把一个六部长官贬为外州刺史，最好要有一个堂而皇之的理由。怒气未消的唐太宗就找到尉迟敬德，要他上朝的时候站出来，指控唐俭对皇上有怨言，有指斥皇帝的不恭言行。尉迟敬德当时就哼哼哈哈了一番，没有明确表态。

也许是李世民觉得尉迟敬德是个武夫，没有多少头脑，也听自己的话。但是，他万万没有想到，等第二天上朝要作决定的时候，尉迟敬德却说："我实在没有听到唐俭有什么不恭的言行"。唐太宗不断给他使眼色，还使劲追问他，要他好好想想，可尉迟敬德就是否认。唐太宗急了，把一柄玉珽扔到地上摔碎了，气愤地甩着衣服就退朝进入后宫。

尉迟敬德可是惹了大麻烦了。过了好一阵子，唐太宗传话，要三品以上的官员一起进宫，与皇上共餐。大臣们都搞不明白，皇上的葫芦里卖的是什么药。尉迟敬德也不管这么多，大大咧咧就去了。

宴会开始之前，唐太宗发表了一席讲话，他说："今天尉迟敬德的表现，有三利和三益。唐俭免于枉死，是一利；朕免于枉杀，是二利；尉迟敬德免于曲从，是三利。三益则分别是，朕有恕过之美,唐俭有再生之幸,尉迟敬德有忠直之誉"①。

说完,唐太宗当场宣布,赏给尉迟敬德一千段丝织品。宴会厅里响起一片万岁之声。一场风波就这样化解了。

这个插曲,本身就是贞观政治生活中的一段佳话。唐太宗有肚量,有勇气反省自己,纠正错误。但是,他内心的芥蒂也许不是很快就能够消除的。据说,唐太宗有一段时间对唐俭特别的恨,派人对他说:"你以后再也不要见我了,我一见到你,就想杀了你。"②

可是,尉迟敬德却不管那么多,他还是我行我素,就是改不了那个倔脾气。唐太宗有一次对他说,我想把一个女儿嫁给你,你愿意吗?尉迟敬德当场就谢绝了,说:"我的妻子虽然长得不漂亮,也没什么文化,但我们之间并不失夫妻之情。我常听人说起古人的话,富不易妻,仁也。我很向往这样的境界,希望陛下收回这个恩典。"③他说这番话,绝不是口是心非,而是坚决地把驸马爷的位置给推掉了。

贞观八年(634)的时候,尉迟敬德担任同州刺史。有一次,参加唐太宗在内廷召集的高级别的宴会,到会的许多人都是当年随李世民出生入死的功臣。

在安排座次的过程中,宰相宇文士及被排在了尉迟敬德的上席,尉迟敬德当时就不服,揪住宇文士及说:"你有什么功

---

① 张鷟:《朝野佥载》,中华书局1979年,第173页。
② 张鷟:《朝野佥载》,第172页。
③ 《资治通鉴》卷一九五,6144页。

劳，竟敢坐在我的上席？"①还是李世民亲自出面，才勉强把他劝回座位上了。

但尉迟敬德越想越不对劲，还在一个劲地发牢骚，坐在他下手的任城王李道宗，忍不住劝了他几句，其实也是出于好心，希望不要在这样的场合发生冲突。李道宗的劝说却把尉迟敬德的怒气又激起来了，他挥拳就向着李道宗打去，把个好言相劝的李道宗打得眼睛都差点瞎掉。

唐太宗很不高兴地宣布结束宴会。

六、太宗的警告

就在那次打伤李道宗之后不久，唐太宗找尉迟敬德作了一次很严厉的谈话，或者说是一次严重警告。

太宗说："我读汉代的历史，看到汉高祖的功臣很少有善终的，心里常常对汉高祖有所不满。从我入居大位以来，就一直想着要保全功臣，要让功臣们子子孙孙繁衍下去。可是，你这个大功臣，总是触犯国家的法令，这让我明白西汉时期韩信、彭越等功臣被诛戮，并非汉高祖之过错。国家大事，最重要的就是赏与罚，对于像你这样的功臣来说，不可一而再、再而三地想要得到什么非分之恩，一定要好好地反省和管束自己，不要在将来悔之晚矣！"②

可是，尉迟敬德就是这个脾气。这样的人，即使在政治清明的贞观时期，也是很难在朝中立足的。自从被太宗敲打一顿

---

① 《旧唐书》卷六八《尉迟敬德传》，第2499—2500页。
② 《旧唐书》卷六八《尉迟敬德传》，第2500页。

以后，尉迟敬德在政治上就很少发言了。贞观时期的大部分时间，他都在外地做都督、刺史，而不是在朝为官。

贞观十七年（643），尉迟敬德上表乞骸骨，太宗批准了他的退休申请。在唐太宗确立的凌烟阁二十四功臣名单中，尉迟敬德列于长孙无忌、李孝恭、杜如晦、魏徵、房玄龄之后，排名第六，纯粹的武将中，他是第一位。这也许应该得益于唐太宗的敲打。

尉迟敬德一直活到高宗显庆三年（658），享年七十四岁。在总共十六年的退休生活中，尉迟敬德断绝了所有的人情往来，一方面是搞一些神仙方术的东西，服药炼丹；另一方面是享受生活，大搞亭台楼阁、锦衣美食、歌舞娱乐。

尉迟敬德总算有了个善终。他的这个结局，某种程度上也体现了唐太宗对功臣的自信、豁达与宽容。这也是贞观之治的一个重要方面。

第十六章　唐太宗与李靖

李靖是隋唐英雄中故事最多的人，他的名字总是出现在神话传说中，在历史上又总是和"谋反"一词联系在一起。有一本很有名的兵书，叫《唐太宗李卫公问对》，记载着唐太宗和李靖之间关于兵法的讨论。史书上记载了一个故事：太宗让李靖教侯君集兵法，李靖有所保留。侯君集对太宗说："李靖将要谋反。"太宗问："为什么？"侯君集说："李靖只教臣粗略的东西，却保留了他的精髓，所以说他有反心。"太宗就去问李靖，李靖说："这是侯君集想谋反。现在四海安定，我教他的那些东西，足够制服四方了，而君集还要求我把自己的全部兵法都传授给他，不是要反是什么呢！"[①]

李靖和唐太宗说起谋反的话题，真的如此轻松吗？历史上的李靖到底是一个怎么样的人？也许先要简单介绍一下他在神话传说和传奇小说中的形象。

一、托塔天王与"红拂夜奔"

神话小说《西游记》里说：玉帝授予孙猴子弼马温职务，

[①]《新唐书》卷九四《侯君集传》，第3828页。

孙猴子嫌官小,一怒之下,反下天宫。玉帝决定擒拿他,托塔天王李靖及其子哪吒三太子请求执行任务。李靖原本是隋唐之际一个真实的英雄豪杰,怎么就成了神话传说中的天神了呢?这些传说来源于两个方面的传统:佛教神话和历史人物。佛教故事中有托塔天王,后人就把那个历史上的军事家改造成了天界的最高军事长官了。

各种版本的隋唐演义里都有李靖,而他的形象大多是位老道,呼风唤雨,撒豆成兵,每当李世民等人遇到大麻烦,总能及时从天而降,搭救大家。其实,李靖终其一生从未当过道士。可能是他字"药师",让人联想起炼丹的道士。加上本人在历史上虽然没有法术,却能文能武,非常有能耐,所以被后世小说家附会成了一个神仙老道。

李靖还是"红拂夜奔"故事里的男主角。唐人小说《虬髯客传》讲的就是这个故事,大意是说,李靖的夫人原是隋朝宰相、越国公杨素府里的侍女。早年李靖拜访杨素,杨素敛容起身,郑重与之交谈。李靖英气逼人,杨素大喜。当时,杨素身边有一名美貌的家妓,手执红拂侍立,屡以双目打量李靖。李靖对于红拂侍女的眼神,竟毫无觉察。当晚,李靖辞别杨府后,歇身于旅舍。夜半,红拂女前来投奔,表示要如丝萝依乔木般嫁给李靖。李靖遂携了这红拂女到太原去了。在半路上,他们遇到一中等身材的大胡子客官——"赤髯如虬"[1]的虬髯客,狂放不羁,随性而为,沿途对李靖鼎力相助,又以豪宅、婢仆相

---

[1] 李剑国辑校:《唐五代传奇集》卷四三《虬髯客传》,中华书局2015年,第2455页。

赠，最后告诉李靖可以事奉的主人是太原留守李渊的二公子李世民，自己飘然而去。

这个故事只是唐朝后期人编排出来的一个美好传说。事实上，李靖基本不大可能遇到这么一个大侠，有这样一位夫人。我想有两个理由：第一，在历史记载中，李靖还只是隋朝一个员外郎时，就曾得尚书左仆射（宰相之职）、被誉为隋朝第一名将的杨素盛赞。杨素对李靖垂爱有加，他曾经摸着自己的坐榻，勉励李靖说："你终究会坐上这个位子的。"①李靖见过杨素是事实，但不大可能刚被杨素夸奖，就拐走人家侍女，这个太不地道。如果这一点说服力还不够，那么第二点，李靖投奔唐朝，根本不是像传奇里那样，受到高人虬髯客指点，知道隋朝不行了，只有李世民是救世的真命天子，才主动到太原投奔李世民的。相反，这个投奔的经历非常凶险。

二、李靖归唐的戏剧性经历

根据史书记载，李靖从小便有文武才略，常常说："大丈夫若遇主逢时，必当立功立事，以取富贵"②。年长后更是姿貌魁伟、气度不凡。他的舅舅韩擒虎，是有隋一朝声名赫赫的将领，在灭陈的战争中立有大功。李靖自幼便常与韩擒虎探讨兵法，韩擒虎对李靖的见解十分赞赏，经常说："当世能够和我谈论孙、吴兵法的，非此小儿莫属了。"当时的左仆射杨素、吏部尚书牛弘对李靖都很欣赏。

---

① 《旧唐书》卷六七《李靖传》，第2475页。
② 《旧唐书》卷六七《李靖传》，第2475页。

李靖进入仕途之后，曾做过长安县（今西安市长安区）功曹，之后又做驾部员外郎，都不是什么显要的官职。隋朝末年，外放当了马邑郡丞。郡丞是一郡长官太守的副职，级别不过正六品，而当时他的年龄却不小，已经快四十岁了。

当时马邑郡是太原留守李渊统辖的一个边郡，李靖是李渊的下属。李渊紧锣密鼓准备造反，结果被李靖察觉了。但是李靖地位不高，并非李渊的心腹，他是怎么察觉到上司要造反的？

从现有的史料来看，他可能是从李世民那里得到的消息。李渊在起事之前，曾经派李建成和李世民兄弟二人联络地方的豪杰，而李靖所在的马邑，正是李世民负责联络的地区。李靖虽然官职不高，但却是值得争取的人才，为了争取更多的力量，李世民完全有可能拉拢过李靖。

那么，李靖为什么要向隋炀帝告密，揭发自己的上司谋反之事呢？这主要是为了自保，为了逃脱隋炀帝日后追查的责任，表明他对隋朝无可挽回的败局还缺乏清醒的认识；同时也说明李靖对李渊并不看好，他不了解李渊的整个谋略和政治智慧，不相信李渊能够成就大事。

李靖采取了"自锁上变"的方式，打算亲自赶赴江都（今江苏扬州），向隋炀帝当面陈述案情。所谓"自锁上变"，就是自己戴上枷锁，当面去向皇帝告发重大的案情。按照隋朝的制度规定，这是下级起诉上级必须使用的方式。起诉上级本身就是有违礼法的行为，所以必须"自锁"，表示要待罪申诉。

李靖打算到了长安之后，绕开李渊管辖的地盘，取道运河，到达江都。可是因为李渊起兵，加上山东地区也有大规模的民变,使得他滞留在长安,"至长安,道塞不通而止"[①],最终成为阶下之囚。

李渊的军队进入长安后不久,他就亲自审理了李靖泄密的案件。李靖是如何被逮捕,如何被押送到李渊面前,我们不得而知。《旧唐书》对逮捕押送过程的记载只有短短的十个字:"高祖克京城,执靖将斩之"[②]。

按照李渊的意思,李靖这个人居然敢告密,差点坏了起兵大事,这是反革命的大罪,不可饶恕,于是也没怎么审问,只是验明正身,马上就要将李靖推出去处死。在生死关头,出现了戏剧性的一幕。李靖即将被处死,不顾一切地大声叫道:"唐公起义兵,本为天下除暴乱,现在不欲成就大事,却要因个人恩怨而斩杀壮士吗?"这个时候,李世民刚好就在旁边,听到李靖的豪言壮语,十分惊异,便为李靖求情。在李世民的请求下,李渊动摇了,就此放过了李靖。

这就是史书上关于李靖刀下脱险故事的记载,突出了李靖的英雄胆识,李世民的爱才之心,以及李渊不计前嫌的帝王肚量。这样一个故事,对于当事人三方,都是皆大欢喜的。但是,故事毕竟是故事,无论编写故事的人如何善意地化解矛盾,这个故事背后的真相,不会是如此轻松诙谐的。

有一种可能,就是李靖被抓获后,李渊并非真的要杀了他,而是先把他抓起来,要李世民做一个求情者,上演刀下救人的一幕。这样一来,李渊就树立起自己对李靖的恩威,使李靖踏

---

① 《旧唐书》卷六七《李靖传》,第2475页。
② 《旧唐书》卷六七《李靖传》,第2475页。

实地为唐朝卖命。这就如同李渊到太原后,把刘文静关起来一样。李渊和李世民父子,是惯用这种手法的人。多年以后,李世民临终前外放李勣的做法,据说还是李靖教他的,实际上应该是来自李渊的真传。

三、李靖的"下挫"与"升值"

李靖得救了,被李世民"寻召入幕府",从此在李世民的帐下听令。他的后半生,也将离不开这个人。但在武德年间,他还是独立指挥了一些战争。

唐朝建立后的统一战争,一直持续到武德八年(625)为止。在大大小小的翦灭群雄的战争中,除了秦王李世民之外,河间王李孝恭、李靖和李世勣是最为骨干的几员将领。

武德三年(620),唐军大举东进,讨伐洛阳王世充。李靖和李世勣都随秦王李世民领兵前往。李靖因功被授予开府(府兵系统中的高级军职)。《旧唐书·李靖传》载:"武德二年,从讨王世充,以功授开府。"[1]这里记载的时间有误。唐军在李世民的率领下攻打洛阳,是在武德三年的七月。

不过,李靖不久便被调离了洛阳战场,转而受命前去攻打长江流域的割据势力萧铣。李靖率领小股人马至金州(今陕西省安康县),入巴蜀。后被萧铣阻挡在峡州(今湖北宜昌境内),很长时间毫无进展。或许是因为当年李靖自锁告变与李渊结下的过节,令李渊仍不能够释然,当时李渊给峡州都督许绍下了一道秘密圣旨,命斩杀李靖。

---

[1]《旧唐书》卷六七《李靖传》,第2476页。

许绍，字嗣宗，儿时曾与高祖李渊同学，关系特别亲密。幸运的是，这许绍又是一个惜才之人，他悄然上奏李渊，请求宽恕李靖，使其戴罪立功。

　　许绍的上书起了作用，李靖没有莫名其妙地死于非命。又恰逢开州（今四川开县）少数民族首领冉肇则造反，李靖率兵八百，袭破其营，后又据险设伏，斩肇则，俘获五千余人。李渊闻得胜讯，高兴地说："朕听说使功不如使过，李靖果然为我效命。"[①]使功不如使过，是一条重要的用人原则，意思是说，用那立功之人，不如用犯了错的人，因为立功之人容易自满，让他奋不顾身去再立新功就比较难，而犯错的人稍加宽慰或者勉励，就可能建立大功。这就如同买股票一样，下挫的股票升值潜力就比较大，下跌幅度越大，升值的空间就越大，而连续有良好表现的股票，再想大幅度升值就很困难了。当然，这是一般原则，实际运作中还有例外的情况。

　　李渊的这句感叹，实际上也在兴头上流露出当年释放李靖的真实意图，"使功不如使过"。既然他犯了那么大的错，一旦"买入"，把他用起来，升值的潜力一定是很大的。在李渊建立唐朝、统一全国的行情走势中，如果说李靖第一次犯错是由于没有看准行情，使自己的"市值"严重下挫，那么，这一次则是由于李渊的信心不足，又使自己下挫了一次。不过，好在李渊很懂得经营，是在低价位的时候把李靖这只"股票"买入的，结果真的得到了很大的回报。

　　李靖或许不知道皇帝曾授命许绍处死自己这一件事。他归

[①]《旧唐书》卷六七《李靖传》，第2476页。

附了唐朝，便唯知尽力。而高祖李渊，至此也应该明白，以李靖之襟怀坦荡、尽职尽力，自己不应该再耿耿介怀于以往的过节。或许这正是史籍中记载这件事的深意所在。

武德四年（621），为了平定割据江陵（今湖北江陵）的萧铣，李靖又提出了十条计策。高祖派河间王李孝恭和李靖顺江东下，进攻萧铣。由于李孝恭不谙战事，统帅军队、行军打仗之事，基本上是由李靖总领。李靖先以迅雷不及掩耳之势进兵夷陵（今湖北省宜昌市），又以待敌疲劳、趁机出击的战术打败萧铣手下的健将林士弘，然后集中兵力围攻萧铣所在的江陵。十月，攻破江陵，萧铣被送往长安斩首。李靖授上柱国，封永康县公，赐物二千五百段。

武德六年（623）八月，辅公祏据丹阳（今江苏南京）反，高祖命李孝恭为元帅、李靖为副以讨之，李世勣、任瑰、张镇州、黄君汉等七总管并受节度。李靖先诱敌出兵，败之，又乘胜追击。至次年三月，辅公祏与其部将冯慧亮等陆续被擒获，江南悉平。于是置东南道行台，拜李靖为行台兵部尚书，赐物千段、奴婢百口、马百匹。同年行台被废，李靖又检校扬州大都督府长史。李渊道："李靖是萧铣、辅公祏的克星，即使是古之名将韩信、白起、卫青、霍去病，又岂能比得上啊！"[①]

李渊得意于对李靖操控的成功，李靖也应该庆幸自己投奔大唐的选择。尽管君臣之间有过操纵与投机，但最终却是双赢的欢喜结局。

可以说，唐朝统一全国，黄河流域是李世民拿下的，长江

---

① 《旧唐书》卷六七《李靖传》，第2478页。

流域则是李靖的功劳了。从武德四年以后，李靖作为唐朝统一战争当中的方面元帅，军事地位是确立下来了。他是在战功上唯一可以和李世民媲美的人。

四、李靖为大唐雪耻

李靖与李渊之间，经过这么多次的操纵与较量，基本上达成了默契。而李靖与李世民的关系，则更加微妙。在武德后期的兄弟之争中，李靖和李世勣二人，基本是置身事外的。但是，李世民没有也不可能忽略他的存在，只能是更加看重他。

贞观三年（629）二月，李靖以刑部尚书检校中书令转为兵部尚书，参预朝政。唐太宗要任命李靖为军队的最高负责人，并参加宰相会议，用意很明确，就是要李靖领导对突厥的战争。

突厥对唐朝的威胁，是李世民心中挥之不去的一个痛。自太原起兵之初，李家父子就一直生活在突厥的阴影之中。不仅当初李渊不得不向突厥称臣，就是李世民登基后，也一直受到突厥的威胁。

出兵的时刻到了。贞观三年（629）十一月，太宗令李靖为定襄道行军总管，出定襄（今山西定襄）讨伐突厥；以柴绍为金河道行军总管，出金河（今内蒙古清水河）向西进发；任城王李道宗从灵州（今宁夏灵武）西进；薛万彻为畅武道行军总管，从营州（今辽宁朝阳）跨燕山山脉向西挺进；并州都督李世勣为通漠道行军总管，出晋北的云中（今山西大同）向西北推进。五路大军共十余万人，皆由李靖节制。其中李靖与李世勣所部为中路军，其他三路为侧翼和后援。

太宗出动了大唐最得力的将领和最精锐的兵力。

李世民是把李靖作为一个元帅来用的，由他来担任这场战争的总指挥。李靖是善于出奇制胜的将领，尽管是总元帅，他也不是在后方坐镇，而是把其他几路兵马都布置好了，自己带着三千精锐骑兵，孤军深入，去搞突袭。

贞观四年（630）正月，李靖自马邑出发，直逼定襄。当"李"字帅旗出现在定襄城南的恶阳岭上时，突厥的颉利可汗大吃一惊，道："唐兵若不是举国前来，李靖又岂敢孤军进逼？"[①]突厥军队因此惊慌失措、人人自危。

这是李靖的用兵之计。先让突厥捉摸不定、惊惶不安。目的达到了，李靖吩咐属下，令其到突厥南边，离间颉利可汗的心腹康苏密来归降，而其余部众，李靖则命令先按兵不动。

几日后，康苏密果然来降。颉利可汗跑了心腹大将，多半也已无战意，便打算率兵向阴山之北的铁山撤退。

这也在李靖的预料之中。于是他下令即刻出兵，袭击定襄城。

这是一个月黑风高的夜晚。李靖的精锐部队天降一般出现在定襄城。突厥兵还在熟睡之中，来不及搞清楚情况，便被突然出现的唐朝军队一举消灭。

这场战争的一个附带战绩是，唐军从突厥手里接回了隋炀帝的萧皇后和孙子杨政道。他们苟活于突厥已经十几年。在突厥，杨政道曾经被立为隋朝皇帝，一个空头却让唐朝不舒服的招牌。最后，李靖把萧皇后和杨政道安全送回了京师。

唐太宗见到萧皇后，异常欣悦，并举行了隆重而热情的迎

---

① 《旧唐书》卷六七《李靖传》，第2479页。

接仪式。他对李靖说:"昔李陵提步卒五千,不免身降匈奴,尚得书名竹帛。卿以三千轻骑深入虏庭,克复定襄,威震北狄,古今所未有,足报往年渭水之恨。"①

本来,颉利可汗吃了败仗,丢掉定襄城以后,就向唐朝求和,派了使臣到长安。李世民接待了这个使臣,而且派了自己最亲信的大臣唐俭出使突厥,去跟颉利可汗谈判。李靖也同时接到收兵的命令,唐太宗让李靖带着归降的颉利可汗入朝。双方要和谈了,可是李靖已经打到这份儿上了,他能说收就收吗?况且,颉利可汗还在逃呢,李靖还没有抓获他。

李靖知道,这不是收兵之机。可是,皇上为什么让收兵呢?这命令是做给突厥看的么?还是要他将计就计?

这个时候,正好另一个总管李世勣和李靖会合了。这两个人一商量,说皇上派人去谈判,让他们谈他们的,咱们不能被这个谈判所束缚,乘现在这个机会,一定要斩草除根,把颉利给抓住。可是,皇上已经下令派人去谈判了,所以当时李靖手下的一员大将张公谨就提出质疑:皇上派人谈判,咱们怎么能违抗诏命,继续追击呢?面对张公谨的疑问,李靖没有多解释,只回答了一句,"此兵机也,时不可失"②。这是兵机啊,一般的将领没有能力把握住的绝佳时机。在李靖与李世勣看来,颉利可汗虽然败绩,其部属仍然不少。若纵其逃往漠北,保存其部落,荒漠绝远,我等地形又不熟,恐怕再不能追及。现在我大唐使者带诏书招降于彼,颉利必然宽心无备,若选精骑一万,

---

① 《旧唐书》卷六七《李靖传》,第2479页。
② 《旧唐书》卷六七《李靖传》,第2479页。

带二十日粮,可以一战而擒颉利。至于唐俭,万一因为我们奇袭而牺牲了,也没有什么可惜的,死得其所嘛。"

于是李靖决定不受命,继续进兵。李靖将兵趁夜出发,李世勣带兵随后,假装成受降的军队,将颉利可汗彻底打败,执送到了长安。

贞观四年(630)二月,太宗以克突厥大赦天下。三月,四方边境的各族君长皆来长安,奉太宗为"天可汗"。从此以后,唐太宗以玺书赐西北诸族君长,皆自称"天可汗"。唐太宗俨然成了东亚世界包括草原部落的霸主了。

五、君臣心照不宣

李靖奇袭了颉利可汗,但唐俭后来也没有牺牲。这件事也使我们十分疑惑,好像背后是有一些安排的。首先是唐俭出使的问题。难道李靖就不怕真要打的话,会把唐俭给搭进去吗?要是突厥杀掉唐俭,那他如何向唐太宗交代呢?很可能唐太宗和李靖,包括李世勣这些核心人员之间,是有一种默契,或者秘密的沟通渠道的,总之这个谈判是做给敌人看的。因为草原那么大,突厥要是跑了,就不好找了,不如以谈判为名,派使臣去跟他接洽,以此为幌子来稳住颉利可汗。李靖不管有没有接到这个情报或指令,他一定体会到了唐太宗用兵的高明之处。这一重君臣之间的默契真的是非常难得的。

李靖在五月间班师回朝。然而,等待李靖的,却是御史大夫萧瑀的弹劾报告。萧瑀在奏疏中说,李靖破颉利可汗牙帐后,御军无法纪,突厥的珍宝器玩,都被将士掳掠殆尽,并请求皇上把李靖交司法部门治罪。

近百年来，突厥对于中原来说无异于压在北方的一块石头，而如今这块巨石终于被撼动。得胜回朝，纵然不要功名赏赐，李靖恐怕也没有想到，朝中等待他的是弹劾的奏疏。《旧唐书·李靖传》记载："太宗大加责让，靖顿首谢。"

太宗对李靖说："前朝史万岁破达头可汗，有功不赏，还因为过错被杀掉。朕深知这样不妥。朕仍然要录下你的功劳，还要赦免你的罪过。"[①]于是拜李靖为左光禄大夫，赐绢千匹，加食邑通前共五百户。

史万岁是怎么死的？隋文帝开皇二十年（600），史万岁破突厥后还朝，杨素进谗言，说突厥本来已经投降了，他们来塞上只是放牧，史万岁却去攻打。就是说，是史万岁故意兴兵发动战争的。当时文帝刚刚废了太子，问史万岁在哪里，杨素又说，在东宫。文帝大怒，不管史万岁怎样争辩，最终还是杀了他。太宗此时提起史万岁，是说他不会相信谗言谋害功臣，但实际上这里面也是话中有话、意中有意的，是要李靖自重，不要恃功骄横。

其实，李世民面对得胜回朝的李靖，有一种很复杂的心情。他的心里有一个疙瘩：你立了这么大的功劳，我应该给你摆庆功宴，可是我心里不踏实——你的功劳这么大，岂不是要功高盖主，以后还怎么用你呢？从唐朝开国以来，李靖是少有的，甚至是唯一能跟自己一样作为方面元帅的人，现在又立了那么大的功，继续效命的空间到底还有多大？但也不能见面就骂人家一顿吧，毕竟他打了那么个大胜仗，打败了突厥，为国家雪

---

① 《资治通鉴》卷一九三，第6078页。

耻，自己心里也是很高兴的。

萧瑀的弹劾报告，给了唐太宗一个恰到好处的机会，提供了一个话把子。李世民意不在责备李靖，只是要提醒一下他。

皇帝最怕大臣给他撤台阶，而萧瑀这种人是很会铺台阶的，正好在皇帝需要的时候，就给他铺陈了一个机会。这也是君臣之间一种难得的默契。唐太宗正好利用萧瑀的报告，对李靖敲打一下，让带着得胜者心态的李靖，回到一个应该有的心态上来，不要得意洋洋，更不要得意忘形。

其实，李靖本人也是有点高处不胜寒的感觉，被唐太宗这么一敲打，也很容易就回到平常心态了。

过了几天，唐太宗又找到李靖，跟他谈话，说前几天那个事情已经过去了，我也没有把它当回事儿，你也不要往心里去。唐太宗对他安慰了一番，而且重新赏赐给李靖两千匹绢，这在当时是一个很重的赏赐。

这就是"帝王心术"。太宗本人是明白的，李靖自然也明白。话中有话的那层意思，不须点破，彼此也都心知肚明。

到了贞观九年（635），李靖再次披挂出征，征服了吐谷浑，又为唐朝立了一大功。不过，像上次打突厥一样，李靖回朝，仍然未能顺利领赏。他的部将高甑生因延误军期被李靖按军法治罪，所以怀恨在心，告发李靖谋反。

功臣谋反这样一个敏感的话题，终于有人提出来了。唐太宗没有回避，冷静地直面其事。他派人调查，证实这是诬告。于是，判高甑生发配边疆。

无论诬告者是出于什么动机，李靖终于没躲开谋反的指控。这虽然不是李靖的错，但使他更加懂得高处不胜寒的道理。《旧唐书·李靖传》记载："靖乃阖门自守，杜绝宾客，虽亲戚不得妄进。"①

六、功臣善终的背后

李靖的结局是圆满的。贞观十一年（637），李靖改封为卫国公。贞观十七年（643），李靖被列为"凌烟阁二十四功臣"。贞观二十三年（649）四月辛酉，李靖病逝，享年虚岁八十。太宗下令准其陪葬昭陵，谥曰景武。此时，离唐太宗的驾崩还有不到一个月的时间。

李靖这样一个总是被谋反嫌疑笼罩着的人，能这样寿终正寝也算很不容易了。

当初，李靖打下突厥后，唐太宗给他升官，担任了尚书右仆射。这个职务是当然的宰相、最高行政长官。李靖每次参加宰相会议，凡事都保持沉默。史书称赞李靖"性沉厚"②。要不是这份"沉厚"，像李靖这样立下不世军功的大臣，又怎么躲得过兔死狗烹的结局呢？李靖的沉默中，含有多少智慧和无奈啊！

被高甑生诬告谋反之后，李靖更加懂得唐太宗的心思，也很明智地收敛自己。所谓功臣谋反，不得善终，这样的事例在历史上有很多。其中君主和功臣双方都有责任，但很多情况下是双方没有明白对方的意图，甚至也不明白自己的真实意图，阴差阳错，矛盾就激化起来了。

唐太宗和李靖这一对君臣，都是能够把阴谋当阳谋的人，

---

① 《旧唐书》卷六七《李靖传》，第2481页。
② 《旧唐书》卷六七《李靖传》，第2480页。

都承认功臣和君主就是有着很难克服又必须克服的矛盾，不会尽说些君臣同心同德的套话。只有承认矛盾，各自找准自己的位置，才能最终化解矛盾。这里面需要勇气和智慧，而且只有智商大体相当的君臣之间，双方的心思才能真正对接上。

贞观十九年（645），唐太宗亲征高丽受挫后，和李靖之间有一场深入的谈话。那本叫《唐太宗李卫公问对》的兵书，可能有些内容就是这一时期君臣讨论兵法的记录。其中有一段对话，涉及贞观后期的政治。

有一次，太宗问李靖道："卿曾说李世勣懂得兵法，天长日久还可以任用他吗？如果不是我亲自驾驭控制他，恐怕就不好使用了。将来太子李治即位后，怎么控制他呢？"

李靖对道："为陛下计，不如由陛下贬黜李世勣，将来再由太子起用他。那么他一定会感恩图报。这在情理上也没有什么妨碍！"[1]

无论对李世勣的这种安排是否真的由李靖提出来，后来的事实确实如此。其实，李靖在唐高祖李渊和唐太宗李世民的面前，就曾经历过这样的算计。李世民又哪里用得着李靖来教他呢？

唐太宗、李靖和李世勣，他们都是明白人。明白人之间玩心计，彼此也是心知肚明的。他们的结局，自然比那些死到临头还不知自己错在哪里的人要强得多。

---

[1] 吴如嵩、王显臣校注：《李卫公问对校注》卷下，中华书局2016年，第82页。

第十七章　唐太宗的托孤之臣

　　李勣是隋唐之际最富有传奇色彩的人物，这从他不断改换名字就可以看出。李勣出生于公元594年，比李世民大四岁，乃是曹州离狐（今山东鄄城西南）人，隋末徙居滑州之卫南（今河南浚县东南）。他本姓徐，名世勣，字懋功，民间传说中可以呼风唤雨、未卜先知的"半仙"徐懋功就是此人。后来他投奔唐朝后，被赐姓李，即唐朝的名将李世勣。唐太宗李世民去世后，为了避讳，他又改名为李勣。后来他的孙子徐敬业起兵反对武则天掌权，他又受到牵连而被削夺国姓，恢复徐姓，并被剖坟斫棺，李勣于是成了徐勣。武则天下台、唐中宗即位后，又给他恢复了李姓。所以后来唐朝国史上，他就一直以李勣的名字出现，在《旧唐书》和《新唐书》的记载中，他也都叫作李勣。

　　李勣的一生，经历了太多的政治风浪。他在隋末动荡中从瓦岗起家，后经历了唐朝开国以来至武则天时期全部的重大政治震荡，但一直没有受到冲击，所谓"历三朝未尝有过"[①]。这样的一个人，他有着怎样的人生传奇呢？

[①]《新唐书》卷九三《李勣传》，第3820页。

一、演义小说和民间传说中的徐懋功

徐懋功是瓦岗军的军师,看过《隋唐演义》和《说唐》等演义小说的人,都知道他是瓦岗军中的一位高人。民间传说他能前知八百年,后知八百年。这样神通的人物,在民间传说中前面只有诸葛亮,后面只有刘伯温。

他被民间传为神仙,直到今天,许多地方的百姓家中还供着徐懋功的神像。民间还一直有一种说法,就说他是诸葛亮转世。由于徐懋功在民间成了智慧的化身,有关他的传说有很多。据传:

徐懋功兄弟三个,懋功是老三,家有良田三十亩。他父亲临终前交代:弟兄三人每人当家一年,从老大开始。老大当家一年卖了十亩地,后老二当家,一年又卖了十亩地,轮到懋功当家时,懋功对二位兄长说:"你们要我当家可以,但必须听我的话。"二人表示同意,懋功不放心,又让二人签字画押。到了三月十五,麦穗刚刚发黄,懋功便让收割小麦,二兄长本不愿意,但已签字画押,只得照办。割完麦子后,懋功让二人将麦子垛起来,晚上又上房将瓦片揭去。二兄长心想:徐懋功真狠,我们两个卖地,你却把房子都拆了。不过虽然不愿意,但仍按照懋功所说的办。刚揭完瓦,便下起了冰雹,结果别人家的麦子都被砸倒,瓦片全被打碎。而由于徐懋功能掐会算,防患于未然,自己家的麦子和瓦片未受损伤。

在清朝人褚人获写的《隋唐演义》中,徐懋功是少年老成的谋士,瓦岗军中神通广大的军师。例如,徐懋功初识秦叔宝时,就对天下大势发表了一通高见,显示出其"足智多谋"的

一面。

小说中描写到，徐懋功当时只是一个少年，生得容貌魁伟，气宇轩昂，为潞州单雄信单二哥捎书与齐州秦叔宝。二人见面后，知道都是道上的英雄，于是摆下香烛，结为兄弟，誓同生死。说得投机之时，二人临流细酌，笑谈时务。期间，徐懋功分析了一番天下形势和各路豪杰的前景，他说："不出四五年，天下定然大乱，故此小弟也有意结纳英豪，寻访真主；只是目中所见，如单二哥、王伯当，都是将帅之才；若说运筹帷幄，决胜千里，恐还未能。其余不少井底之蛙，未免不识真主，妄思割据，虽然乘乱，也能有为，首领还愁不保。但恨真主目中还未见闻。"

秦叔宝问他觉得李密李玄邃如何？徐懋功认为此人自矜其才，用人也不是很准，说不上是真主。至于东阿程知节，三原李药师，都是一时英杰。说到他们自己，徐懋功认为，"战胜攻取，我不如兄；决机虑变，兄不如我。然俱堪为兴朝佐命，永保功名，大要在择真主而归之，无为祸首可也"[①]。而他们要选择的真龙天子，还是李靖说的，王气在太原，还当在太原图之。

这是小说家按照历史的结局做出的分析，但把看清形势的人物定为徐懋功，却是民间相信徐懋功足智多谋的反映。

那么，历史上的徐懋功到底是一个怎样的人物呢？他和唐太宗李世民之间，又上演着怎样的君臣关系的悲喜剧？

[①] 褚人获编著：《隋唐演义》，中华书局2009年，第256页。

二、豪侠少年徐世勣

历史上真实的徐世勣，家境不错，家里有很多的僮仆，粮仓还囤积着数千钟粟米，算是地方上富甲一方的大户了。不过，因为他的家族在此前并没有十分显赫的仕宦经历，所以只能算是个有钱人，而不是"门风优美"的大家族。

凭着家族的经济实力，徐世勣与父亲徐盖都十分乐善好施，时常扶危济困，而且不问亲疏，一视同仁。这样的性格，这样的家境，徐世勣自然成为当地青年中的领袖。他平日就喜欢和人交往，呼朋唤友、聚众嬉戏如同家常便饭，而广交豪杰，更是开阔了他的眼界，增长了他的见识。

青少年时代的李勣，最喜欢做的事情就是杀人。据唐人小说《隋唐嘉话》的记载，李勣到晚年回顾自己人生旅程的时候，曾经说过一段话："我十二三岁的时候，是一个无赖贼，逢人就杀；十四五岁的时候，是一个难当贼，谁要惹我不高兴了，我无不杀之；十七八岁的时候，就是一个好贼了，那时候我上阵才杀人；到了二十岁的时候，我已经是名满天下的大将了，那时候带兵打仗，是为了救人。"[①]

李勣说的十七八岁时候成了一个好贼，指的是他参加到翟让领导的反隋武装中去了。那时候，他叫作徐世勣。

隋炀帝大业末年，韦城（今河南滑县东南）人翟让聚众为盗，十七岁的徐世勣闻讯，投奔到翟让旗下。当时翟让的志向并不大，只想在当地杀人放火、打家劫舍。徐世勣听说了翟让

[①] 刘餗撰，程毅中点校：《隋唐嘉话》上，第10页。

的意图，便极力劝阻。徐世勣认为，翟让要想成就一番事业，必须借助家乡父老的支持，而不是以邻为壑、鱼肉乡里。于是，徐世勣针对翟让的情况，为他制订了一套发展计划。翟让听了之后，连声称赞，就按照徐世勣的建议行事，力量也一天比一天壮大，这就是日后叱咤一时的瓦岗军。

后来，李密逃亡到雍丘（今河南杞县），王伯当、徐世勣游说翟让奉李密为首领。李密领导瓦岗军的初期，年轻的徐世勣出了许多计策，包括打下黎阳仓，开仓放粮，救济灾民，扩大队伍，都是徐世勣的主意。当时的许多豪杰，如魏徵、高季辅、杜正伦、郭孝恪、戴胄等，都是徐世勣结交的好友。这些人后来到唐朝建立后，尤其是到李世民当皇帝后，都成为一时的名臣。所以，徐世勣获得了"有知人之鉴"的美誉。

换句话说，瓦岗军中的一大批英雄豪杰是徐世勣招揽来的，当初翟让起家的原班人马中，徐世勣是最核心的谋士和战将。他就是瓦岗军事实上的领袖，翟让和李密的影响力，都没有他那么深远。

不过，当李密在瓦岗军中站稳脚跟之后，抓住机会袭杀了翟让。徐世勣慌乱逃命，刚到门口，被几个大汉揪住，就要砍头。幸亏王伯当来得及时，单雄信也为他叩头请命。李密才制止了部下。

应该是王伯当和单雄信的话起了作用，李密放过了徐世勣，并扶他起来，带到自己幕下，亲自为徐世勣包扎伤口。这是徐世勣第一次在政治斗争中逃离了鬼门关。

事后李密令徐世勣、单雄信、王伯当分领瓦岗众人。

杀了翟让之后的李密，渐生骄矜之心，赏罚又不够分明，瓦岗众人中颇有不满者。于是在一次宴会上，徐世勣指责了李密。李密表面上虚心接受，但其实心下不满。在宴会上这是扫兴的事情。事后，李密找个机会，让徐世勣去镇守黎阳。嘴上说黎阳是重地，实际上无非是要疏远他。徐世勣在瓦岗军中的根基还在，他回到黎阳，与李密保持着一定的距离，静观天下时变。

徐世勣以黎阳为根据地，势力范围东至大海，南至黄河，西至汝州（今河南临汝），北至魏郡（今河南安阳），以今天地理概念来说，整个安阳以南、黄河以北的华北山东地区都在其管辖之下。

武德元年（618）李密在洛阳被王世充打败的时候，徐世勣仍在黎阳。当时李密想退到黎阳再徐图发展。这时候有个部下提醒他，说杀翟让的时候，徐世勣险些被杀掉，现在失败了去投奔他，恐怕徐世勣不接受。李密因此投奔到长安李渊那里去了。

三、投奔唐朝，获赠国姓

这时候，徐世勣就没有主人了。瓦岗寨起事的骨干力量都还在自己手里，而翟让和李密，一个死了，一个投奔了唐朝，那他徐世勣就应该是这支队伍的最高领导了。按理说，若要自己打个旗帜，立个名号，也未尝不可。

不过，经历了第一次生死考验的徐世勣，对自己的能力和天下形势有了更加明确的思考。正像小说里写的，他要寻找真正的天下英主，至于自己，只能是做一个立事立功的开国英雄。

不久，跟随李密入关的魏徵，受唐朝皇帝的差遣，前来劝降。也许窦建德也想到过要拉拢他,但还是晚了一步。

魏徵是徐世勣的老朋友,两个人可以推心置腹。尽管魏徵现在是唐朝方面的说客,但他们还是谈得很诚恳。魏徵对他分析道:"自隋末天下大乱以来,群雄纷纷揭竿而起,称霸一方。魏公(指李密)先随杨玄感起兵,后又加入我瓦岗,领导我瓦岗兄弟四处征战,败王世充,挫宇文化及,那功业不可谓不大了。为何他会选择归附唐朝呢?当然与战败不无关系,但根本上还是看到天命在唐啊。现在唐据有关中,兵强马壮,足以效法当年汉高祖刘邦,平定天下。"

所谓天命,那是自欺欺人的一套说辞而已,但是唐朝显示出了统一天下的实力,却是明眼人一看便知的。魏徵继续劝徐世勣:"你当初不就是想要在这天下大乱之际干出点名堂来吗?那就只有投奔唐朝,这是一个长保自身和子孙富贵的归宿。你目前统领着魏公旧地,威名震动天下。但是,如果据守在此,又没有巩固的后援,怎么保证日后不为人所败呢?到那时,死无葬身之地,再后悔就晚了呀。"①

魏徵是为了给自己邀功取宠,还是真的替徐世勣着想?应该是兼而有之,毕竟他说的都是真心话。徐世勣听完,略加沉思,最终决定了下来。

隔日,徐世勣命人打开粮仓,送粮给唐朝的前线将领淮安王李神通,支援他的作战。

在如何向唐朝投诚的问题上,徐世勣颇费了一番心机。他本可以挟着自己的实力,向唐朝方面摆摆谱,提点条件,我这

---

① 《旧唐书》卷七一《魏徵传》,第2546页。

么多的人马投奔你了，你给我安排个什么职务？也可以借机对李密报复一下，你当初差点把我杀了，现在你是兵败投唐，自然没有什么身价可言，而我是人家上门来请的，还掌握着土地人马，对唐朝来说，有更大的价值，我可以要求唐朝方面给我安排一个比你更高的职务。这样的方式，也许在李渊的预料之中。

但是，徐世勣没有这么做，他的选择大大超出了李渊的意料。徐世勣向自己的部下说："我乃是魏公李密的部下，这些土地人口，本都是魏公所有。如果我直接上表给唐朝皇帝，献上所据之地，那就是趁着自己主上失败而邀功，我不做这等可耻之人。现在我把所据的州县名数和军人户口，都报给魏公，由他来献给唐朝皇上，那就是魏公自己的功劳了。"[1] 徐世勣的意思是，我既不能邀宠，也不能贪功，要实事求是，凭自己的本事吃饭。

这么看来，徐世勣果真是条汉子，非常磊落。但是，联系他后来的表现看，总让人觉得这里面有很大的算计，而非一个直肠子的人可以干出来的事情。凭着徐世勣的聪明，他知道在这种时候，博得一个好的名声，比获得一个好的官职重要得多。

开始，李渊也对徐世勣的空手来降表示迷惑，但听完使臣的汇报后，不由得大赞："徐世勣真是一位纯正之臣啊！"因此给了他很高的封赏，任命为黎州总管，封为莱国公，并赐予国姓李氏，让他继续在黎阳为大唐守卫疆土。徐世勣从此就是李世勣了。

---

[1]《旧唐书》卷六七《李勣传》，第2484页。

徐世勣是武将中比较擅长表现的人。很多的武将，像李靖、秦叔宝、程咬金、尉迟敬德等，在疆场上叱咤风云，在政治上却都不怎么张扬。不过徐世勣算是一个例外。不能否认徐世勣感德推功的诚心，但他就是比许多人都更聪明，也更喜欢在关键的时候表现一下。

赐予国姓，是君主为了拉拢有特殊功劳、地位和社会影响的人而采取的政策。确切地说，赐姓的对象，主要是那些从敌对阵营，或不属于自己集团的外围团队投奔而来的人。自己人是用不着赐姓的。如果获得了皇帝的赐姓，就说明你原本不是皇帝的自家人，而是归化者。在太原跟随李渊起兵的人，自然没有必要获此殊荣。事实上，得到李渊赐姓的人并不多，而且都是割据势力的首领，在历史上影响最大的，也就是徐世勣和北平王罗艺。

李渊对李世勣的这个特殊赏赐，还有一重更深刻的考虑：他要对李密进行揶揄报复，让世人知道，只有他李渊才是真正能够笼络天下豪杰的英主。当年徐世勣对李密忠心耿耿，然而李密竟然没有给他一个"自己人"的身份，没有把他当成自家兄弟。今天我李渊就来做，我赐给徐世勣的姓，是我李唐的李，而不是你李密的李。徐世勣成了李世勣，他从此就是我的自家人了。因此，他所代表的社会势力，也就是我大唐王朝的社会基础了。

四、把"忠诚"坚持到底

武德元年（618）年底，李密投降之后不久，因为觉得李渊给自己的地位和待遇过低，而且自己的实力尚存，应该重整旗鼓，再干一番事业。于是，李密借机叛逃。李渊也明白这一点，就派人在李密出逃的路上将其杀害。因为李世勣曾经是李密的部下，所以李渊专门将李密叛逃被杀的事情告诉了李世勣。

李渊为什么要如此郑重其事地专门告知李世勣？难道他是担心李世勣当初是假投诚，要和李密里应外合？出于这种考虑的话，那他就是要用李密败亡的事实来戳穿他们的阴谋。或者说李渊是想以此警示或震慑一下李世勣，让他更加死心塌地地为唐朝效命。还有一种可能，李渊考虑到李世勣和李密曾经君臣一场，李世勣的投诚也是通过李密来进献土地户口的，所以李密出了这么大的事情，从礼节上应该通知李世勣。

无论如何，李渊都是想看看李世勣的反应。这对李世勣来说，又是一个难题。自己当初投奔唐朝，是以李密部下的身份投诚的。现在作为首领的李密叛逃而取辱，李渊把球踢给了自己。李世勣应该懂得李渊的心思，但他无所逃避，他必须表态。

一种方案是自己也跟着叛离唐朝，既然我的主公叛逃被杀，我自己还有什么理由留在唐朝呢？走这条路，是真正忠诚于李密的方案。但是，李世勣不是那样的人，他也用不着真的为李密去殉葬。

另一种方案是向李渊表忠心，说李密不是个什么好人，我早就知道他肯定要背叛你的。这就是抓住机会对李密埋怨一通，或者是糟蹋一番，撇清与李密的关系以博取李渊的谅解和同情。

然而，李世勣又一次出人意料。凭着存留在体内的一丝豪情和义气，也是为了要在重大政治变故的关口进一步表现自己，李世勣请求以下属的身份，收葬李密。李渊批准了他的请求。他便身穿丧服，与旧日部属一起，用葬国君的礼仪为李密举办了葬礼。

　　李世勣的这个举措，让李渊再一次对他刮目相看，甚至是佩服。表面看来，他是对李密尽忠，从头到尾都是忠诚于李密的。实际上，他都是在为自己挣名声，挣政治资本。只是他做得很漂亮，让人无话可说，无懈可击。

　　李世勣到底是忠诚还是虚伪？脱离真实的历史场景，我们已经很难下判断，只能说他很高明。

　　李世勣后来有一段时间被迫归降了窦建德，窦建德抓住了李世勣的父亲作为人质，就是想要留住李世勣。但是，李世勣最终还是选择了弃窦投李。李渊见到去而复还的李世勣，甚是高兴，或者说十分得意。

　　李世勣不仅对旧主"忠诚"，而且对朋友也"义气"。唐朝人刘餗撰写的野史《隋唐嘉话》和宋朝人王谠编撰的小说《唐语林》中，都记载了李世勣一次很讲义气的表现。①

　　武德三年（620），李世民、李元吉率兵征讨洛阳的王世充，李世勣参与了这次战役。王世充的队伍里，有一位李世勣的结拜兄弟，就是演义小说中的单二哥单雄信。李世勣与单雄信二人，当初都是瓦岗军中的大将，尤其是单雄信的武功很高，壮勇过人。李密失败后，单雄信投奔了王世充。现在，结拜兄弟在战场上成了各效其主的敌手。英雄讲究的是个"义"字，李世勣会如何对待这位义结金兰的兄弟呢？

　　有一次，好斗的李元吉亲自到王世充军前叫阵，王世充派

―――――――――
① 刘餗撰，程毅中点校：《隋唐嘉话》上，第9页；王谠撰，周勋初校正：《唐语林校正》，中华书局2008年，第421—422页。

单雄信出阵应战。单雄信的武功可比李元吉要高，一把长枪在李元吉身边不到一尺的地方飞舞，随时可以取了李元吉的性命。跟在李元吉身后的李世勣，被这架势吓住了。他赶紧大声连呼："好兄长，好兄长，请手下留情，这是我世勣的主公。"单雄信听到叫声，勒住马缰，收起长枪，回头对李世勣说："看在你的面上，今天就放过了他。"

不久，秦王李世民押着窦建德到洛阳城下，王世充被迫投降了。单雄信作为王世充的主要帮凶，欠了唐朝方面许多条人命，要就地正法。李世勣和单雄信当初结义，说过要同年同月同日死。现在单雄信要死在自己的眼皮底下，李世勣该如何是好？

行刑的现场，李世勣苦苦地向李世民求情，李世民断然拒绝。李世勣立了那么多大功，李世民怎么就不给他这个面子呢？李世民从来都是爱才惜才，可以为李靖求情，可以为尉迟敬德释怨，可他为什么就是放不过单雄信呢？

遭到拒绝后，李世勣只好哭着退开了。单雄信对着李世勣大声说："我就知道你不会为我办事。"他的言外之意是，我当初都看着你的面子，把你的主人放了，你看你这点出息，也不能为我求得一点情面。

单雄信的指责，对李世勣来说又是一道难题。他没有回避，也无法回避。当着单雄信的面，他充满义气地说："我与老兄曾经发誓，平生要共为灰土，我怎敢贪生呢。但是，我此身已经许给了大唐，忠义难以两全啊。再说，我真要陪着老兄去死了，你的老婆孩子该由谁来照顾呢？"说完，李世勣拔出佩刀，果断地在大腿上割下一块肉，送到单雄信的嘴边，喂给他吃，说：

"为了履行我们的誓言,只好割下这块肉陪着老兄去了。"单雄信毫不犹豫地吃了下去。

人生几多尴尬!李世勣真的是人精啊,他总是在别人看起来是一条死路的时候,走出一条活路来,而且处境越是尴尬,他就化解得越是成功,不仅保全了自己,而且赢得了声名,抬高了身价。

李世勣面对的更大尴尬还在后头,他要应对的,将是李世民给他出的难题。

五、远离权力,权力越大

武德末年,唐朝逐渐形成三个权力中心,格局愈来愈明显。三个权力中心之下,各有一班人马。宇文士及、萧瑀、封德彝等朝中力量,是高祖李渊的班底。魏徵、王珪、韦挺等,是太子和齐王的力量。长孙无忌、房玄龄、杜如晦、秦叔宝、程咬金、屈突通、尉迟敬德、张公谨等,是秦王李世民的力量。关键人物中倾向不明显的只有两个人,便是李靖和李世勣。

秦王欲发动政变,生死的较量在宫墙之内悄悄酝酿。当时之势,军事布局内重而外轻,京城之外,能够影响到朝局的力量,也只有两处:正是驻守灵州的李靖和驻守并州的李世勣。但是,李靖和李世勣出于各自不同的考虑,竭力置身于斗争旋涡之外。

秦王李世民对二李满怀期望,但得到的却是令他沮丧的回答。李世勣就是在并州躲过了玄武门之变。尽管李世勣没有表态支持李世民,但是李世民事后却对他更加看重。

贞观四年(630),打突厥的战争结束,李世勣被授予光禄大夫，行并州大都督府长史，仍然到太原去守卫唐朝的北疆。唐太宗把他看成是比隋炀帝的长城更有效的边防线。不久，李世勣遭父丧，依礼请求解除官职。唐太宗没有同意。按照当时的礼制，如果国家有紧急需要，丁忧的官员是可以"夺哀还官"的。后来唐太宗还将他的封号从高祖时期封的莱国公改封为英国公。他此后一直在并州任上待到贞观十五年（641），前后算起来，在太原任职达十六年之久。是唐太宗有意要疏远他吗？

直到贞观十五年，唐太宗终于念及李世勣之功，以李世勣在并州十六年，令行禁止，民夷怀服为由，任命他回朝担任兵部尚书。这才结束了李世勣的守边生涯。贞观十七年（643），封了凌烟阁二十四功臣，李世勣名列其中。

定了二十四功臣之后，太宗做的最主要的两件事，一是立太子并培养太子，二是出征辽东讨伐高丽。这两件事情，都与李世勣的后半生密切相关。

六、李世勣受命托孤

贞观十七年（643）四月，晋王李治被立为皇太子。唐太宗把李世勣调任为太子詹事兼左卫率，加位特进，同中书门下三品。就是让他做太子府的军事首长，同时兼任宰相。太宗对李世勣说："我儿新登太子之位，以前太子遥领并州大都督时，卿就一直任并州都督府长史。如今以太子委托你，所以授予你这些职位。虽说品阶上有点委屈你，卿也不要介意啊。"[1] 李世勣成了东宫的重臣，隐然也是日后托孤的重臣。唐太宗给予他格

---

[1]《旧唐书》卷六七《李勣传》，第2486页。

外崇重的地位。

李世勣得了一种疾病，药方说，胡须烧灰做药引就可以治疗。太宗于是自剪胡须，烧灰为李世勣和药。李世勣感动得涕泪纵横。太宗说："朕是为了国家社稷，卿不必如此拜谢。"

又有一次，太宗设宴招待朝臣。席间，太宗对李世勣说："朕欲将幼孤相托，思来想去，也没有比卿更合适的。公以前不负李密，现在又岂会负朕！"①李世勣涕泣致辞，并咬手指出血，用以表示自己的忠心。

李世勣应该听出了太宗的弦外之音，这是告诫，说严重点是警告。其弦外之音，有些类似于刘备对诸葛亮说的"如其不才，君便自取之"。表面听来，是信任，是嘱托，实质上包含着警告，包含着当众给予的一重制约。

而李世勣表现出来的，只能是对皇上信任的无限感激。他的内心当是打翻了五味瓶，于是拼命喝酒，至于沉醉。太宗于是脱下身上的衣服，盖在李世勣身上。史言"其见委信如此"。其实，君臣之间，脉脉温情之下已过了许多看不见的招啊。

凭着李世勣的精明，再大的尴尬，他总是能够应对过去。

在唐太宗立太子的问题上，李世勣本没有表示出任何的倾向性。他这种人，遇到的烫手山芋太多了，能超脱的时候尽量超脱，而且要超脱得不露痕迹。但是，他的能力和表现都太突出了，唐太宗不可能忽略他。

唐太宗是了解李世勣的，此人和李靖的性格大不相同，李靖可以明着敲打，是可以把自己对功臣的担心挑明来说的人，

---

① 《旧唐书》卷六七《李勣传》，第2486页。

而对于李世勣，只能把手段使在暗处。唐太宗临终之时，还是对他不放心。

贞观二十三年（649）四月，太宗临终前，对太子李治说："李世勣才智有余，但你对他无恩，恐怕不能怀服。我现在把他贬黜出去，如果他接到贬黜诏书就去上任，等我死后，你就把他召回来，用他做仆射（尚书省长官，当然的宰相），要重用他；如果他徘徊顾望，不肯离京，你就把他杀掉。"①

五月的一天，李世勣接到诏书，被外放为西南边地的叠州都督。李世勣接到诏书后，连家都没回就去上任了。

贞观二十三年（649）六月初一，李治即位，是为高宗。四日后，下诏以叠州都督李世勣为特进、检校洛州刺史、洛阳宫留守。从这时候起，为了避太宗李世民的名讳，李世勣改名李勣。又过了十六日，高宗以李勣为开府仪同三司、同中书门下三品，召回朝中担任宰相。九月乙卯，以李勣为左仆射。永徽四年（653）二月，李勣为司空。

李勣没有辜负唐太宗的托付，辅佐唐高宗把天下治理得很有成就，他自己也终于位极人臣，做到了宰相和三公。

到永徽六年（655）唐高宗"废王立武"的时候，李勣又一次娴熟地运用了他明哲保身的圆通哲学，通过一句遮遮掩掩的"此陛下家事，何必更问外人"②，坚定了高宗摇摆不定的意志，结果立武氏为皇后的想法就变成现实了。李勣也因此担当了册立武氏为皇后大典的主持人。

---

① 《旧唐书》卷六七《李勣传》，第2487页。
② 《资治通鉴》卷一九九，第6291页。

李勣为唐朝做的最后一件大事，就是作为前方总指挥，从高宗乾封元年（666）十二月到总章元年（668）九月，带兵打下了高丽。太宗没有完成的征辽东的任务，在高宗年间终于完成。

　　李勣是唐朝开国功臣中活得最久的一个，而且活着的时候，享尽了作为大臣的所有荣耀。唐高宗的时候，还为他重新在凌烟阁画了像；病重期间，唐高宗派医送药；去世之后，唐高宗为了表彰他征讨高丽的功劳，下令把他的坟冢堆成高丽境内三座大山的样子。

　　李勣的一生，用自己的聪明才智和胆略，化解了太多的世间尴尬，不仅保全了自身，也为大唐的事业作出了伟大贡献。李勣是一个有大智慧的人，或者说是精明到家的人，但是他不是奸巧之臣。李勣的晚年，对世间情意看得很重，对生死很豁然。李渊当年曾经称他是"纯臣"，后人也许还是觉得他机巧圆滑，但是他晚年侍奉病中寡姐的表现，一定会令人感动。

　　《隋唐嘉话》和《大唐新语》等唐人笔记，都记载了这件事：担任了尚书仆射的李勣，在姐姐病重期间，坚持亲自为她熬粥，有一次，火烧得大了，把胡须都烧掉了。姐姐心痛地说："家里那么多奴仆、佣人，你何必自己这么辛苦呢！"李勣动情地说："哪里是因为人手不够呢，只是想到姐姐年纪老了，我也年老了，即使想长期为姐姐熬粥，那都是一种奢求了，又如何可能呢？"①

---

　　① 刘餗撰，程毅中点校：《隋唐嘉话》上，第9页；刘肃撰，许德楠、李鼎霞点校：《大唐新语》卷六《友悌》，中华书局1984年，第84页。

第十八章　唐太宗的权力交接

唐太宗即位以后，政治上有过三次重大转变。第一次是贞观四年（630）前后。贞观三年，老相裴寂被罢去宰相之职，太上皇李渊迁出太极宫，唐太宗开始在太极宫听政，政治上的贞观气象开始真正显现出来，人们对政局动荡的担忧彻底消除了。贞观四年初打败了长期威胁唐朝北境的东突厥，也给全社会带来了一种新的景象和信心。贞观四年的年景也好，粮食生产走出了前几年的低迷，而且由于在前几年的自然灾害中，百姓感觉到了朝廷和地方政府对民众生活的关心，整个社会形成了一种少有的凝聚力和向心力。所以司马光在《资治通鉴》里把"贞观之治"局面出现的时间定在贞观四年。第二次是贞观十年（636）前后，以长孙皇后的去世为转折，唐太宗和整个贞观朝政都发生了一些明显的变化。第三次是贞观十七年（643）前后，当年的太子废立事件，无异于政治上的一场大地震。

一、唐太宗政治作风的转变

太宗原本就有气疾，大概是属于心肺方面的疾病。随着年龄的增加，身体状况更是明显下降。贞观七年（633）五月至十月，贞观八年（634）三月至十月，太宗都到九成宫去避暑。贞观九年（635），做了十年太上皇的高祖李渊去世。贞观十年（636），四十岁的太宗又失去了贤明恩爱的长孙皇后。这一连串的打击，使太宗在政治上的锐气大挫。

加上多年的政治社会稳定，经济不断恢复发展，太宗的思想和心理变了，一方面，太宗的骄满情绪明显增长。另一方面，太宗的心态也明显的老化。与以前破除迷信、积极进取形成鲜明对比的是，他开始转入对往事的回顾和身后事的关注。朝中政局也变得不如以前那样稳定和明朗了。

贞观十三年（639），魏徵特地上疏，明确指出这些年以来，太宗在十个方面都有"渐不克终"的苗头，提醒他要防微杜渐。其中一个就是滥用民力，还说百姓没有事情干就生骄逸之心，只有让他们多服劳役才容易管束。这与贞观前期的"安民之道"无疑是天差地别。太宗看了，深表赞赏，跟魏徵说："卿所上疏，朕已经令人写在了屏风上，可以方便常常观看，提醒自己。"[1]

从贞观中期以后，社会秩序和社会风气也有了变化。据《资治通鉴》记载，贞观十六年（642）七月，唐太宗下了一道诏书："自今有自伤残者，据法加罪，仍从赋役。"[2]当时的情况是，社会上还有一些人自残肢体，以逃避官府征发徭役和兵役，而谓之"福手""福足"。虽然司马光把这种情况解释为隋末以来的"遗风犹存"，实际上是贞观时期社会上出现的新动向，反映出唐朝政府对民生的关注在削弱。

---

[1]《资治通鉴》卷一九五，第6147页。

[2]《资治通鉴》卷一九六，第6176页。

贞观十七年（643）七月，长安还发生了一起谣言引发的人心恐慌事件。谣言的内容是，皇帝要派枨枨（一种传说中的魔怪或武士）来杀人，取人心肝，用以祭祀天狗。《唐会要》的记载非常详细："其年（贞观十七年）七月，京师讹言，官遣枨枨杀人，以祭天狗。云其来也，身衣狗皮，指如铁爪，每于暗中捕人，必取人心肝。更相震怖，皆彀弓矢以自防。"[1]尽管谣言显得很荒唐，但确实闹得京城百姓人心惶惶，唐太宗被迫派人走街串巷，进行解释和安慰，经过了一个多月才平息下来。

这个谣言为什么会出现在贞观十七年？贞观十七年，是唐太宗统治后期十分关键的一年。志得意满的唐太宗在贞观十一年以后逐渐松懈，不大能接受尖锐的意见，在个人生活和治国理政方面都逐渐朝着骄奢淫逸的方向发展。而太子李承乾与魏王李泰之间又爆发了储位之争，将很多朝廷重臣都卷入了这个政治旋涡。终于，在贞观十七年四月，唐太宗废太子李承乾、贬魏王李泰，这一结果震动朝野。

二、太子谋反事件

长安城里的谣言和恐慌发生在贞观十七年（643）七月，而太子谋反和改立太子的事情发生在这年的四月。二者之间有着一定的因果关系。

所谓太子谋反，是一次未遂的武装政变，是因为另外一个谋反案而被牵扯出来的。

贞观十七年三月，唐太宗的第五个儿子齐王李祐在他担任

---

[1]《唐会要》卷四四《杂灾变》，第926页。

都督的齐州（治今山东济南）举兵造反。上一代的齐王被李世民在玄武门杀死了，自己儿子中的齐王又造反了。看来，这齐王在唐朝真是一个不吉利的封爵。

齐王为什么要造反？答案很简单，就是人性中的权欲加上皇位继承制度中的漏洞。由嫡长子继承皇位是帝制中国的一个不成文法，但是，这个规定没有形成配套的制度保障。应该说，唐初的皇位继承制度还很不严密，尤其是唐太宗本人通过政变夺取皇位，给儿子们开了一个皇位可经营而得的先例。

贞观十年（636），李祐被授任齐州都督的时候，他的舅舅阴弘智就对他说："齐王你兄弟既多，等皇上百年之后，你须得有一些武士来自助"[①]，并把自己的妻兄燕弘信介绍给李祐。李祐让燕弘信暗中招募剑客，开始夺权的谋划。李祐的野心很早就形成了，所以表现得很不听太宗的话。

李祐王府的幕僚权万纪，是太宗选派去教育和监督他的。可是，李祐嫌他管得太多，太严格，而且仗着太宗的支持，对自己颐指气使，于是决定把权万纪给杀了。不料风声走漏，权万纪知道后，把李祐手下的刺客都关起来，并向太宗报告。贞观十七年，太宗下令就此进行调查，并要李祐和权万纪都进京接受调查。李祐害怕，就派人在路上把权万纪射杀了。在这种情况下，李祐招兵买马，起兵造反。

这虽是一个亲王在地方的造反，但对于唐太宗来说，儿子要造自己的反，也让他非常吃惊。

更让他吃惊的是，李祐造反的案件竟牵连出太子承乾谋反

[①] 《旧唐书》卷七六《太宗诸子·李祐传》，第2657页。

的事情。这里面的关键人物，是一个名叫纥干承基的刺客。他是一个职业杀手，最主要的雇主是太子承乾，但同时又受雇于齐王李祐。当李祐谋反事件被镇压后，纥干承基暴露了，这当然是死罪。此人的职业道德还是不够好，在狱中就把受雇于太子的事情招供了。就这样，太子谋反的事情暴露了出来。

唐太宗尽管对太子早有不满，但绝对没有想到他有胆量谋反，事情一败露，无异于一场晴天霹雳。纥干承基把一切都抖了出来，唐太宗坐不住了。他下令由大理寺和中书、门下两省组成会审法庭，朝中元老长孙无忌、房玄龄、萧瑀、李世勣等都参与审判。

经过周密的调查，太子承乾要谋反，已经是证据确凿。而且据纥干承基招供，还有一个谋反的组织，包括汉王元昌（太宗的弟弟）、兵部尚书侯君集（开国功臣、太宗的亲信）、左屯卫中郎将李安俨（故太子李建成的部下，因为忠于建成而受到太宗的信任）、洋州刺史赵节（太宗姐姐长广公主之子）、驸马都尉杜荷（杜如晦之子、尚太子之女城阳公主）等。他们与承乾结成生死同盟，要发动兵变，夺取皇位。这些人私底下搞得还很壮烈，都割破了自己的手臂，用帛揩拭手臂上的血，然后烧成灰，和到酒里面一起喝下去。

汉王元昌因为被太宗批评过，心中有气。他鼓动太子谋反的直接目的，是为了一个美女。他不断劝说太子造反，并说："最近看到皇上的身边有一个绝色美女，琵琶弹得又好，事成之后，把她赏给我就好了。"[①] 杜荷的主意更大胆，他给太子建议

---

① 《旧唐书》卷六四《汉王元昌传》，第2425页。

说，最近天象有了变化，要加紧行动，只要太子殿下假称得了急病，快要不行了，皇上就会亲自来到东宫探视，我们可以乘机下手，以成大事。

等到齐王李祐宣布造反后，太子承乾对纥干承基等人说："我东宫的西墙，离皇上所在的大内只有二十步远，我们谋划的大事，怎么能跟齐王的瞎折腾相提并论呢！"[1]言下之意对谋反是志在必得。

太子为什么要谋反？太子就是法定的接班人，他为什么如此迫不及待？太子最初针对的谋杀目标是魏王李泰，他和李泰又有什么深仇大恨呢？

我们来看一下唐太宗的儿子们。

三、唐太宗的儿子们

唐太宗总共生有十四个儿子，二十一个女儿。其中和长孙皇后所生的，有三男三女。这三个儿子分别是长子承乾、四子魏王李泰、九子晋王李治。

长孙氏于大业九年（613）以十三岁的年龄嫁给了李世民。那个时候，李世民虚岁十六。四年后，也就是李渊和李世民在太原起兵后攻下长安的那一年，长子承乾出生于长安的承乾殿。次年，魏王李泰出生。李治于贞观二年（628）六月，生于东宫之丽正殿，比承乾和李泰小十来岁。

十四个儿子中，有名的还有杨妃（隋炀帝的女儿）所生的吴王李恪、蜀王李愔，阴妃所生齐王李祐，以及故齐王李元吉

---

[1]《旧唐书》卷七六《恒山王承乾传》，第2649页。

的妃子杨氏所生的曹王李明等。

唐太宗的后宫生活中，除了长孙皇后之外，感情最深的，就是隋炀帝的女儿杨妃和齐王元吉的妃子杨氏，所以她们的儿子也就有了比较大的活动空间。

四、太子承乾的性格与经历

承乾是李世民的长子，也是他跟长孙氏的第一个儿子，是名副其实的嫡长子。因为出生在李世民为藩王时居住的承乾殿，所以取名为承乾。武德三年（620），李世民还在做秦王的时候，承乾被封为恒山王。这个封号也是他后来进入史书的称号。武德九年（626），李世民即位为帝，九岁的承乾就封为皇太子。

少年的承乾，因为自己的聪敏，很得唐太宗的喜爱。贞观九年（635），太上皇李渊去世。虽然李渊有遗诰，让李世民照常处理军国大事，可李世民还是坚持守丧，将国家事务交给了太子去处理。承乾此时已经十七八岁，是长大成人的太子，代理朝政也很有模有样，所谓"庶政皆令听断，颇识大体"[1]。从此以后，太宗每次外出行幸，都是由太子代理朝政，他把一切都处理得井井有条。看来他的培养一帆风顺，只等着将来接班了。

可是，为什么后来会发生那么大的变故呢？

首先是太子开始放松了对自己的要求。一切都是那么的顺利，他开始忘乎所以起来。长于深宫的太子，不知道政治的险恶，不懂得治国的艰难。而且，由于唐太宗在贞观前期把精力

---

[1] 《旧唐书》卷七六《恒山王承乾传》，第2648页。

都放在治国理政上,也没有抓紧对太子的教育。这样,太子就变得为所欲为。史书上说他长大以后,"好声色,慢游无度"①。而且,他变得善于伪装,形成了两副面孔。每当面对太宗,或者自己处理朝政的时候,说的都是忠孝之道,但退朝以后就胡作非为,干出一些乱七八糟的事情。一旦他知道东宫的官员要向他提意见的时候,他就主动作自我检查,每次都深刻反省,以此堵住大臣们的嘴。

他特别爱玩一些声色犬马的游戏,这与一个太子的身份是极不相称的。例如,太常寺有一个乐童,是一个十来岁的美貌男孩,美姿容,善歌舞。太子承乾有恋童癖,把他据为己有,给他取了个肉麻的名字,叫"称心",同吃同住。同时还有两个道士参与其中,搞一些乱七八糟的把戏。唐太宗知道后,非常生气,把这个称心和道士们都抓起来杀掉了,而且狠狠地臭骂了太子一顿。

一段时间以来,承乾觉得太宗对自己有偏见,因为自己患了足疾,行走不便,而魏王李泰总是想法去讨太宗的喜欢。他对这个弟弟很恼火,觉得他时时在背后说自己的坏话。称心被杀,承乾就觉得是李泰向太宗揭发的,对他恨得咬牙切齿。称心死后,承乾难过至极,专门在东宫给他设立灵堂,日夜祭奠,而且搞了隆重的安葬仪式。太宗对此很生气,而承乾居然和太宗对着干,干脆赌起气来。《旧唐书·恒山王承乾传》记载,"承乾自此托疾不朝参者辄逾数月"②。

---

① 《旧唐书》卷七六《恒山王承乾传》,第2648页。
② 《旧唐书》卷七六《恒山王承乾传》,第2648页。

其实，承乾确实有些娱乐过度。他喜欢与汉王元昌玩打仗的游戏，一天到晚大呼小叫，各统一队人马，被毡甲，操竹槊，摆开阵势，对打起来。打得头破血流，他就高兴。有不听话的，他就用树枝抽打，甚至将人打死。有人提意见，承乾的回答却能把人噎死。他说："使我今日作天子，明日于苑中置万人营，与汉王分将，观其战斗，岂不乐哉！"又说："我为天子，极情纵欲，有谏者辄杀之，不过杀数百人，众自定矣。"①意思是说，等我当皇帝了，我给你们来个更大的玩法，看你还能说什么？他确实太偏执了。

承乾对北方游牧民族的习俗情有独钟。他的东宫里，常年有数十上百个男女奴婢，专门学习胡人的音乐、舞蹈和杂技，服饰也完全按照胡人的打扮，一天到晚纵情歌舞，鼓角之声，日闻于外。他还不满足于让下人在音乐舞蹈方面模仿北方民族，自己也要仿效突厥的语言、服饰和生活习惯。他为了玩刺激，就招募一些逃亡的奴婢，让他们去民间偷牛马，制作了专门烹饪牛马的铜炉和大鼎，偷回来后就和这些人一起煮了吃。他还让长得像突厥人的手下，五人为一个部落单位，把头发辫起来，披着羊皮，玩突厥人牧羊的游戏，自己则扮作突厥的可汗，设穹庐而住在其中，要各个部落给他上交羊群，然后他就地烹羊，用刀割肉，大吃大喝，俨然过起了突厥可汗的生活。他甚至装死，来模仿突厥可汗死后的丧葬仪式，让手下人在脸上划几道，围着他号哭。

这些事情，除了收捕处死称心以外，唐太宗都是后来才知

---

① 《资治通鉴》卷一九六，第6190页。

道的，不构成唐太宗对他失望的直接原因。但是，承乾的所作所为，自然会影响他的精力，在太宗面前的表现就越来越不如人意。表面一套，背后一套，时间久了，总是会看出来的。加上承乾原本腿脚就不好，太宗对他越来越表现出不满。

五、太宗对魏王李泰的偏爱

李泰也是长孙皇后所生，在太宗和长孙皇后所生的儿子中，排行老二，比承乾小一岁。帝王家的老二，总是一个敏感的角色。这个李泰，从小就爱读书，会写文章，总是希望找机会表现自己。

唐太宗本人的性格当中，有两个看似矛盾的方面：一是有北方游牧民族勇猛好斗的习性，另一方面又爱好南朝的文化。不过，在他身上，这两方面基本能够协调统一起来。他的这两个儿子，分别遗传了一个方面。随着年岁的增长，以及国家治理形势的变化，唐太宗越来越偏向喜欢南方文化而不是北方草原的游牧文化。这就埋下了兄弟相争的隐患。

由于李世民的弟弟李元霸早死，所以李泰在武德年间被封为卫王，继承李元霸的爵位，算是过继给李元霸。这应该是高祖李渊的主意。继承李元霸的爵位，无疑是一个很高的荣誉。毕竟，在李世民的众多儿子中，李泰的地位仅次于太子承乾。

但是，李世民即位为帝后，并不愿意把这个儿子过继给李元霸。贞观二年（628），李泰改封为越王，唐太宗安排另外一个地位不高的宗室成员，继承李元霸的爵位和封号。

太宗对李泰非常喜欢，多有偏爱。由于李泰爱好文学，唐太宗特命李泰在王府中开设一个文学馆，准许他可以自己召引学士，讨论文学。这是一个非同寻常的举措。从武德时期过来的人，闻及此命，谁不暗中联想到当时秦王府的十八学士？可大家都不敢直接提起那一段往事。

李泰身材肥胖，腰腹洪大，每次去上朝，行礼时弯腰叩拜都显得很吃力，尤其是骑马或走路上朝，更是气喘吁吁。太宗下令，以后李泰可以坐小轿子，让人抬着来上朝。这就宠得有点过头了。尤其是太子承乾，看在眼里，恨在心里，心想我的腿脚也不好，都没见你这么关心过。

贞观十年（636）年底的时候，有人告状，说朝中三品以上的官员，许多人对魏王很轻视。这告状的人一定是一个马屁精，他嗅到了唐太宗内心里对魏王李泰的偏爱，故意挑起事端。

果然，唐太宗一听到有人轻视魏王李泰，马上产生了过度的反应。太宗很生气，把三品以上的官员召集来，满脸怒气地责问道："隋文帝的时候，朝中一品以下的官员们，经常被亲王折辱。那不都是天子的儿子吗？隋文帝的儿子敢那样，朕的儿子为什么不敢？只是朕对儿子管教得比较严格，他们才收敛自己。听说你们三品以上的官员，都轻视我的儿子们，如果朕纵容他们，你们还不是要受辱吗？"

房玄龄等人看到太宗如此生气，都吓出一身冷汗，不禁诚惶诚恐，连忙跪下谢罪。大家都明白，太宗是为了魏王，嘴上说的是大家轻视"诸王"，对他的儿子们看不起，其实，要轻视别的人，他也不会生这么大的气。

只有魏徵并不谢罪，而是稍作镇静后就正色说道："臣以为当今群臣，一定没有敢于轻视魏王的。"众人都心中一紧，魏徵不仅要进谏，还直接将魏王提了出来。尽管大家都知道唐太宗在回避偏爱李泰的话题，但魏徵就是要把话点破，要正面指出太宗对魏王偏心得太过了。点出了魏王李泰，在场的人一定都倒吸了一口凉气。魏徵接着讲了一通大臣和亲王地位平等的道理和礼仪上的规矩，并指出太宗的话说得不得体。他说："隋文帝娇纵诸子，致使他们多有不遵礼仪的行为，最终使得家破人亡，又怎么值得效法呢？"①意思是说，你再偏心，心疼魏王，听到一点有人对他不恭敬的话，也不能气急败坏到这等地步吧，把隋朝皇帝娇纵儿子们的例子都搬出来，那可是亡国的教训哪！

太宗听了这番话，也意识到自己确实理屈。但还是作出了一个规定：三品以上官员，遇到亲王，均要下车避让。

对于这次君臣之间的争论，许多人都明白，魏王的问题，不仅仅在乎礼节的轻重、上朝时站队的位置等表面形式，而是太宗的心里对于接班人的人选发生了动摇。

一些正直的大臣希望能够提醒太宗，不要因为情感的偏斜引起政治上的震荡。贞观十二年（638）正月，礼部尚书王珪上奏："前两年作出的那个规定，即三品以上官员遇到亲王均要下车避让，这不合乎礼节。"

太宗对这个问题非常敏感，几乎是脱口而出地说道："你们自认为地位尊崇，就轻视朕的儿子们吗？"

王珪一时不敢对答，魏徵却说话了："按照礼仪，诸王之位都在三公之下，今三品皆九卿、八座，相当于古之三公，要求他们为诸王降乘避让，确实有所不当啊。"

太宗一听很生气，情急之下，说了一段很暴露心迹的话。

---

① 《资治通鉴》卷一九四，第6123—6124页。

他说:"人生在世,寿命难料。万一将来太子有什么不测,你们怎么知道其他诸王不会成为尔等之主!如何敢轻视他们!"

王珪、魏徵这些人,真的把太宗心里盘算了许久的想法逼出来了。

魏徵心中暗想,太子固然有足疾,可是仍然备位东宫,陛下怎么真的就有了此种想法。难道真是有了以魏王取而代之的心思?这于国家社稷可是大大不利。魏徵想罢,面不改色地说道:"自周以来,王位传袭,都是父子相继,不立兄弟。此乃是为了防止不轨者窥伺皇位,制止祸乱,为国者应该深为戒备。"魏徵在这里其实要堵住太宗的嘴,用父子相继的道理,断绝改立魏王李泰的想法,把太子承乾接班说成是不可改变的事实。即使以后承乾不在了,也不可能由魏王来接班。魏王李泰是永远不可能成为一国之君的!

太宗听了,感到心中一惊,惊讶自己竟然说出那样的话来,确实不该。于是点了点头,准了王珪的奏请[①]。

太宗在接班人的问题上,其实已经陷入了深深的矛盾之中。而他对魏王的偏爱,却在这种矛盾心理中不断滋长。

贞观十二年(638),司马苏勖以自古名王多引宾客,以著述为美,劝李泰奏请编撰一部叫《括地志》的书。李泰于是给太宗打报告,把著作郎萧德言、秘书郎顾胤、记室参军蒋亚卿、功曹参军谢偃等文人抽调到自己的王府,从事修撰工作。到贞观十五年(641),《括地志》一书修成了,上表进呈给太宗。太宗下诏,把书收藏到皇宫的图书馆,赐给李泰一万段丝织品作

[①]《唐会要》卷二五《亲王及朝臣行立位》,第558页。

为奖赏，萧德言等参加修书的人也都得到不同数量的赏赐。过了不久，又每月给李泰增加俸禄，其标准超过了给皇太子的拨款。而且，对李泰有求必应。

贞观十四年（640），太宗还亲自来到李泰在延康坊的宅第视察慰问，并因此赦免了雍州及长安大辟罪（死罪）已下的犯人，免除延康坊百姓当年的租赋，又赐给李泰王府里各级官僚大量的财物。他给李泰的面子也太大了。太宗的心思，朝中大臣都看得更明白了。

面对这些非常规的举措，谏议大夫褚遂良上疏进谏，很严厉地指出了唐太宗这么做是违背了"圣人制礼，尊嫡卑庶"的原则，并明确指出他那是"私恩害公，惑志乱国"[1]。但是，太宗还是听不进去。

不久，太宗又令李泰入居皇宫近便之处的武德殿。侍中魏徵上奏说："臣知陛下爱魏王，常常想令其安全。可是陛下也要防止魏王生出骄奢之心，只有严格要求，才是对他真爱。本来皇上准许魏王乘小轿子来上朝，已是殊荣。现在皇上更令魏王移居武德殿。此殿在东宫之西，原来是海陵刺王的居所。虽然时异事异，但时人都以为不可。皇上要让魏王住在那样的嫌疑之地，只怕魏王自己心中也会不安的。"李元吉死后追封海陵刺王，武德殿就是他为齐王时的住所，紧邻东宫，与皇帝起居之所也很接近。

太宗这次听进去了，醒悟过来后，说："差点就犯了个错误

---

[1]《旧唐书》卷七六《濮王泰传》，第2654页。

啊。朕马上让魏王返回原来府第。"[1]

这些提醒，尽管唐太宗表面上听进去了，但对李泰的偏爱，却已经滋长了李泰的野心，也引起了朝中大臣们的猜测。一场暗中的较量因此悄悄展开了。

凡天下事，无不是当局者迷，旁观者清。兄弟相争的痛苦与无奈，谁能比太宗体会更深。可是他却没有发觉，或不愿意正视，自己的偏爱正把儿子们引上一条不能回头的争权之路。

六、兄弟之争的重演

毫无疑问，是唐太宗对魏王李泰的偏爱，导致了李承乾和李泰兄弟之间的皇位继承权之争。

对于可能发生的兄弟之争，不是没有人提醒，魏徵、褚遂良等人都已经把话说得很明白，唐太宗也不可能完全没有意识到。太宗多次更换太子东宫的官员，选拔那些正直的、有威望的大臣做太子的老师，如太子詹事于志宁、太子右庶子张玄素等，后来还以魏徵为太子太师，这都是想要把太子教育好，并维护其地位。唐太宗尽管对魏王李泰有偏爱，但是从来也没有说过要改立太子。

其实，问题主要还是出在李泰身上。由于太宗的偏爱，他开始谋划把太子挤下去，自己来做接班人。帝王家的老二，往往是宫廷斗争中的麻烦制造者。

当唐太宗的偏爱越来越公开以后，李泰的野心就逐渐付诸行动了。他把驸马都尉柴令武、房遗爱等二十余人都拉拢过来，

---

[1] 《资治通鉴》卷一九六，第6174页。

厚加赠遗,寄以腹心。还有曾经担任李泰王府官的黄门侍郎韦挺、工部尚书杜楚客等,也都出面为李泰交结朝臣,公开地拉帮结派。

朝廷上的分裂因此出现了。文武群官,各有附托,自为朋党。

前面说过,朝中一些元老级的大臣如魏徵、王珪、褚遂良等,都主张维持承乾的太子地位。后来参与承乾谋反的人,只是少数。可是,对于李泰来说,他要夺权,就必须积极拉拢一些支持者。

在李泰的支持者中,房遗爱是房玄龄的儿子。尽管他和高阳公主谋反被杀是在高宗时期,但在贞观年间,就已经介入承乾和李泰的皇位之争了。柴令武是柴绍和平阳公主所生的儿子,娶了唐太宗的女儿巴陵公主,是唐太宗的驸马兼外甥,因高宗时期参与了房遗爱谋反事件而被杀。韦挺是贞观名臣,是李世民网罗的原太子李建成的部下。杜楚客是杜如晦的弟弟。杜如晦的儿子杜荷暗中支持太子谋反,是太子党,而杜如晦的弟弟则是忠实的魏王党。权力之争并不以家族分野,更不论地域和阶级了。

魏王李泰的支持者,大都是开国功臣的子弟。尽管和太子的那些支持者情况稍有不同,但他们都是最有资格介入皇室内部的权力之争,有动力在政治变动中捞取新的政治资本的皇亲国戚,也都是唐太宗最亲信的人。而与唐太宗保持着一定距离的人,如魏徵、李靖和李勣等人,在这个问题上却有着相当的警惕,尽量不卷入皇室内部的争斗中去。

嫌隙已生,在关系到权力之争的问题上,双方只能进一步走向猜忌和防范。兄弟之间正在暗中较劲的时候，齐王李祐的谋反，把问题暴露出来了。

回到前面提出的问题，太子为什么要谋反？是因为魏王李泰的逼迫所致。而李泰之所以敢于挑战自己的地位，是由于太宗的偏爱。所以，李承乾除了想谋杀李泰，还计划发动政变逼迫太宗交权。

那么，问题出来以后，唐太宗将如何处理呢？

七、唐太宗的艰难决断

贞观十七年（643）四月，接到刺客纥干承基揭发太子谋反的报告后，唐太宗把太子李承乾召到身边，并在一间闲屋里关了起来。接着下令由司徒长孙无忌、司空房玄龄、特进萧瑀、兵部尚书李勣、大理卿孙伏伽、中书侍郎岑文本、御史大夫马周、谏议大夫褚遂良等人组成特别法庭，进行会审。结果事皆明验，李承乾被废为庶人，流放到黔州安置。

李承乾出发之前，太宗见了他一面，并严厉地进行了训话。李承乾说："臣贵为太子，更何所求？只是被李泰所逼，特与朝臣谋自安之道。而有几位大胆凶徒，遂教臣为不轨之事。现在您若要立李泰为太子，就真的落入他设下的圈套内。"[①]李承乾在自己的政治前途断送之后，还不忘提醒太宗。他的这番话，唐太宗能够听得进去吗？

结果是唐太宗听进去了，他没有立魏王李泰，而是立了一个没有卷入争斗之中的晋王李治。为什么唐太宗能够听取一个

---

① 《旧唐书》卷七六《濮王泰传》，第2655页。

谋反的太子的建议呢？

因为李承乾的话让他意识到大臣与皇子的结托是非常危险的信号，搞不好会导致国家的动荡和分裂。所以，太宗听了李承乾的话后，对身边的大臣们说了一段很理智的话，他说："李承乾说的也对。我若立李泰，便是储君之位可经求而得耳。而且，立了李泰，承乾和晋王都难有活路；如果立晋王，则李泰和承乾都可以继续活下去。"①

太宗当即采取行动，把李泰关了起来。随后下诏解除了李泰的雍州牧、相州都督、左武候大将军等职位，降封东莱郡王。

就在太宗作出这个决定之前，他还是想过要立李泰为太子的，并且当面答应过李泰。加上李泰还有几位支持者，如宰相岑文本和刘洎，因此在承乾谋反事发之后，李泰也是一个自然的选择。但除了李承乾临行前的提醒，李泰自己的一句话，最终断送了他的前途。

他听太宗有意立他为太子之后，去跟太宗说："有父皇这话，儿臣觉得像获得了新生一样，仿佛今日才真正成了陛下的儿子。儿臣不会让父皇为难的。儿臣有一个儿子，身死之日，当为父皇杀之，传位晋王。"②

次日，太宗召集群臣，商量立太子的事情。他说："昨日青雀（李泰的小名）在朕怀中说，愿意死后杀掉儿子，将皇位传给晋王。这孩子真是善解人意。"他想要长孙无忌改变主意，因为长孙无忌是支持立晋王李治的。

---

① 《旧唐书》卷七六《濮王泰传》，第2655页。

② 《资治通鉴》卷一九七，第6195页。

长孙无忌与褚遂良互相看了一眼,褚遂良站出来说:"陛下此言差矣!请您仔细想想魏王的话,不要铸下大错。怎么可能陛下百年之后,魏王据有天下,而肯杀子传位晋王呢?此非人之常情。陛下当日立承乾为太子,又宠爱魏王,才导致了今天的大祸。前事不远,足以为鉴。陛下今日若打算立魏王,请先处理好晋王,这才能永保安全。"

太宗听得此言,觉得褚遂良说得有道理。魏王的话确实有悖人之常情,换成自己,又怎么肯这样做呢,心中对魏王有些许失望。同时他真的担心,魏王与晋王如果像当初太子与魏王一样,争得你死我活,自己可再也承受不起这样大的变故了。

经过讨论和冷静思考,太宗因此立下规矩:"自今太子不道,藩王窥伺者,两弃之。传之子孙,以为永制。"①

唐太宗对于兄弟相残的悲剧后果记忆犹新,他有一个强烈的意识,就是要尽量保全自己的子孙,也许背后还有着对长孙皇后的承诺。事实上,他的这个决定,确实避免了政治上的一场大震荡,也避免了一场可能发生的兄弟残杀。

对于太子策划的未遂谋反,唐太宗没有大开杀戒,除了汉王元昌赐令自尽,侯君集等少数人伏诛以外,其他的东宫僚属,如左庶子张玄素、右庶子赵弘智、令狐德棻、中书舍人萧钧等,都没有受到大的冲击。

侯君集在玄武门事变中立有大功,是凌烟阁二十四功臣之一,而且是当年"太原起兵"的开国功臣,后来还有一件大功,就是贞观十四年率兵打下了高昌。侯君集在唐朝初年功劳非常

---

① 《旧唐书》卷七六《濮王泰传》,第2656页。

大，地位也很高。他参与太子谋反，是因为仕途上不太顺利。高昌这一仗打回来以后，他受了处分，原因是他放纵部下去抢东西，自己也收了很多的贿赂。侯君集受了处分，心里就很不平。他的女婿贺兰楚石是太子那边的人，这个女婿一牵线，他就跟太子走了。

但是，要处死侯君集，唐太宗还是很不忍心，毕竟侯君集跟随自己那么多年，出生入死，满身伤痕。面对将要被处决的功臣，唐太宗很痛苦。行刑的那一刻，有人来报告给太宗，说侯君集有一个请求，希望皇上能够保全他的子女。太宗答应他，说我把他们流放出去，让他们保全下来。这个时候的唐太宗，应该能够深切地体会到帝王诛杀功臣时的那种无奈。

侯君集的子女被保全下来，唐太宗自己的儿孙们自然也保全了下来。李承乾本人被安置到黔州，两年后去世。太宗为之停止上朝两日，葬以国公之礼。李承乾的两个儿子李象、李厥，后来都做到了地方的高级佐官。而李象之子李适之，开元年间还做到了宰相。

李泰后来徙居均州之郧乡县。太宗后来曾经拿着李泰所上的奏表，对身边的大臣说："李泰文辞美丽，真的是一个才学之士。我心中挂念他，你们都是知道的。但为社稷之计，我不得不割下对他的恩宠，把他迁到外地去居住，这也是为了保全他们哪！"[①]贞观二十一年（647），李泰被晋封为濮王。高宗即位后，李泰的政治待遇和经济待遇都进一步提高。永徽三年（652），李泰在郧乡病逝，时年三十有五。李泰的两个儿子李

[①]《旧唐书》卷七六《濮王泰传》，第2656页。

欣、李徽，都保全了下来。

上一次兄弟之争，玄武门之变后，唐太宗的哥哥弟弟都是断子绝孙的，十个侄子都被杀了。这次则有很大不同，儿孙们都保全下来了。这是从血泊中吸取的惨痛教训。

话要说回来，立晋王李治为太子，对于唐太宗来说，也是一种艰难的选择。

太宗明白，理智上应该立晋王，可一直难以下定决心。除了感情上放不下李泰之外，太宗也清楚，长孙无忌支持晋王有自己的目的。晋王生性懦弱，易于控制，自己百年之后，长孙无忌虽然不会篡权，但定会成为独揽大权的人。

魏王党大都是一般地主出身的官僚，而支持晋王李治的，则是以长孙无忌为首的关陇贵族。唐太宗的本意是要在这两个集团之间搞平衡，现在两个政治势力借着接班人问题，开始搞对抗，而立任何一方都将破坏这种平衡。这让太宗感到很失败，也很担心。唐太宗陷入了困局和深深的焦虑之中。

太宗决定，再召集群臣来商议一回，或许临时有什么转机。

第二天，太宗将群臣叫到了两仪殿。大家还是意见不一，众说纷纭，商量了半天，也没有一个结果。太宗感到头痛欲裂，将一干人等都打发了下去，只留下长孙无忌、房玄龄、李世勣、褚遂良几个。长孙无忌此时示意跟他同来的晋王也留下，他预感到事情马上要有结果了。

太宗知道，不把自己和他们都逼到非决定不可的份上，此事还是没答案。可是时至今日，又非有答案不可。

太宗说了一番话，表示自己现在确实很难过，想不出来该怎么办了。说到伤心之处，就突然从腰带上拔出一把佩刀。长孙无忌上前一把抱住太宗，抢下他手上的刀，转身就交给了李治，然后说："陛下，我知道你很难抉择，但是你一定要抉择。我知道你的心思，就是要立晋王。可能你不太好说，心里就一直很难过。现在，这刀交给晋王了，我们就这么定下来了。"实际上，就是长孙无忌替李世民做了一个这么大的决定。

唐太宗就顺水推舟，对着晋王说："治儿，你要感谢你舅舅，是你舅舅立了你做太子。"①

可是，为什么唐太宗当时要拔这把刀呢？他拔刀到底是要干什么，是要去杀谁吗？不太可能，他是召集几个大臣来商议立太子的事情。他是要自杀吗？就是伤心烦恼至极，想干脆一了百了？唐太宗也不像是那种人。很有可能是这样的，今天要下决心了，必须要做决定了，内心很焦虑，他就顺手拔出一把刀来，要砍柱子或者砍桌子、砍椅子，彻底把情绪发泄出来。也许这一砍下去，脑袋里面一闪念，就会出来一个决定了。

长孙无忌这个时候已经看明白了，尽管唐太宗对李治不是很放心，也不是特别情愿立他，但是这是他没有选择的选择，也只能帮他做出这个决定来。

四月丙戌，太宗下诏立晋王李治为皇太子，大赦天下。

唐太宗当时做了那样一个无奈的决定，他内心还是不很踏实。不久后，他还动过一个念头，就是想立另外一个儿子吴王李恪做太子，来替代晋王李治。看来，他对李治心里一直不是很放心的，所以落个遗憾，总觉得他不是最好的人选。

其实历史上唐太宗最不放心的这个儿子，恰恰是非常能干

---

① 《资治通鉴》卷一九七，第6196页。

的。李治最后成就了一些连唐太宗本人都无法完成的大事儿。唐朝边功最盛的时代，是唐高宗李治的时代。开疆拓土最成功的，既不是唐太宗，也不是后来的唐明皇，而是唐高宗李治。

附录论文：

从贞观之治看中国古代政治传统中的治世与盛世

在中国历史和政治传统中，贞观之治既是一个重要历史时期的统治局面，也是一个核心的政治概念。作为历史事实的贞观之治，是指唐太宗统治下出现的政治局面；作为政治概念的贞观之治，则是被贞观以后的历史学家和政治家不断阐发的治国理论意义上的一个理想，是被"层累地造成"的历史。唐太宗时期的统治局面之所以被称为"贞观之治"，源于中国古代政治传统中对统治形态进行划分的概念系统。在王朝更迭的历史过程中，呈现出不同的治理局面，对治理局面的界定，大抵可以归入治世与乱世、盛世与衰世等概念系统之中。对世局进行治乱兴衰的划分，并对此进行褒贬，是中国传统史学的重要功能，也是中国政治传统的重要内容。从历史事实和历史观念双重角度，廓清这些概念，对于进一步认识中国史学传统和政治传统都具有重要的理论意义。

本文以贞观君臣在治国实践中所运用的政治概念为中心，探讨帝道与王道、治世与盛世等概念形成的历史传统，进而分析"贞观之治"本身如何成为一个政治概念并进入传统的概念系统之中。

一、中国古代政治传统中的治世与盛世

由于中国历史发展的连续性，由于史官和史学在中国早期思想史上的特殊地位，使得对王朝更迭和治道兴衰的历史现象的探讨，构成了对治国理论进行探讨的核心内容。

早期儒家政治思想中，一个很重要的理论基础，就是对古史及其政治形态进行系统性的构造。从东周到秦汉之间，以儒家为主，根据不同的古史信息，从不同渠道汇合而成了一个以"三皇五帝"为核心的圣圣相传的圣统史观[1]，加上夏商周的历史衔接，就构成了一个完整的古史体系。它既是一个历史演进的系统，也是一个政治观念的系统。政治观念依托于对历史时代的定位，这是中国政治传统中的重要特色。

在这个系统中，尧舜之道是治国的最高境界，是圣人之道，是帝道，其具体内容，用出土的由战国儒家编撰的《唐虞之道》的话说，就是"禅而不传"和"爱亲尊贤"[2]；夏商周三代之治，则是礼乐文明，是王道。《礼记·曲礼上》："大上贵德，其次务施报。"郑玄注曰："大上，帝皇之世，其民施而不惟报。三王之世，礼始兴焉。"[3]大上，就是太上，谓三皇五帝之世。

---

[1] 徐兴无：《谶纬文献与汉代文化构建》，中华书局2003年，第149页。

[2] 荆门市博物馆：《郭店楚墓竹简》，文物出版社1998年，第157—158页。

[3] 孙希旦撰，沈啸寰、王星贤点校：《礼记集解》卷一《曲礼上》，中华书局1989年，第12页。

三王之世，就是禹、汤、文、武为代表的夏商周三代。《礼记·礼运》篇对此有更具体的解释：

大道之行也，与三代之英，丘未之逮也，而有志焉。大道之行也，天下为公，选贤与能，讲信修睦，故人不独亲其亲，不独子其子，使老有所终，壮有所用，幼有所长，矜寡孤独废疾者皆有所养，男有分，女有归。货恶其弃于地也，不必藏于己；力恶其不出于身也，不必为己。是故谋闭而不兴，盗窃乱贼而不作，故外户而不闭，是谓大同。今大道既隐，天下为家，各亲其亲，各子其子，货力为己，大人世及以为礼，城郭沟池以为固，礼义以为纪。以正君臣，以笃父子，以睦兄弟，以和夫妇，以设制度，以立田里，以贤勇、知，以功为己，故谋用是作，而兵由此起。禹、汤、文、武、成王、周公，由此其选也。此六君子者，未有不谨于礼者也，以著其义，以考其信，著有过，刑仁讲让，示民有常，如有不由此者，在势者去，众以为殃，是谓小康。①

按：唐代孔颖达疏《尚书正义》卷二时指出："《礼运》曰大道之行，天下为公，即帝也。大道既隐，各亲其亲，即王也"②。宋代朱熹在《答吕伯恭》的信中也谈道："《礼运》以五帝之世为大道之行，三代以下为小康之世，亦略有些意思，此必粗有来历，而传者附益，失其正意耳。如程子论尧舜事业，

---

① 孙希旦撰，沈啸寰、王星贤点校：《礼记集解》卷二一《礼运》，第582—583页。

② 阮元校刻：《十三经注疏·尚书正义》卷二《虞书·尧典》，中华书局2009年，第248页。

非圣人不能，三王之事，大贤可为也，恐亦微有此意。但记中分裂太甚，几以二帝三王为有二道，此则有病耳"①。在朱熹看来，尧舜之道和三王之道其实是一个道，这是一个哲学意义的"道"。但从政治形态来说，其间大同与小康、帝道与王道的区别还是明显存在的。

帝道王道之下，在治国实践中，所达到的局面又有不同的形态。其中最判然分明的一个区分就是治世与乱世。战国秦汉之间，诸子对治世和乱世的区分以及成因进行了集中的探讨。如《荀子·大略》从义利关系上立论："义与利者人之所两有也，虽尧舜不能去民之欲利，然而能使其欲利不克其好义也。虽桀纣亦不能去民之好义，然而能使其好义不胜其欲利也。故义胜利者为治世，利克义者为乱世"②。《礼记·乐记》和《诗大序》则从乐与政的关系立论："治世之音安以乐，其政和；乱世之音怨以怒，其政乖；亡国之音哀以思，其民困。故正得失，动天地，感鬼神，莫近于诗"③。《吕氏春秋·观世》在解释"治世之所以短而乱世之所以长"的原因时，提出圣人（欲治之君）与士（与治之臣）都少出，即使偶尔出现了也难以相遇的观点。董仲舒则从天道和人治关系的角度进行了阐释，提出："天出此物（春夏秋冬）者，时则岁美，不时则岁恶。人主出此四（与春夏秋冬相对应的好恶喜怒）者，义则世治，不义则世

---

① 朱熹：《晦安先生朱文公文集》卷三三，四部丛刊本。

② 王先谦撰，沈啸寰、王星贤点校：《荀子集解》卷一九《大略篇》，中华书局1988年，第502页。

③ 阮元校刻：《十三经注疏·礼记正义》卷三七《乐记》，第3311页。

乱。是故治世与义岁同数，乱世与恶岁同数。以此见人理之副天道也"。又说："世治而民和，志平而气正，则天地之化精，而万物之美起。世乱而民乖，志僻而气逆，则天地之化伤，气生灾害起"①。

治世和乱世之外，东汉时期，又出现了"盛世"的概念。东汉初年的崔篆，临终作赋以自悼，名曰《慰志》。其辞有："何天衢于盛世兮，超千载而垂绩。岂修德之极致兮，将天祚之攸适？"崔篆之孙崔骃，献书告诫外戚窦宪，提出"今宠禄初隆，百僚观行，当尧、舜之盛世，处光华之显时，岂可不庶几夙夜，以永众誉，弘申伯之美，致周、邵之事乎？"②他们所说的盛世，都是对当世的赞美，并非历史的评价。唐宋以后，盛世的概念使用得越来越多，把人们"欣逢盛世"视为人生最大的幸运。但是，都没有对什么是盛世作出界定。汉魏之际的历史学家荀悦在《申鉴·政体》中，把国家政局分为治、衰、弱、乖、乱、荒、叛、危、亡九种形态③。其中没有将盛世作为一个独立的形态列出。

到底有没有盛世，治世和盛世有什么区别？古人对此没有进行严格的学理上的区分。现代历史学概念中，则往往以盛世、

---

① 董仲舒：《春秋繁露·王道通三》，《春秋繁露·天地阴阳》，四部丛刊本。

② 范晔：《后汉书》卷五二《崔骃列传》，中华书局1965年，第1719—1720页。

③ 荀悦撰，黄省曾注，孙启治校补：《申鉴注校补·政体》，中华书局2012年，第26页。

衰世和乱世三种形态来概括国家治理局面。有的将治世包括在盛世之中，有的则以盛世为比治世更高的一个层次，有的则在同一个意义上使用治世和盛世的概念。一般所指盛世，其标志性特征是国家统一、社会稳定、经济发展、文化繁荣、吏治清明。但历史上的盛世大多维持时间不长，衰乱之局即接踵而至①。

无论如何，治世与盛世，与帝道王道一样，也是兼有政治观念和历史时代双重意义的概念。盛世在历史时代意义上的含义不是很清晰，如果严格按照以上五个标准来衡量，则中国历史上称得上盛世的时代，大抵只有称为"天汉雄风"的汉武帝时期，称为"盛唐气象"的唐玄宗时期，以及清朝的康雍乾盛世，有时还以汉唐盛世与康雍乾盛世并称。不过，汉武帝时期出现了严重的流民问题，使其比开元、天宝盛世和康雍乾盛世要逊色一些。而治世的时代所指则是明确的，除了尧舜之时外，周之成康，汉之文景，唐之贞观，被公认是历史上典型的治世。《汉书·景帝纪》赞曰："周、秦之敝，网密文峻，而奸轨不胜。汉兴，扫除烦苛，与民休息。至于孝文，加之以恭俭，孝景遵业，五六十载之间，至于移风易俗，黎民醇厚。周云成、康，汉言文、景，美矣！"②吴兢在《贞观政要》中也发出了"此皆古昔未有也"的感慨。至于南朝刘宋时期一度出现的"元嘉之治"，明朝的所谓"仁宣之治"，都只是短暂的相对的治世局面，

---

① 孙家洲：《论中国古代的盛衰巨变》，《光明日报》2003年6月24日，B3。

② 班固：《汉书》卷五《景帝本纪》，第153页。

没有成为政治观念系统中的具有象征意义的概念。

依托中国古代政治传统中的概念体系，结合中国古代历史发展的实际情况，本文拟对治世与盛世进行界定。所谓治世，指国家治理的一种理想形态，侧重于国家治理的水平，强调行帝道王道，主要特征是政治风气良好，社会秩序稳定，百姓对国家政权充满信心。所谓盛世，指社会发展的一种理想状态，侧重于国家治理的成果，主要特征是在国家统一和社会稳定的基础上达到经济和文化的繁荣局面。历史上的盛世都出现在一定的治世之后，西汉的"文景之治"之后出现了汉武帝时期的盛世，唐代的"贞观之治"之后出现了开元、天宝时期的盛世。治世是盛世的前提，但治世并不一定带来盛世。紧接着盛世而来的，往往是衰乱之世。治世与盛世的一个显著区别在于：治世还有很大的发展前景，治世的君臣还遵循着帝道王道的原则，保持着善始慎终的警惕心理和励精图治的进取精神；盛世则往往迷失了发展的方向，对各种具体事务的应对取代了对治国方略和治道政术的探讨，君臣上下致力于粉饰太平，朝野内外皆以奢靡相尚。所谓"大乱之后必有大治"、"盛极而衰"等等中国政治传统中的经典概念，实皆由此而起。

二、贞观之治的历史面貌

"贞观之治"是唐代以后中国政治传统和历史观念系统中的一个重要概念。这里先从历史的角度，探讨一下贞观时期的国家治理究竟处于何种局面，回答为什么"贞观之治"是治世而非盛世的问题。

贞观之治局面的出现，始于制定有效的治国方针，并很快迎来了社会秩序的安定和政权的巩固。唐太宗即位之初，关于治国方针的讨论中，存在着以魏徵和封德彝为代表的两种截然不同的意见。魏徵来自社会下层，参加过反隋起义，对农民的情况和全国的形势能够比较准确地加以把握。他分析当时百姓的动态是，大乱之后人心思定，建议太宗实行教化，采取轻徭薄赋、劝农务本的方针；而封德彝站在农民战争中受到沉重打击的山东士族的立场上，怀着对农民阶级的刻骨仇恨，主张人心难治，应当实行高压政策。最后，太宗在事实面前完全接受了魏徵的意见，很快确定了实行教化的治国方针。而有关这个问题的讨论是由唐太宗本人提出来的，他当时对于能否迅速缓和阶级矛盾，稳定社会秩序，还缺乏信心，所以他主动同魏徵商讨自古理政之得失，并且试探性地说道："当今大乱之后，造次不可致治！"[1]

当时的唐太宗还不到三十岁，正是年富力壮、思想上趋于成熟又不守旧的年龄。但是，由于他常年征战，而且没有法定皇位继承权，既没有必要也没有条件去过多考虑治国理民之事。当经过几年的斗争，终于把皇位夺到手之后，对于如何治理国家，在思想上还是缺乏准备的。不过唐太宗毕竟是经历过隋末的动荡，而且在开国战争中积累了赫赫战功，加上惊心动魄的夺取皇位的斗争，把他锻炼成为一个成熟的政治家。他对于巩固皇位具有充分自信，有着虚怀若谷的政治家风度，十分注重对统治理论和文化知识的学习。他坚持君主不能一人独断的为政作风，强调发挥各级官僚机构的作用，充分运用互相配合、

---

[1] 吴兢撰，谢保成集校：《贞观政要集校》卷一《政体》，第36页。

互相制衡的政治体制，以保证决策的正确制定和政令的贯彻执行。所以，在贞观初年频繁的关于治道政术的讨论中，唐太宗一直处于主动的地位，许多时候都是唐太宗主动向侍臣询问、求谏。

最早对贞观时期治国状况进行总结的是唐玄宗时期的史臣吴兢，他在《贞观政要》中对贞观之治的局面有一段概述，包含了以下几方面的内容：

首先是新皇帝得人心。尽管唐太宗即位之初"霜旱为灾，米谷踊贵，突厥侵扰，州县骚然"，是既有内忧又有外患，灾荒的严重程度到了一匹绢才得一斗米，但是"百姓虽东西逐食，未尝嗟怨，莫不自安"。等到贞观三年（629），年成稍有好转，流亡他乡的百姓都纷纷回到家乡，竟无一人逃散。老百姓没有把天灾人祸归怨于最高政权，他们替政府着想，替政府承担着灾害带来的后果。根本原因是百姓对政府有信心，相信困难只是暂时的。而这种信任无疑来自唐太宗本人的人格魅力和贞观君臣共同努力营造的良好政治风气。用吴兢的话说，就是"帝志在忧人，锐精为政，崇尚节俭，大布恩德"[①]。

其次是政治清明，上下一体，同心同德。尽管唐太宗的掌权来自一场政变，但他并不计较个人恩怨，对于当初的政敌，皆引居左右近侍，"心术豁然，不有疑阻"，时论以为能断决大事，得帝王之体。唐太宗注意严明吏治，对于王公贵族和势要之家严加控制，对于贪赃枉法者，必置以重罚。

再则社会风气有了根本好转，犯罪率低，社会治安状况良

[①] 吴兢撰，谢保成集校：《贞观政要集校》卷一《政体》，第51页。

好。"商旅野次，无复盗贼，囹圄常空，马牛布野，外户不闭。"在接着几年丰收之后，更是呈现出太平景象，"行旅自京师至于岭表，自山东至于沧海，皆不赍粮，取给于路。入山东村落，行客经过者，必厚加供待，或时有馈遗。此皆古昔未有也"[①]。

尽管《资治通鉴》将这种局面的出现系在贞观四年（630）有所不确，应该注意《贞观政要》中"频致丰稔"指的是贞观三、四年以后连续几年的丰收，然后才出现社会经济的根本好转，但是，其中的描述还是概括了贞观之治的主要内容的："天下大稔，流散者咸归乡里，米斗不过三四钱，终岁断死刑才二十九人。东至于海，南极五岭，皆外户不闭，行旅不赍粮，取给于道路焉"[②]。无论是《贞观政要》还是《资治通鉴》，对贞观之治的描述都是着眼于政治风气和社会稳定状况的，而不是指经济和文化繁荣局面。

贞观之治的现实背景和实际情况，我们可以从《贞观政要》《旧唐书》《新唐书》和《资治通鉴》等文献记载中窥见大概。

从社会经济上看，唐太宗即位之初，既有经济上的危机，同时又面临着突厥的威胁，社会秩序很不稳定，政局也不平稳。尽管后来通过和平的方式暂时解除了突厥的威胁，在对外关系中赢得了主动，但是，内地的形势却并不乐观。一方面，隋末动乱以来遭受严重破坏的社会生产尚未得到恢复，土地荒废、人口减少，全国呈现出一片经济凋敝的景象，抗御自然灾害的

[①] 吴兢撰，谢保成集校：《贞观政要集校》卷一《政体》，第52页。
[②] 《资治通鉴》卷一九三，第6085页。

能力十分脆弱；另一方面，社会矛盾还很尖锐，不仅一些农民还在亡命山泽，继续进行反抗，一些地方势力引发局部动乱的危险也还存在。应该说，贞观四年打突厥，是在十分艰苦的条件下进行的一场战争，唐朝的取胜，很大程度上应当归因于老百姓对新王朝的一种期望、一种信心，是老百姓的高昂斗志赢得了这场战争。与此同时，经济开始恢复和发展。贞观三、四年间局部地区的丰收，并没有完全扭转生产凋敝的局面。是经过"频致丰稔"，也就是连续多年的丰收之后，才出现了米价下跌、粮食充裕的大好形势。但是，经过大动荡、大破坏之后，经济上需要有相当长的一段时期才能恢复元气。贞观六年（632）前后，社会经济形势有了重大好转，在当年令州县行乡饮酒礼的诏令中，便提到"比年丰稔，闾里无事"，是礼制的建设跟不上经济的发展，"乃有惰业之人，不顾家产，朋游无度，酣宴是耽"[1]。所以才要通过行乡饮酒礼，来达到改善社会风气的目的。于是，出现了纷纷请封泰山的议论。魏徵针对太宗稍稍滋长的自满情绪，坚决反对封禅，比照隋朝全盛时期的情况，指出当时经济形势并不乐观，"自今伊、洛洎于海岱，灌莽巨泽，茫茫千里，人烟断绝，鸡犬不闻，道路萧条"，尤其是"自丧乱以来，近泰山州县凋残最甚"[2]。经济形势的好转，是相对隋末以来的残破局面来说的，并不等于经济发展的水平有多高。

从政治风气和社会稳定状况看，老百姓的信心和斗志，来

---

[1]《唐会要》卷二六《乡饮酒》，第580页。

[2]《唐会要》卷七《封禅》，第95页；参见《资治通鉴》卷一九四，第6094页。

自贞观初年政治上的得民心。也就是说，实行教化、轻徭薄赋的政策，是天下大乱之后的正确选择。全国上下都有着为国家着想的积极意识：皇帝为民担忧，励精图治，崇尚节俭；各级官僚都致力于政权建设，灭私徇公，坚守直道；老百姓也替皇帝着想，理解政府的难处，即使四处逃荒逐食，也安分守己，不把怨愤发泄到政府和皇帝的身上。尤其是君臣之间维持着一种同心协力、励精求治的良好关系。这一时期的政权结构中，有一个各取所长、各尽所能、团结合作的宰相班子，为推动贞观之治局面的出现和维护这种良好的政治局面，提供了保证。这样，即使经济上还有严重的困难，社会秩序也不会乱。只要经济形势一旦好转，很快就能够恢复社会的安定。

从最高统治者的治国之道看，唐太宗在政治上有全局观念，常常因为某一件具体事情，而想着把另外一类事情办好。他心里装着老百姓，他深知"民为邦本，本固邦宁"的道理，对自己严格要求的同时，能够严格约束各级官吏和王公贵族，严惩贪官污吏。他有着大政治家的风度，所谓"得帝王之体"，在夺取了政权之后，没有将原先反对自己的力量完全排斥，而是对他们大胆地加以重用，把他们放到重要的岗位上。正是由于唐太宗在思想上和实践中的这些表现，才有可能出现政治局面和社会秩序的很快稳定。至少当时和后来的很多史臣都是这样认为的。此外，房玄龄、杜如晦等操劳国务，魏徵、王珪等坚持进谏，并且能够站在对理论、历史和现实深刻认识相结合的基础上制定出符合时代要求的治国方略，保证了贞观时期国家治理的高水平。

贞观中期以后，尤其是在考虑安排皇位继承人的过程中，贞观政治局面有所转变。但是，居安思危、善始慎终，还一直是贯穿贞观中后期的政治话题。尽管唐太宗晚年出现了复杂的权力斗争，但是，唐代社会经济的发展，在社会关系和统治政策的调整下，继续保持着良好的势头。

三、贞观君臣对历史传统的认识和对自己所处时代的历史定位

贞观君臣在政治思想上的重要贡献，在于结合治国实际提出了"为君之道"和"安人之道"等治国方略。到贞观六年（632），太宗在又一次与侍臣讨论历代兴衰存亡的问题时，引用《尚书》中"可爱非君，可畏非民"的典故，进一步提出"天子者，有道则人推而为主，无道则人弃而不用，诚可畏也"[1]。这是一种具有真实感受的畏民心理，是贞观君臣在相当长一段时间内保持戒惕思想的根本前提。魏徵则搬出了"君，舟也；人，水也。水能载舟，亦能覆舟"[2]的古语，而且，在后来的议论中反复引用，成为贞观君臣谈论最多的话题之一。

以"为君之道"和"安人之道"为核心的治国方略的提出，是从总结隋朝灭亡的历史教训开始的。隋朝由盛而衰的历史，正好说明了"为君之道，必须先存百姓"[3]的道理。也就是说，老百姓生活的安定，是国家安定的前提，是维持长治久安的根本，是最重要的"为君之道"。尽管中国古代不乏强调"以民为

---

[1] 吴兢撰，谢保成集校：《贞观政要集校》卷一《政体》，第34页。
[2] 吴兢撰，谢保成集校：《贞观政要集校》卷一《政体》，第34页。
[3] 吴兢撰，谢保成集校：《贞观政要集校》卷一《君道》，第11页。

本"的思想家,但像唐太宗那样,从最高统治者的角度,将这个问题提到如此高度,并坚持贯彻到自己的施政实践中,在历史上并不多见。为君之道必须先存百姓,只有安定了百姓,才能安定天下。但是,如何真正做到不损百姓呢?这就是安人之道的问题。通过对历史经验的总结,贞观君臣得出了一个规律性的结论,即国家的征发必须以百姓的承受能力为限度,而生产的正常进行和维持简单再生产的生活条件,是这个限度的底线。贞观二年(628),太宗谓侍臣曰:"凡事皆须务本,国以人为本,人以衣食为本。凡营衣食,以不失时为本。夫不失时者,在人君简静乃可致耳。若兵戈屡动,土木不息,而欲不夺农时,其可得乎!"[1]

从隋朝亡国的事实中吸取治国的教训,只是贞观君臣制定治国方略的前提之一。"为君之道"和"安人之道",是在总结中国古代政治思想和历代统治经验教训的基础上提出的。贞观君臣对于古代的历史传统,进行了积极的探讨总结,并进而明确了自己时代的历史定位。也就是在历史事实与历史观念构成的关于治国传统的坐标上,确定了自己时代的位置。一方面是追迹尧舜,高悬圣人治国的政治理想,以期达到行帝道、王道的境地;另一方面是总结秦汉以来历代王朝的经验教训,克服各个时代出现的弊政,并上升为治国理论,争取达到历史上最好的统治局面。

在治国目标和政治思想上,贞观君臣继承了西汉前期贾谊、董仲舒等人的思想,高悬着尧舜之道的治国目标。董仲舒的理

---

[1] 吴兢撰,谢保成集校:《贞观政要集校》卷八《务农》,第423页。

论建设，是从界定《春秋》的性质和地位开始的。在董仲舒看来，《春秋》作为治国指导思想，核心的内容是"奉天而法古"，奉天是要在以皇帝为中心的权力世界之上确立天道，所谓"王者欲有所为，宜求其端于天"，而"天道之大者在阴阳。阳为德，阴为刑……以此见天之任德不任刑也"。所以"王者承天意以从事，故任德教而不任刑"[①]。因为近代治国都是不顺于天而任刑的，所以要从理论上奉天，就必须从实践中法古。而所谓古，在董仲舒看来，主要是指上古尧舜之时，即使是夏商周三代，也还不足以成为最高目标，只有古代的尧舜，才是头号圣人。董仲舒之所以要把治国的目标定得那么玄远，似乎可望而不可及，就是要强调教化的过程。太平之世，制礼作乐，是一种伟大的政治理想，永远为这个理想而奋斗，才能不断进步。

在圣圣相传的史观系统中，贞观君臣同样选择了尧舜（即唐虞）之时为最高目标。贞观时期关于治国理想和治国方针的探讨，集中在尧舜之道，其目标是魏徵在贞观十四年（640）上疏中提出的"若君为尧、舜，臣为稷、契"[②]。唐太宗自己也曾表示，"朕今所好者，惟在尧、舜之道，周、孔之教，以为如鸟有翼，如鱼依水，失之必死，不可暂无耳"[③]。

唐太宗与侍臣讨论天子要怀有谦恭和畏惧之心，以"称天心及百姓意"，其历史依据是尧舜。他引用《尚书》里舜诫禹之语："汝惟不矜，天下莫与汝争能；汝惟不伐，天下莫与汝争

[①] 班固：《汉书》卷五六《董仲舒传》，第2502页。

[②] 吴兢撰，谢保成集校：《贞观政要集校》卷七《论礼乐》，第406页。

[③] 吴兢撰，谢保成集校：《贞观政要集校》卷六《慎所好》，第331页。

功";又引用《周易》"人道恶盈而好谦"的说法,说明天子必须上畏皇天,下惧群臣百姓。魏徵进一步强调这是唐虞之道,曰:"古人云:'靡不有初,鲜克有终。'愿陛下守此常谦常惧之道,日慎一日,则宗社永固,无倾覆矣。唐、虞所以太平,实用此法"①。

唐太宗在谈论灾异祥瑞问题时,主张百姓富足、天下太平是最大的祥瑞,其理论依据仍是尧舜,他说:"如朕本心,但使天下太平,家给人足,虽无祥瑞,亦可比德于尧、舜。若百姓不足,夷狄内侵,纵有芝草遍街衢,凤凰巢苑囿,亦何异于桀、纣?……夫为人君,当须至公理天下,以得万姓之欢心。若尧、舜在上,百姓敬之如天地,爱之如父母,动作兴事,人皆乐之,发号施令,人皆悦之,此是大祥瑞也"②。

魏徵在贞观初年关于治国方针的讨论中,坚持实行教化的方针,一个重要的历史和理论依据,就是"五帝、三王,不易人而化。行帝道则帝,行王道则王,在于当时所理,化之而已。考之载籍,可得而知"。后来唐太宗在总结自己的成功时,也着重强调了魏徵在劝行帝道王道方面的贡献,他说:"贞观初,人皆异论,云当今必不可行帝道、王道,惟魏徵劝我。既从其言,不过数载,遂得华夏安宁,远戎宾服。突厥自古以来常为中国勍敌,今酋长并带刀宿卫,部落皆袭衣冠。使我遂至于此,皆

---

① 吴兢撰,谢保成集校:《贞观政要集校》卷六《谦让》,第323页。
② 吴兢撰,谢保成集校:《贞观政要集校》卷十《灾祥》,第520页。

魏徵之力也"①。

在关于明君暗君的讨论中，魏徵同样以尧舜为参照，而历史实际中的秦二世、梁武帝和隋炀帝等人，则成为背离尧舜之道的反面教材。贞观二年（628），太宗问魏徵曰："何谓为明君暗君？"徵曰："君之所以明者，兼听也；其所以暗者，偏信也。《诗》云：'先民有言，询于刍荛。'昔唐、虞之理，辟四门，明四目，达四聪。是以圣无不照，故共、鲧之徒，不能塞也；靖言庸回，不能惑也。秦二世则隐藏其身，捐隔疏贱而偏信赵高，及天下溃叛，不得闻也。梁武帝偏信朱异，而侯景举兵向阙，竟不得知也。隋炀帝偏信虞世基，而诸贼攻城剽邑，亦不得知也。是故人君兼听纳下，则贵臣不得壅蔽，而下情必得上通也。"②

在关于君臣关系和君民关系的讨论中，魏徵的参照还是唐、虞之世。他说皇帝任意威罚，是所以长奸。"此非唐、虞之心也，非禹、汤之事也"。接着引用《尚书》"抚我则后，虐我则仇"、荀子"水所以载舟，亦所以覆舟"和孔子"鱼失水则死，水失鱼犹为水也"等古训，说明"故唐、虞战战栗栗，日慎一日"，提醒唐太宗"安可不深思之乎？安可不熟虑之乎？"③所以王珪对当时人物的评价中，魏徵的特点是"每以谏诤为心，耻

---

① 吴兢撰，谢保成集校：《贞观政要集校》卷一《政体》，第36—37页。

② 吴兢撰，谢保成集校：《贞观政要集校》卷一《君道》，第13页。

③ 吴兢撰，谢保成集校：《贞观政要集校》卷七《论礼乐》，第404—405页。

君不及尧、舜"①。

综括言之，贞观君臣以尧舜之世、唐虞之道为自己时代的政治理想和治国指导思想，并将抽象的帝道、王道落实为具体的治国方略和施政措施，将自己时代定位为用唐虞之道开创一个历史上从未有过的治世②。正如侍御史马周在上疏中所说："陛下当隆禹、汤、文、武之业，为子孙立万代之基，岂得但持当年而已！"③

四、小结：贞观之治在中国古代治国传统中的历史地位

贞观君臣的政治理想，在很大程度上是实现了的。贞观之治成为中国古代治国传统中一个可以效法的样板，成为唐虞之道以后一个新的典范。

还在贞观中期，人们就开始意识到贞观之初的政治局面具有落实帝道、王道理想和开创治世局面的双重意义，上引马周的上疏中就提到，"陛下必欲为久长之谋，不必远求上古，但如贞观之初，则天下幸甚"。吴兢在唐中宗时写的《上〈贞观政要〉表》中，已经不再把五帝三王视为楷模，而是把贞观政化视为典范，其文曰："窃惟太宗文皇帝之政化，自旷古而来，未有如此之盛者也。虽唐尧、虞舜、夏禹、殷汤、周之文武、汉

---

① 吴兢撰，谢保成集校：《贞观政要集校》卷二《任贤》，第67页。

② 参见吴宗国：《〈贞观政要〉与贞观君臣论治》，《国学研究》第三卷，北京大学出版社1995年，第355—381页。

③ 《资治通鉴》卷一九五，第6132页。

之文景，皆所不逮也"[①]。开元时期吴兢修订完成《贞观政要》，其序云："太宗时政化，良足可观，振古而来，未之有也。"[②]唐代以后，历代想要有所作为的君主，都以唐太宗为效法的榜样。对后世治国者来说，重现贞观之治，就如同贞观君臣追求尧舜之世的重现一样，成为崇高的理想。贞观君臣和他们开创的贞观之治，逐渐确立了在历史进程中的典范地位，总结贞观之治的《贞观政要》，也因此成了历代帝王的教科书。

"贞观之治"是以自己的特有的内涵进入传统政治的概念体系，进而成为新的典范的。在贞观政治实践中，已经将古代治国理念具体落实为治国方针和施政措施，是历史上少有的对帝道、王道的具体落实。对后人来说，贞观治国方略比帝道、王道更加真实可信，也更加具有可操作性和现实借鉴意义。

原载《北京联合大学学报》（人文社会科学版）2003年第2期，第64—69、84页

[①] 董诰：《全唐文》卷二九八，第3023页。

[②] 董诰：《全唐文》卷二九八，第3026—3027页。

贞观君臣政治风气建设的现代启示

唐太宗贞观时期是中国古代历史上有名的政治清明、社会安定的一个阶段,其间取得的政治、经济、军事上的巨大成就常为后世称颂,素有"贞观之治"的美名。贞观时期各项成就的取得,与当时一系列正确有效的政治、经济政策自然是密不可分的,而决策的正确则离不开贞观时期良好的政治氛围与和谐的君臣关系。实际上,贞观一朝为后世称道的主要原因,还并不在于经济的富足和国家的强盛,更多则是因为融洽的君臣关系和清明公正的政治气氛。贞观君臣注重对当时政治风气的建设,努力营造天下为公的时代精神,从而保证了唐初各项方针政策的有效实施与开展,迅速由天下大乱迎来了天下大治的局面,最终成就了贞观一代治世。

良好政治风气的形成需要君臣上下的共同努力。唐太宗君臣对国家建设的思考和论辩,集中体现在唐人吴兢编纂的《贞观政要》中。书中记载了大量贞观君臣论治的对话,这其中亦有对政治风气建设的诸多理念,可见对如何营造良好的政治氛围,贞观君臣是有很多思考的。实际上,政治风气的建设对君臣都提出了不同方面的要求。

君主：虚心纳谏、大气自信

就君主而言，首先是如何突破心理障碍，兼听纳谏，创造一种臣子敢于进谏的政治氛围。《贞观政要》记载："贞观二年，太宗问魏徵曰：'何谓为明君暗君？'徵曰：'君之所以明者，兼听也；其所以暗者，偏信也。……是故人君兼听纳下，则贵臣不得壅蔽，而下情必得上通也。'太宗甚善其言。"[1]君主应该广泛听取各方面的意见，是儒家治国理念中非常重要的内容，而魏徵继承了这种思想，并通过太宗将之运用到了贞观政治中去。魏徵提出的"兼听则明，偏信则暗"这个原则在贞观前期的决策中得到了比较好的坚持，唐太宗遇事经常会与朝臣们广泛地讨论。而这是贞观政治风气的一个重要组成部分。

然而，兼听则明、偏信则暗的原则看似简单，但作为君主其实并不容易做到。尤其是一位有能力的君主，要广泛听取各方面意见而不以自己的意见为决断，实际上是对心理的一种考验。唐太宗在对历史的借鉴中其实已经敏感地发现了这一问题。贞观二年（628）六月"戊子，上谓侍臣曰：'朕观《隋炀帝集》，文辞奥博，亦知是尧、舜而非桀、纣，然行事何其反也！'魏徵对曰：'人君虽圣哲，犹当虚己以受人，故智者献其谋，勇者竭其力。炀帝恃其俊才，骄矜自用，故口诵尧、舜之言而身为桀、纣之行，曾不自知以至覆亡也。'上曰：'前事不远，吾属之师也！'"[2]唐太宗作为经历了隋末动乱的君主，特别注意

---

[1] 吴兢撰，谢保成集校：《贞观政要集校》卷一《君道》，第13页。
[2]《资治通鉴》卷一九二，第6053页。

吸收隋亡的教训。隋炀帝则是贞观君臣日常对话中经常出现的人物，可以说对隋炀帝执政的反思贯穿了贞观政治的始终。唐太宗曾经在隋炀帝的时代生活过，他了解隋炀帝并不是一个昏庸无能的君主，正是因为如此，隋炀帝最后亡国被杀的结局更是让他思索。唐太宗观隋炀帝文集所发出的感慨，其实提出了一个十分敏感的问题：作为一个能力很强的领导人，如何虚心听纳臣下的意见。隋炀帝在这一问题上正是"恃其俊才，骄矜自用"，才导致灭亡，正如王夫之所说"然则炀帝之奥博，固有高出于群臣之上者，不已若，诚不若矣，而人言又恶足以警之哉？"[1]隋炀帝才华高于群臣，故而觉得众人之言没有警示作用，一意孤行，终至覆灭。

唐太宗在意识到这一点之后，在实际的政治生活中就处处留意，提醒自己克服自持才高、不乐纳谏的心态。所以王夫之评价云："太宗君臣之知此也，是以兴也。不然，太宗之才，当时之臣无有能相项背者，唯予言而莫违，亦何所不可乎？"[2]称赞唐太宗不恃才拒谏，虽然其才能出色，但并不因此不听从臣下的意见。唐太宗对自身才华的认同其实并不输于隋炀帝，贞观九年（635）时他曾说："朕观古先拨乱之主皆年逾四十，惟光武年三十三。但朕年十八便举兵，年二十四定天下，年二十九升为天子，此则武胜于古也。少从戎旅，不暇读书，贞观以来，手不释卷，知风化之本，见政理之源。行之数年，天下大治而风移俗变，子孝臣忠，此又文过于古也。昔周、秦以降，

---

[1] 王夫之：《读通鉴论》卷二十《太宗》，中华书局1975年，第587页。

[2] 王夫之：《读通鉴论》卷二十《太宗》，第588页。

戎狄内侵，今戎狄稽颡，皆为臣妾，此又怀远胜古也。"①认为自己在文、武、怀远三方面的成绩都是前无古人的，言语中的自信表达得毫无掩饰，但是这样自信甚至有些自恋的唐太宗并没有重蹈隋炀帝的覆辙，很大程度上是由于他克服了君主能力太强而恃才傲物的弊病。唐太宗固然自豪于自身的才能，但却并没有自大地认为任何人在任何方面都不如自己，在治国理政方面，仍旧虚心接受各种意见。

不仅如此，唐太宗还经常鼓励臣子进谏，议论朝政得失。贞观元年（627）闰三月"壬申，上谓太子少师萧瑀曰：'朕少好弓矢，得良弓十数，自谓无以加，近以示弓工，乃曰'皆非良材'。朕问其故，工曰：'木心不直，则脉理皆邪，弓虽劲而发矢不直。'朕始寤向者辨之未精也。朕以弓矢定四方，识之犹未能尽，况天下之务，其能遍知乎！'乃命京官五品以上更宿中书内省，数延见，问以民间疾苦，政事得失。"②而由于害怕群臣紧张，唐太宗在接见大臣时还特意营造一种宽松的政治气氛，史载："上神采英毅，群臣进见者，皆失举措；上知之，每见人奏事，必假以辞色，冀闻规谏。"③作为一位强势的君主，唐太宗能够照顾到臣子的感受，和颜悦色地引导他们进谏，可谓是用心良苦。

纳谏者能够站在进谏者的立场上，考虑臣下的畏惧情绪，

---

① 吴兢撰，谢保成集校：《贞观政要集校》卷十《论慎终》，第533页。

② 《资治通鉴》卷一九二，第6034页。

③ 《资治通鉴》卷一九二，第6040页。

唐太宗的雅量确实难得。而还有一点值得称道的则是他作为一位君主，虽然有失策和疏漏的时候，却往往敢于承认自己的错误。"贞观六年，有人告尚书右丞魏徵，言其阿党亲戚。……居数日，太宗问徵曰：'昨来在外，闻有何不是事？'徵曰：'前日令（温）彦博宣敕语臣云：'因何不存形迹？'此言大不是。臣闻君臣同气，义均一体。未闻不存公道，惟事形迹。若君臣上下，同遵此路，则邦国之兴丧，或未可知！'太宗瞿然改容曰：'前发此语，寻已悔之，实大不是，公亦不得遂怀隐避。'"①贞观二年（628）十月，"交州都督遂安公寿以贪得罪，上以瀛州刺史卢祖尚才兼文武，廉平公直，征入朝，谕以'交趾久不得人，须卿镇抚。'祖尚拜谢而出，既而悔之，辞以旧疾。上遣杜如晦等谕旨曰：'匹夫犹敦然诺，奈何既许朕而复悔之！'祖尚固辞。戊子，上复引见，谕之，祖尚固执不可。上大怒曰：'我使人不行，何以为政！'命斩于朝堂，寻悔之。他日，与侍臣论'齐文宣帝何如人？'魏徵对曰：'文宣狂暴，然人与之争，事理屈则从之。……此其所长也。'上曰：'然。向者卢祖尚虽失人臣之义，朕杀之亦为太暴，由此言之，不如文宣矣！'命复其官荫"②。作为一名才能出众的君主，唐太宗其实也会有考虑不周或者意气用事的情况，但是他能够在别人的规劝下认识并承认自己决断的失误，事后予以改正，真正在心理上接受大臣的进言，这相较于接受进谏更需要克服心理上的障碍。所以，贞观良好政治风气的形成，最重要的可以说是得益于唐太宗本人的

---

① 吴兢撰，谢保成集校：《贞观政要集校》卷二《求谏》，第83页。
② 《资治通鉴》卷一九三，第6058页。

虚心纳谏和在处理君臣关系方面大气自信的态度，而这种心态是在不断克服自我中心与树立帝王自信两方面的平衡较量中磨炼出来的，也是对一位君主的巨大考验。

同僚关系：基于公心、乐于合作

对臣下而言，基于公心对君主行为的规谏，辅助人君进行正确的决策，营造清明的政治风气是贞观群臣的共同目标。而提到进谏，魏徵则是贞观历史上不可缺少的人物。魏徵的直言敢谏在中国古代历史上十分有名，但实际上大多数情况下，魏徵作为臣子向唐太宗进谏其实是很讲究进谏艺术和规劝方式的。贞观六年（632），"太宗幸九成宫，宴近臣，长孙无忌曰：'王珪、魏徵，往事息隐，臣见之若仇，不谓今者又同此宴。'太宗曰：'魏徵往者实我所仇，但其尽心所事，有足嘉者。朕能擢而用之，何惭古烈？徵每犯颜切谏，不许我为非，我所以重之也。'徵再拜曰：'陛下导臣使言，臣所以敢言。若陛下不受臣言，臣亦何敢犯龙鳞，触忌讳也！'太宗大悦，各赐钱十五万。"①唐太宗称赞魏徵敢于进谏，魏徵则说是由于太宗引导有方，所以他才敢于进谏，这样魏徵对唐太宗的规谏实际上成为唐太宗政绩的表现，可见魏徵的聪明之处。唐太宗曾说："人言魏徵举止疏慢，我视之更觉妩媚。"②以妩媚形容魏徵，可见在唐太宗的印象中，魏徵让他觉得有许多可爱之处，并不是只会处处顶撞君主、不善于变通的臣子。在魏徵的多次进谏中，许

---

① 吴兢撰，谢保成集校：《贞观政要集校》卷二《任贤》，第62页。
② 《资治通鉴》卷一九四，第6098页。

多都是借由唐太宗本人的感慨进而生发的。"贞观元年二月，上谓侍臣曰：'人言天子至尊，无所畏惮。朕则不然，上畏皇天之监临，下惮群臣之瞻仰，兢兢业业，犹恐不合天意，未副人望。'借此魏徵对曰：'此诚致治之要，愿陛下慎终如始，则善矣。'"① 由唐太宗初登皇位的感受出发，引出了善始慎终的话题，魏徵的规劝实际是充满智慧和灵活机动的。因此魏徵的进谏之所以经常可以打动唐太宗，除了他的为国之心难以动摇外，与他注重进谏策略和规劝的实效性是密不可分的。

贞观时期敢于规劝君主不当行为的并不是魏徵一人。在史籍所载的贞观君臣事迹中，言辞激烈，远胜魏徵的并不少见。贞观二年（628），上使太常少卿祖孝孙教宫人音乐，不称旨，上责之。温彦博、王珪谏曰："孝孙雅士，今乃使之教宫人，又从而谴之，臣窃以为不可。"上怒曰："朕置卿等于腹心，当竭忠直以事我，乃附下罔上，为孝孙游说邪？"彦博拜谢。珪不拜，曰："陛下责臣以忠直，今臣所言岂私曲邪！此乃陛下负臣，非臣负陛下。"上默然而罢。明日，上谓房玄龄曰："自古帝王纳谏诚难，朕昨责温彦博、王珪，至今悔之。公等勿为此不尽言也。"② 贞观四年（630）六月"乙卯，发卒修洛阳宫以备巡幸，给事中张玄素上书谏，以为：'……陛下初平洛阳，凡隋氏宫室之宏侈者皆令毁之，曾未十年，复加营缮，何前日恶之而今日效之也！且以今日财力，何如隋世？陛下役疮痍之人，袭亡隋之弊，恐又甚于炀帝矣！'上谓玄素曰：'卿谓我不如炀

---

① 《资治通鉴》卷一九二，第6048页。
② 《资治通鉴》卷一九三，第6060页。

帝，何如桀、纣？'对曰：'若此役不息，亦同归于乱耳！'上叹曰：'吾思之不熟，乃至于是！'顾谓房玄龄曰：'朕以洛阳土中，朝贡道均，意欲便民，故使营之。今玄素所言诚有理，宜即为之罢役。后日或以事至洛阳，虽露居亦无伤也。'仍赐玄素綵二百匹。"[1]张玄素敢于将唐太宗与隋炀帝甚至桀、纣相提并论，这对君主是非常严厉的批评，但唐太宗最后仍然采纳了他的意见，改变了修建洛阳宫的决定。温彦博、王珪、张玄素都是贞观时期唐太宗的得力臣子，由此可见，整个贞观时期不仅仅是魏徵，群臣都致力于辅佐唐太宗成为一代明君，不遗余力地将自己的才思贡献于朝廷，所以才会形成臣下敢于进谏，君主乐于受谏的良好政治氛围。

另一方面，贞观群臣还营造出了互相欣赏、善于发现对方所长的良好共事环境。《资治通鉴》载："玄龄明达吏事，辅以文学，夙夜尽心，惟恐一物失所；用法宽平，闻人有善，若己有之，不以求备取人，不以己长格物。与杜如晦引拔士类，常如不及。至于台阁规模，皆二人所定。上每与玄龄谋事，必曰：'非如晦不能决。'及如晦至，卒用玄龄之策。盖玄龄善谋，如晦能断故也。二人深相得，同心徇国，故唐世称贤相者，推房、杜焉。"[2]房玄龄善于谋划而杜如晦勇于决断，两人互相配合常常收到很好的成效，后世所说"房谋杜断"即从此而来。房、杜作为贞观时有名的宰相，均是才华横溢，但是二人却能够取长补短，通力合作，对贞观的政治风气实际上起到了积极的影

---

[1] 《资治通鉴》卷一九三，第6079—6080页。
[2] 《资治通鉴》卷一九三，第6063页。

响。魏徵、王珪这些前太子东宫的人马，能够在贞观政局中发挥自身的才能而不受到排挤，与房玄龄、杜如晦这两位太宗最得力的臣子关系融洽、一心为国其实是不无联系的。

正是在群臣都一心为国的环境下，才会出现王珪在唐太宗的授意下点评众位大臣的场面。据《贞观政要》记载，贞观二年（628。《资治通鉴》作四年）唐太宗设宴招待宰相们，席间他对王珪说："卿识鉴精通，尤善谈论，自玄龄等，咸宜品藻。又可自量孰与诸子贤。"要王珪当着众人的面来说说大家的短长，王珪评论道："孜孜奉国，知无不为，臣不如玄龄。每以谏诤为心，耻君不及尧、舜，臣不如魏徵。才兼文武，出将入相，臣不如李靖。敷奏详明，出纳惟允，臣不如温彦博。处繁理剧，众务必举，臣不如戴胄。至于激浊扬清，嫉恶好善，臣于数子，亦有一日之长。"[①]王珪是拿自己做参照，把同僚们一一做了评价，最后也给予自己合适的定位。这个氛围本身，就表明当时有一个健康的政治环境，大臣可以开诚布公地谈论各自的短长，当面互相品评也不会招致同僚的不满。这种和谐的同僚关系，保证了贞观群臣将精力集中于国家建设和发展方面，减少了钩心斗角的内耗，形成了清明公正的政治风气和政治环境。

制度：有效的设计和实行

除了君臣双方的共同努力，贞观政治风气的清明还与当时的制度建设息息相关。风气建设需要制度的规范和制约，才可以达到所希望的成效。武德九年（626），唐太宗虽未改年号但

[①] 吴兢撰，谢保成集校：《贞观政要集校》卷二《任贤》，第67页。

已即位，当时"上遣使点兵，封德彝奏：'中男虽未十八，其躯干壮大者，亦可并点。'上从之。敕出，魏徵固执以为不可，不肯署敕，至于数四。上怒，召而让之曰：'中男壮大者，乃奸民诈妄以避征役，取之何害，而卿固执至此！'对曰：'夫兵在御之得其道，不在众多。陛下取其壮健，以道御之，足以无敌于天下，何必多取细弱以增虚数乎！……'乃不点中男，赐徵金瓮一。"①按规定，本来是年满十八岁的丁男国家才征调的，唐太宗听从封德彝的建议，未满十八岁的中男也要征调。敕旨发到门下省，魏徵坚决不同意，不肯署敕。最终打消了唐太宗征发中男的想法。

魏徵坚决反对唐太宗征发中男为兵，除了他本人希望规劝太宗守信守法之外，与他当时担任的官职是有密切关系的。魏徵时任给事中，是门下省的官员。门下省是唐代三省之一，主要职责是出纳帝命，总典吏职，以弼庶务，即审核下行的诏敕，审批百司奏抄，处理日常庶政。门下省的长官是侍中，副长官是门下侍郎，负责日常工作的则是给事中。给事中的主要任务，一是审读奏抄；二是审查中书省起草的制敕，制敕有差失或不便施行，驳正奏还；三是大狱三司详决，刑名不当，轻重或失的，要根据法例进行裁决；四是六品以下官的任用，吏部拟定后，由给事中进行审定。所以，在制度规定上，魏徵有封还制敕的权力，也有保证制敕不违反律令的义务。因此魏徵四次封还制敕不肯签署，与唐代三省制的权责分工和给事中的职责是分不开的，可以说促使魏徵不肯听从唐太宗命令的是他为国为

---

① 《资治通鉴》卷一九二，第6026—6027页。

民的公心，但他能够拥有封还制敕的权力则得益于唐代政治制度的设计和三省的相互制衡分工体制。

而贞观群臣乐于合作的同僚关系，则与唐代的集体宰相制关系密切。唐代宰相由两部分人组成，一为三省长官。中书令是中书省的长官，侍中则是门下省的长官，尚书省是最高行政机关，负责执行各项命令；其长官本是尚书令，但因为尚书省长官既参与决策，又主持政务实施，权力较大，并且官品也在中书令、侍中之上，不利于三省的分权制衡，所以李世民即位之后，就不再设尚书令，而以原来的副长官左右仆射为实际长官，从而改变了隋朝行政运作中心在尚书省的局面。因此左右仆射也是宰相。第二部分人是以他官加"参预朝政""参知政事""同中书门下三品""同中书门下平章事"等头衔，由皇上指定为知政事官，到政事堂议事，参与国家大事的谋划。宰相们上午在政事堂议事，下午回本衙办公。政事堂是宰相议事之所，初设于门下省。凡是军国大事和五品以上官员的任免，均需经由政事堂会议议决，奏请皇上批准。可以说政事堂会议是协助皇帝统治全国的最高决策机构。这种宰相集体在政事堂办公的体制，方便大臣商量筹划又防止个人专权，在唐代前期政策制定和国家治理中发挥了重要的作用。

在集体宰相制的框架下，宰相们之间的合作和配合自然是频繁和密切的，对同僚的了解也是深刻的。王珪对几位同为宰相的同僚的点评深获认可，是与他们每日共同参加政事堂会议，互相熟悉密不可分的。政事堂制度促进了贞观宰相们之间的沟通与合作，加上贞观良好的政治环境，从而形成了贞观时期清明的风气和政治氛围。由此可见，良好政治风气的创建与有效的制度设计是相辅相成的。制度能够促进政治风气的改善，也可以保证良好的风气巩固和延续下去，而制度要得到有效的实行也同样需要清明的风气和公正的人心，否则就会成为一纸具文。贞观时期正是制度建设与风气建设结合得比较好的时期，而贞观时期取得的成就也是建立在这两方面成就的基础上。

贞观良好政治风气的形成，得益于贞观君臣的共同努力。唐太宗对纳谏心理障碍的克服和勇于改过的气魄实际上为臣下进谏提供了一个畅通的渠道，而群臣通力合作、一心为公，耻君不及尧舜，最终成就了唐太宗这位一代圣君。他们之间的君臣关系，蕴含着值得我们深刻思索的智慧，如何处理上下级关系，营造公正和谐的工作环境，贞观君臣的态度和心理都有许多可借鉴之处。另一方面，贞观君臣政治风气建设的实践也说明政治风气建设离不开制度的规范和保障，风气建设应该和制度建设并重，互相促进，方能发挥出应有的作用。

（原载《人民论坛》2011年第35期，第162—164页，与赵璐璐合著）

唐太宗的政绩观与贞观之治

唐太宗在位的贞观年间总共有二十三年,其间出现了中国历史上少有的治理局面,史称"贞观之治"。贞观之治的历史内涵很多,核心是天下大乱之后迎来的大治。唐太宗即位之前的几年时间里,隋末唐初的社会景象令人闻之悚然。隋末竭泽而渔的政策以及战乱的冲击,导致社会经济的崩溃、社会秩序的混乱以及世道人心的极度黑暗,尤其是人与人之间的信任危机。但是,在唐太宗即位五六年时间之后,局面出现了根本的改观。百姓建立起了对官府的高度信任,即使遇到严重的自然灾害,卖儿鬻女,外出逃荒,也没有因此怨恨官府,一旦年成好转,就迅速重返家园,社会秩序井然。在唐朝人看来,这种局面是自古以来从未有过的。吴兢说,"惟太宗文武皇帝之政化,自旷古而来,未有如此之盛者也。虽唐尧、虞舜、夏禹、殷汤、周之文武,汉之文景,皆所不逮也"[1]。

"贞观之治"局面的出现,有着复杂的历史原因,唐太宗的政绩观是其中一个重要的方面。唐太宗政绩观的主要内容包括:以民为本,治理国家要以百姓之心为心;关心民生,不去追求

---

[1] 吴兢撰,谢保成集校:《贞观政要集校·上贞观政要表》,第3页。

以牺牲百姓当前利益为前提的"帝王功业"。

以民为本是唐太宗君道观和政绩观的核心内容。唐太宗在即位之初就在与近侍大臣们的务虚会议上表示："为君之道，必须先存百姓。若损百姓以奉其身，犹割股以啖腹，腹饱而身毙。若安天下，必须先正其身，未有身正而影曲，上治而下乱者。"①贞观二年（628），他再一次发挥："凡事皆须务本，国以人为本，人以衣食为本，凡营衣食，以不失时为本。夫不失时者，在人君简静乃可致耳。若兵戈屡动，土木不息，而欲不夺农时，其可得乎？"②他不仅是这样说，在大部分时间里也是这样做的。贞观五年（631），主管部门根据阴阳吉凶各种禁忌，选定二月的某一天给太子举行象征成年的冠礼。太宗当即表示反对，理由是在即将春播的时候举行重大活动，需要征调人马，会妨碍农事，下令改到十月举行。面对大臣们提出的一套阴阳禁忌理论，唐太宗说："吉凶在人，岂假阴阳拘忌？农时甚要，不可暂失。"③唐太宗关于祥瑞灾异问题的谈话中，也多次表示，只有家给人足、百姓欢心才是帝王应该追求的治国目标，自然现象中的一些所谓祥瑞和灾异，不应该影响到这个治国目标。他在贞观二年（628）说过，"夫家给人足而无瑞，不害为尧、舜；百姓愁怨而多瑞，不害为桀、纣"④，贞观六年（632）又说"夫为人君，当须至公理天下，以得万姓之欢心。若尧、舜

---

① 吴兢撰，谢保成集校：《贞观政要集校》卷一《君道》，第11页。
② 吴兢撰，谢保成集校：《贞观政要集校》卷八《务农》，第423页。
③ 吴兢撰，谢保成集校：《贞观政要集校》卷八《务农》，第426页。
④ 《资治通鉴》卷一九三，第6056页。

在上，百姓敬之如天地，爱之如父母，动作兴事，人皆乐之，发号施令，人皆悦之，此是大祥瑞也"①。魏徵、王珪等大臣多次引用《老子》"圣人无恒心，以百姓之心为心"，对唐太宗以民为本政绩观的形成起到了很大作用。

民生安宁是唐太宗施政的最高目标。唐太宗关心民生的谈话、举措，以及轻徭薄赋、发展生产的政策法令，史不绝书。尽管吃蝗虫、纵死囚等事件都难免政治作秀之嫌，但唐太宗的作秀也多是为了树立在关心民生方面的圣君形象，而与隋炀帝那种"功在当代、利在千秋"的帝王功业观根本不同。民生安宁必须以社会风气的根本改善和信任危机的克服为前提。隋末以来的那种混乱无序状况是否能够迅速扭转？贞观君臣们最初并没有把握。经过几次激烈讨论，唐太宗树立起了信心，在武德九年（626）十一月与群臣讨论维稳之策时，他明确提出反对高压政策。唐太宗说："民之所以为盗者，由赋繁役重，官吏贪求，饥寒切身，故不暇顾廉耻耳。朕当去奢省费，轻徭薄赋，选用廉吏，使民衣食有余，则自不为盗，安用重法邪！"②贞观之治的局面正是在这种思想指导下出现的。

（原载《文史天地》2014年第2期，第1页）

---

① 吴兢撰，谢保成集校：《贞观政要集校》卷十《论灾祥》，第520页。
② 《资治通鉴》卷一九一，第6025—6026页。

唐太宗如何提升民心指数

唐宪宗元和年间（805—820年），大诗人白居易观赏了朝廷大典上表演的乐舞《七德舞》之后，有感于唐太宗在唐朝统一战争和开创贞观之治过程中的艰难，以及取得的伟大成就，写下了以《七德舞》为名的著名诗篇。诗中特别强调，唐太宗"不独善战善乘时，以心感人人心归。尔来一百九十载，天下至今歌舞之"[①]。实际上，百姓对唐朝政权的信任，是贞观之治的核心内容之一。贞观时期民心指数之高，在中国古代历史上可谓空前。

由于史料的限制，我们已经不可能用严密的指标体系来反映贞观时期的民心指数。但是，从以下一些宏观的记载和具体事例，可以窥见其时全社会的精神面貌和百姓对唐朝政权的高度信任。

《资治通鉴》记载，"（贞观）元年，关中饥，米斗直绢一匹；二年，天下蝗；三年，大水。上勤而抚之，民虽东西就食，未尝嗟怨。是岁（贞观四年），天下大稔，流散者咸归乡里，米斗不过三、四钱，终岁断死刑才二十九人。东至于海，南极五

---

① 白居易：《白居易诗集》卷三《七德舞》，第276页。

岭，皆外户不闭，行旅不赍粮，取给于道路焉"①。唐太宗即位以后，连续三、四年的灾害与饥荒，刚刚从隋末社会动乱之中走过来的老百姓，生活之艰辛可想而知。或背井离乡，东西逐食；或卖儿卖女，以求生路。民生几近崩溃的边缘。然而，唐朝的统治却是在这样的基础上牢固地稳定下来，并且迅速迎来了天下大治的良好局面。究其原因，就是老百姓没有把自然灾害带来的困难化为怨气，没有把生活的艰辛归罪于朝廷。只要年成一旦好转，他们就纷纷回到家乡，承担起对国家的各项义务；粮价也直线下降，从一斗米直绢一匹（约合200文钱）到米斗不过三、四钱，没有人囤积居奇；社会治安状况迅速好转，全国一年内判死刑的才二十九个人。正如唐朝史臣吴兢在其编撰的《贞观政要》中所说，"百姓虽东西逐食，未尝嗟怨，莫不自安。至贞观三年，关中丰熟，咸自归乡，竟无一人逃散"②。在民生如此艰辛的背景下，唐朝还在贞观三年冬天派出十余万大军，分道出击东突厥，在第二年春天就取得了全面的胜利。吴兢因此感叹道："其得人心如此！"

为什么唐太宗和他统治下的唐朝政权能够如此赢得民心？吴兢的解释是，"帝志在忧人，锐精为政，崇尚节俭，大布恩德"③。结合贞观初年的治国实践，可以归纳为以下三方面的原因。

其一，也是最为关键的一点，关心民生疾苦，心中装着老

---

① 《资治通鉴》卷一九三，第6084—6085页。
② 吴兢撰，谢保成集校：《贞观政要集校》卷一《政体》，第51页。
③ 吴兢撰，谢保成集校：《贞观政要集校》卷一《政体》，第51页。

百姓。贞观二年（628），由于关中地区发生了严重的旱灾，接着就是蝗灾。夏日的一天，唐太宗来到皇城的御苑中，发现了蝗虫，顺手就抓起了几只，拿在手上，用咒语般的话谴责起蝗虫来："民以谷为命，而汝食之，宁食吾之肺肠。"说完，举手就要把蝗虫往嘴里送。左右的大臣赶紧劝阻，说："这些个脏东西，吃了会得病啊。"唐太宗说："朕为民受灾，何疾之避！"于是把这几只蝗虫都吞吃之。《资治通鉴》记载这件事情的结果是，"是岁，蝗不为灾"①。也许是唐太宗的真诚感动了上苍，但其实更多的是感动了天下百姓，提高了灾区人民减灾抗灾的积极性和战胜灾害的自信心。

唐太宗关心民生的具体措施，白居易《七德舞》诗中概括为"亡卒遗骸散帛收，饥人卖子分金赎"②。贞观二年，当唐太宗得知关中地区由于旱灾导致百姓有卖儿卖女的情况后，对身边的侍臣说："水旱不调，皆为人君失德。朕德之不修，天当责朕，百姓何罪，而多遭困穷！闻有鬻男女者，朕甚愍焉。"③于是，他派遣御史大夫杜淹到关中各地去巡视检查，发现被卖的孩子，就从国库出钱把他们赎回，还其父母。唐太宗敢于把造成自然灾害的责任揽到自己身上，勇于承担责任，而不是怨天尤人，并且采取果断措施，"出御府金宝赎之"。又，《资治通鉴》记载，由于连续的自然灾害，唐太宗在贞观二年（628）三

---

① 《资治通鉴》卷一九二，第6054页。

② 白居易：《白居易诗集》卷三《七德舞》，第275页。

③ 吴兢撰，谢保成集校：《贞观政要集校》卷六《论仁恻》，第326页。

月下了一道大赦诏，诏书里说："若使年谷丰稔，天下乂安，移灾朕身，以存万国，是所愿也，甘心无吝。"四月又下诏，针对"隋末乱离，因之饥馑，暴骸满野，伤人心目"[①]的状况，下令各级官府出资，把散落在荒野的尸骸进行收葬。《七德舞》中还写到了"死囚四百来归狱，怨女三千放出宫"，说的是唐太宗能够"以不忍人之心，行不忍人之政"。

暴尸荒野的也许是无名的阵亡士卒，或者还是来自曾经敌对的阵营；卖儿卖女的无疑是普通的贫寒百姓。但是，唐太宗没有忽略他们，他们也是人，值得同样地加以怜惜和尊重。尊重生命，顺遂人性，是唐太宗君臣治国理念的重要组成部分。唐太宗之所以能够做到如此关心民生疾苦，是因为贞观君臣都有强烈的求治理想，他们在治国理论上也进行了深刻的探讨。贞观二年（628），正是贞观君臣讨论"安民之道"最为集中的一段时期，他们从理论上认识到，要使皇位稳固，要把国家治理好，关键是要把老百姓的生活安顿好。

其二，抑制豪强和权贵，惩治贪官污吏。《贞观政要》在解释唐太宗之所以能够深得民心、能够迅速开创贞观之治的原因时，特别强调了唐太宗抑制豪强的措施与效果，"深恶官吏贪浊，有枉法受财者，必无赦免。在京流外有犯赃者，皆遣执奏，随其所犯，置以重法。由是官吏多自清谨。制驭王公、妃主之家，大姓豪猾之伍，皆畏威屏迹，无敢侵欺细人"[②]。唐太宗对于贪官污吏的深恶痛绝，有时甚至表现得非常激进。据《资治

[①]《资治通鉴》卷一九二，第6049页。
[②] 吴兢撰，谢保成集校：《贞观政要集校》卷一《政体》，第52页。

通鉴》记载，武德九年（626）底，即位不久的唐太宗深为朝廷之中一些低级的小吏受贿成风而苦恼，一时没有想到什么好的对策，情急之下竟想出"钓鱼执法"这一招，暗中派人去向中央各部门的办事人员行贿。尚书省刑部的司门司有一个令史中招，接受了一匹绢。唐太宗决定严惩，杀之以应人望。民部尚书裴矩觉得不妥，进谏道："为吏受赂，罪诚当死；但陛下使人遗之而受，乃陷人于法也，恐非所谓'道之以德，齐之以礼。'"①唐太宗也认识到钓鱼执法的危害，没有处死司门令史，但是他严厉打击贪污受贿的决心却显露无遗。

贞观三年（629），唐太宗做秦王时的幕僚、濮州刺史庞相寿因为贪污而被免官。庞相寿找到唐太宗，而出于对部下的个人感情，唐太宗决定法外开恩，保留他的官职。但是，魏徵进谏说："秦府左右，中外甚多，恐人人皆恃恩私，是使为善者惧。"如果秦王府的幕僚都通过与皇帝的个人关系而获得法外之恩，将使那些正直善良的官员感到害怕和心寒。唐太宗在此提醒下，认识到自己的过失，对庞相寿说："我昔为秦王，乃一府之主；今居大位，乃四海之主，不得独私故人。大臣所执如是，朕何敢违！"②他赐给庞相寿一些绢帛，却依法免去了其官职。贞观六年（632），右卫将军陈万福贪小便宜，在扈从皇帝从九成宫赴京的途中，违法多取了管理驿站人家的几石麸皮。唐太宗知道此事后，决定羞辱他一下，将这些麸皮赐给他，"令自负

---

① 《资治通鉴》卷一九二，第6029页。
② 《资治通鉴》卷一九三，第6070页。

出以耻之"①，就是让他背着这些麸皮随行，好叫他长记性。

唐太宗对于享受特权的阶层有着特别的警惕。《资治通鉴》记载，武德九年（626），唐太宗对于唐高祖大封宗室为王的政策进行了调整，将数十位宗室郡王皆降为县公，惟有功者数人不降。他的理由是"朕为天子，所以养百姓也，岂可劳百姓以养己之宗族乎！"毕竟那么多的郡王是一个庞大的特权集团，"爵命既崇，多给力役，恐非示天下以至公也"②。

唐太宗之所以取年号为"贞观"，就是要示天下以公。只有维护社会的公平正义，严惩贪官污吏，才能真正赢得民心。

其三，严守法度，树立政权的公信力。《资治通鉴》记载，武德九年，唐太宗听从封德彝的建议，下令将那些未满十八岁的身体强壮的男子征点为兵。而按照制度规定，只有年满十八岁的中男和二十二岁以上的丁男才能被征点为兵。负责在门下省签署皇帝诏敕的魏徵，根据制度规定拒绝签署这份敕令，多次将中书省起草好的诏敕退回。唐太宗很生气，召见魏徵，加以指责说："中男壮大者，乃奸民诈妄以避征役，取之何害，而卿固执至此！"意思是说，那些个身强体壮的青年男子，虽然户籍上登记的年龄还没有到十八岁，但那是他们为了逃避征役而故意隐瞒年龄，是典型的奸诈之民。魏徵搬出了唐太宗自己的话，陛下常常说要"以诚信御天下，欲使臣民皆无欺诈"，可是这即位没多久，陛下就已经多次失信了。唐太宗惊愕不已，忙

---

① 吴兢撰，谢保成集校：《贞观政要集校》卷六《论贪鄙》，第367页。

② 《资治通鉴》卷一九二，第2025页。

问："朕何为失信？"魏徵说，陛下刚即位的时候下过一道诏令，宣布凡是拖欠了官府钱物的，全部加以免除。但是在实际执行之中，拖欠了陛下过去秦王府钱物的，都被继续追缴。陛下从秦王做到天子，难道秦王府的钱物就不应在免除之内吗？这是第一个失信于民的方面。第二，陛下曾经下令，关中免二年租调，关外则免一年。命令发布之后，又有规定说"已役已输者，以来年为始"。官府原本已经将征收上来的租调钱物退还给百姓，但根据后来的规定，当年已经征收过的就不要免了，于是地方官府又把退还之物再次征回。这种朝令夕改的做法，令老百姓徒增折腾而不能真正享受到政策的实惠。既然陛下有意要减免百姓的赋税徭役，为什么还要继续征点十八岁以下的中男为兵呢？再说，陛下强调过，"所与共治天下者，在于守宰"，作为地方长官的刺史、县令，是陛下赖以治理地方的、无可替代的力量，平时对于户籍、丁口的检查全都由他们负责，而到征点兵士的时候，却怀疑这些地方官有所隐瞒欺诈，这怎么符合陛下以诚信治天下的理念呢？在事实面前，唐太宗愉快地接受了魏徵的意见，决定放弃初衷，停止征点中男为兵。唐太宗因此深刻反省："夫号令不信，则民不知所从，天下何由而治乎！朕过深矣！"[①]

唐太宗曾说，"法者非朕一人之法，乃天下之法"[②]，所以他能够听进魏徵的意见，使自己的政策符合制度的规定。他要

---

① 《资治通鉴》卷一九二，第6027页。

② 吴兢撰，谢保成集校：《贞观政要集校》卷五《论公平》，第281页。

求国家的政策要以法令为依据，而不能取决于皇帝的一时喜怒和片言只语。从皇帝到各级官员都要坚守法令，否则就会导致社稷倾危。

从隋末动荡中走来的贞观君臣，对于如何防止社会矛盾的激化，怀着高度的警惕，也有着深刻的认识。唐太宗曾说："民之所以为盗者，由赋繁役重，官吏贪求，饥寒切身，故不暇顾廉耻耳。朕当去奢省费，轻徭薄赋，选用廉吏，使民衣食有余，则自不为盗，安用重法邪！"[①]在这个思想的指导下，经过几年的实践，就出现了"海内升平，路不拾遗，外户不闭，商旅野宿焉"的大治局面。而上述施政措施的背后，体现的正是贞观君臣以存养百姓为中心的"为君之道"和以不夺农时为中心"安人之道"。

（原载《领导文萃》2012年第20期，第86—89页）

---

① 《资治通鉴》卷一九二，第6025—6026页。

唐太宗如何说服来自内部的反对者

武德九年（626）九月的一天，即位不久的唐太宗李世民主持召开表彰大会，以当面确定各位功臣的封爵等级，"面定勋臣长孙无忌等爵邑"。第一等功臣是长孙无忌、房玄龄、尉迟敬德、杜如晦、侯君集五人。《资治通鉴》记载，当宰相陈叔达把功臣等第当众唱示之后，唐太宗说："朕给各位爱卿排定的勋赏，也许还有不妥当之处，有什么不同意见都可以讲出来。"话音未落，"于是诸将争功，纷纭不已"，场面近乎失控。其中，有一个声音特别刺耳，李世民的堂叔淮安王李神通当众叫嚷："臣举兵关西，首应义旗，今房玄龄、杜如晦等，专弄刀笔，功居臣上，臣窃不服。"面对如此明目张胆的挑战，新即位的皇帝毫不示弱地数落起来："当年义旗初起，叔父虽然首唱举兵，在关中响应，那大概也是出于无奈的自救之举吧。后来被派往河北山东与窦建德作战，叔父是全军覆没；又后来跟朕去镇压刘黑闼，叔父还是望风而逃。"如此这般的刻薄挖苦之后，李世民摆出了房玄龄、杜如晦的功劳，"房玄龄等人，运筹帷幄，为朕出谋划策，最终安定了社稷，有如汉之萧何，论功行赏，自然要在叔父之前了。尽管叔父是朕的至亲，但不可以因为私恩，而滥与勋臣同赏！"一番较量，会场上的气氛终于缓和下来，那些争功的将领们都表示心悦诚服，他们说："陛下至公，虽淮安王尚无所私，吾侪何敢不安其分！"①

这种叙事是《资治通鉴》中典型的对治国之道的书写范式。读懂了文本逻辑，只是阅读史书的第一个层次。值得思考的是，皇帝话音刚落，就可能场面失控？不服的到底都有哪些人？李神通为什么偏偏针对房玄龄、杜如晦这两个唐太宗最信任的谋士？最关键的，李神通和唐太宗在政治立场上是否一致？

《资治通鉴》记载，"（李）建成夜召世民，饮酒而鸩之，世民暴心痛，吐血数升，淮安王神通扶之还西宫"②，并引来唐高祖李渊的亲临问候。在李世民与李建成、李元吉兄弟争夺皇位继承权的关键时刻，李神通是站在李世民一边的。李神通无疑是来自内部的一位反对者。至于他是真的不服，还是配合皇帝在用人方面树立权威，不好轻下结论。他有资格不服，但他更应该知道，皇帝要重用房、杜是不可改变的，而且反对房、杜被如此重用的还大有人在，包括参加太原起义和统一战争的众多功臣武将，也包括一些高祖时期的老臣如裴寂、萧瑀、封德彝等人，甚至也包括刚刚宣布封赏名次的陈叔达。有些话要挑明是需要找到话头的。李神通率先发难，就给李世民提供了一个旗帜鲜明地宣布自己用人立场的突破口。论功行赏，无论私恩，提拔重用房、杜是毋庸置疑的人事决策。

李神通在受到唐太宗尖刻数落之后的表现已经无从知晓了，《旧唐书》的列传中记完此事紧接着就是四年之后李神通的去

---

① 《资治通鉴》卷一九二，第6022—6023页。

② 《资治通鉴》卷一九一，第6004页。

世,"(贞观)四年薨,太宗为之废朝,赠司空,谥曰靖"[①]。根据谥法,宽乐令终曰靖。李神通最后几年的心态是平和快乐的,至少唐太宗心里是这么认为的。他们这对君臣和侄叔之间更多的是理解和默契,而没有对抗和怨恨。即便当初李神通确实是不服,是真心反对那样的人事安排,经过李世民一番义正词严的批评,也听出了话外之音,理解了皇帝的苦衷。重大决策往往最先遇到来自内部的强烈反对,而能够成功说服来自内部的反对者,达成一致,是落实决策的关键。

(原载《文史天地》2015年第10期,第1页)

[①]《旧唐书》卷六〇《宗室·淮安王神通传》,第2341页。

房玄龄的风范

在中国历史上，能够辅佐君王，实现天下大治与君臣间互相成就的，除了传说中殷商时期的伊尹、傅说之外，当数唐朝初年的房玄龄和杜如晦。房、杜与"贞观之治"也是互相成就的。唐朝开国背景与唐太宗励精图治的时代精神，为房、杜辅佐唐太宗提供了历史舞台。而房、杜作为唐太宗治国理政的主要助手，为贞观时期制度规模的奠定、政治格局的开创、社会经济的恢复发展，以及各项对内、对外方针政策的制定和落实，都发挥了无可替代的作用。

一、"房谋杜断"与宰相班子的团结

房、杜二人在唐朝历史上享有崇高的评价。虽然二人并称，但以房玄龄为主，因为房玄龄活的时间长，辅佐唐太宗的时间也长，而且杜如晦本身也是由房玄龄引荐给唐太宗的。唐玄宗时期的史官吴兢在《贞观政要》一书中记载唐太宗的任贤，首推房、杜，说杜如晦与房玄龄一起担任宰相的期间，"至于台阁规模，典章文物，皆二人所定，甚获当时之誉，时称房、杜焉"①。唐朝中后期人刘肃撰《大唐新语》以《匡赞》开篇，表彰对君王治国有匡赞之功的大臣，其中最推崇的也是房、杜。刘肃对房、杜的评价是，"自是台阁规模，皆二人所定。其法令意在宽平，不以求备取人，不以己长格物。如晦、玄龄引进之，如不及也。太宗每与玄龄图事，则曰：'非如晦莫能筹之。'及如晦至，卒用玄龄之策。二人相须以断大事，迄今言良相者，称房、杜焉"②。北宋史学家司马光在《资治通鉴》中对此进行了引用和总结，提出"二人深相得，同心徇国，故唐世称贤相，推房、杜焉"③。

　　唐朝人推崇房、杜，有不同的角度，后人引述最多发挥最广的是所谓"房谋杜断"，大体是说房玄龄善于谋划，杜如晦善于决断，二人之间的密切配合和优势互补，成就了李世民的帝王事业。刘肃记载的上述传闻，《旧唐书·房玄龄杜如晦传》"史臣曰"加以引用，后来流布更加广泛。"房谋杜断"与"萧规曹随"一起，成了历史上著名宰相辅佐皇帝治国理政的典故。不过，"萧规曹随"用得很多，而"房谋杜断"用得却很少。其实，要真正做到"萧规曹随"也很不容易，新官上任三把火，都想有所建树，做出成绩，"萧规曹随"就等于把自己埋没了。即便如此，人们还是愿意说自己要"萧规曹随"，表示对前任的尊重，也表示自己的谦虚。可是，很少有人敢用"房谋杜断"

---

① 吴兢撰，谢保成集校：《贞观政要集校》卷二《任贤》，第60页。

② 刘肃撰，许德楠、李鼎霞点校：《大唐新语》卷一《匡赞》，第3页。

③ 《资治通鉴》卷一九三，第6063页。

的典故。这里面有几个原因。一则"萧规曹随"说的是前任和继任者之间的关系,而"房谋杜断"说的是同僚之间的关系。说尊重前任总是容易做到的,反正是否真的尊重,前任也没有多少发言的机会了。而要尊重同僚,同事之间互相欣赏却很难。二则"房谋杜断"的前提,是皇帝对宰相班子的信任,房也好,杜也好,他们都是忠心地为皇帝谋和断,都得到皇帝的充分信任。其实他们都是谋,真正的断还是交给了皇帝本人。三则,所谓"房谋杜断",并不像后来人们理解的那样是李世民当了皇帝,房、杜担任宰相时候的事情,其实际内容是在李世民武装夺权的过程中,房、杜发挥了谋和断的作用。也就是说,"房谋杜断"的历史背景是武装夺权。由于这几个原因,后人就很难用"房谋杜断"来表达自己的行政理念和执政风格了。这也是房、杜在唐朝很受推崇而后代言之者不多的一个原因。

"房谋杜断"其实有非常正面的政治意义,那就是宰相班子的团结。维护宰相班子的团结,对于辅佐君王来说,是提高工作效率、营造良好政治氛围的重要前提。对于宰相班子自身建设来说,尤其是对于班子中的领导者来说,是一种难能可贵的修养。《旧唐书》的"史臣曰"便特别强调辅佐班子团结的作用,房、杜二人,一谋一断,"相须而成,俾无悔事,贤达用心,良有以也",所谓"笙磬同音,唯房与杜"[①]。

二、"孜孜奉国,知无不为"——房玄龄的勤勉与担当

据《贞观政要·任贤》记载,贞观二年的一天,唐太宗与

[①] 《旧唐书》卷六六《杜如晦传》,第2472页。

宰相班子成员一起宴饮之时，令王珪点评一番各位宰相的长处。王珪首先说到的就是房玄龄，对其评价是"孜孜奉国，知无不为"①。这样一个出自同僚的当面评价，得到了唐太宗的首肯及房玄龄本人的认可，道出了房玄龄作为唐太宗首席助理的勤勉与担当精神。

房玄龄是跟随李世民时间最长的辅佐成员。他和杜如晦都是在隋末动荡之中直接投奔李世民而来的，是李世民真正的贴心谋士。二人原本都是隋朝官僚的子弟，在隋朝都屈居下僚。李渊起事的时候，房玄龄是隰城县尉，杜如晦是滏阳县尉，都是最低级别的地方官。但是，他们又都有政治抱负，都有成就一番事业的理想。在县尉的位置上，如果在正常情况下，是很难有大发展的。投奔李世民是改变其政治命运的转折点。正值隋末社会纷乱之际，他们都弃官不做，在等待和寻找机会。当李世民带兵围攻长安的时候，他们感到机会来了。房玄龄是"杖策谒于军门"，就是自己带着早已想好的计谋，来到李世民的军中自荐。同时，还得到李世民属下温彦博的推荐。李世民正在寻求发展自己的势力，对于计谋之士，自然是一见如故，当即任命他为自己的机要秘书"渭北道行军记室参军"。按照当时制度上的规定，记室参军，掌表、启、书、疏，就是为领导人起草和处理各种表奏文书的机要秘书。杜如晦是在李渊军队进入长安后，来到李世民身边的，应该是房玄龄把他招罗来的。就这样，房玄龄、杜如晦形成了历史上的一对黄金组合。杜如晦在贞观四年（630）病逝，享年四十六岁。房玄龄则一直活到

---

① 吴兢撰，谢保成集校：《贞观政要集校》卷二《任贤》，第67页。

贞观二十二年（648），享年七十岁。十个月后，唐太宗去世。房玄龄辅佐唐太宗达三十二年之久。

从担任李世民渭北道行军元帅府的记室参军开始，房玄龄就一直陪伴在李世民的左右，自始至终是李世民的首席秘书。李世民做秦王的时候，他是秦王府的记室参军。李渊当了九年皇帝，李世民就做了九年的秦王。但是，《旧唐书·房玄龄传》说"玄龄在秦府十余年"，是从唐朝建国之前房玄龄进入李世民的元帅府之日算起。这十余年之中，房玄龄作为李世民的机要秘书，"常典管记，每军书表奏，驻马立成，文约理赡，初无稿草"①。在许多重要而紧急的关口上，房玄龄以其高超的文字水平和杰出的参谋能力，为李世民出谋划策、应对时艰。这个时期，除了在军政事务中帮助李世民谋划决策之外，房玄龄的另外一个重要贡献是搜罗人才。《旧唐书》载，"贼寇每平，众人竞求珍玩，玄龄独先收人物，致之幕府。及有谋臣猛将，皆与之潜相申结，各尽其死力"②。

玄武门事变后，李世民做了太子，房玄龄随之担任了太子右庶子。李世民做了皇帝，房玄龄则取代老臣萧瑀担任了中书令，功列第一等。这两个职位分别是太子东宫和皇帝朝廷之中的首席秘书。房玄龄继续在首席秘书的岗位上为李世民处理权力交接前后的复杂军政事务。贞观三年以后，担任了尚书左仆射，作为行政首长，任职达十五年之久。在这个位置上，房玄龄"虔恭夙夜，尽心竭节，不欲一物失所。闻人有善，若己有

---

① 《旧唐书》卷六六《房玄龄传》，第2460页。
② 《旧唐书》卷六六《房玄龄传》，第2460页。

之。明达吏事，饰以文学，审定法令，意在宽平。不以求备取人，不以己长格物，随能收叙，无隔卑贱。论者称为良相焉"①。见于《贞观政要》和两《唐书》中的这一段概括，是王珪评价房玄龄"孜孜奉国，知无不为"的最好注脚。遍看贞观一朝史事，房玄龄被记载下来的事迹并不多，而"良相"、"贤相"的桂冠，又非房玄龄莫属。其中的奥秘就在于他的"孜孜奉国，知无不为"。房玄龄在担任宰相期间所作出的贡献，主要包括制度层面的机构改革和人事改革，制定法令，并省州县，裁减官员，整顿财政等，还包括协助唐太宗指挥消灭东突厥的战争。所谓"台阁规模，皆二人所定"，诚非虚言。房玄龄的作用与贡献，是当时任何大臣都不可比肩的。

房玄龄作为唐太宗的首席辅佐，其器识是超越群伦的，尤其是他宽厚待人的胸怀。唐太宗赋予了房玄龄很大的用人权，但他在用人方面却从未受到批评。这不得不归功于他"闻人有善，若己有之"的胸怀。唐太宗曾经批评宰相封德彝错误的人才观，说他总是用自己的长处去量别人的短处，所以选拔不出任何人才，并以"岂借才于异代"来责问他。房玄龄深知不可向其他时代借用人才的道理，所以能够做到"不以求备取人，不以己长格物，随能收叙，无隔卑贱"②。

三、"辅赞弥缝，而藏诸用"——房玄龄的低调与律己

熟悉本朝国史的唐朝中期人柳芳，曾经对房玄龄有一个评

---

① 《旧唐书》卷六六《房玄龄传》，第2461页。
② 《旧唐书》卷六六《房玄龄传》，第2461页。

价：“玄龄佐太宗定天下，及终相位，凡三十二年，天下号为贤相；然无迹可寻，德亦至矣。故太宗定祸乱而房、杜不言功，王、魏善谏诤而房、杜让其贤，英、卫善将兵而房、杜行其道，理致太平，善归人主。为唐宗臣，宜哉！”①《新唐书·房玄龄杜如晦传》史臣"赞曰"引柳芳之言，还有如下一段，"持众美效之君。是后，新进更用事，玄龄身处要地，不吝权，善始以终，此其成令名者"②。完整地理解柳芳的评价，可以看出其所推重的是房玄龄低调行事、严格律己的品格。《新唐书》史臣"赞曰"进一步总结了房玄龄的这个品格，"宰相所以代天者也，辅赞弥缝，而藏诸用，使斯人由而不知，非明哲曷臻是哉？彼扬己取名，了然使户晓者，盖房、杜之细邪！"③大意是说，君王越是信任，宰相就越是不能有优越感和特权感，要努力使得周围的人都愿意为君王效力，而不是由自己把君王包围起来。宰相要尽心竭力辅佐君王，但不可贪天之功，既要敢于承担责任，又要有做无名英雄的境界，"善归人主"。至于那些扬己取名，喜欢利用和君王的近密关系吹嘘炫耀、把自己宣扬得家喻户晓的人，相比于房玄龄、杜如晦这样的大臣来说，无疑是小儿科了。

由于房玄龄的律己，使得长孙皇后在临终前要给唐太宗留下叮嘱，说"玄龄事陛下最久，小心谨慎，奇谋秘计，皆所预

---

① 《资治通鉴》卷一九九，第6260—6261页。
② 《新唐书》卷九六《杜如晦传》，第3866页。
③ 《新唐书》卷九六《杜如晦传》，第3866页。

闻，竟无一言漏泄，非有大故，愿勿弃之"[1]。也由于他的低调，而深得唐太宗的信任，并因此培养出君臣之间的默契。贞观十八年（644），太宗亲征辽东，命玄龄留守京城。正好有人上访，称有秘密要报告，房玄龄问是什么，那人回答说："此事与您有关。"于是房玄龄派人将他送到太宗行在所。皇上听说留守房玄龄送来一个告密人，十分愤怒，命人持长刀站在旁边而后见之，问那人所告谋反之人是谁，答："房玄龄。"太宗说："果然是这样。"命令拉出去腰斩。然后给房玄龄去信，给他授权，"更有如此者，得专断之"[2]。贞观二十一年（647），唐太宗到翠微宫暂住，任命司农卿李纬为户部尚书。房玄龄当时在京城留守，正好有人从京师来，太宗问曰："玄龄听说李纬拜尚书有什么意见吗？"来人回答说："玄龄只是说李纬的胡须长得很好看，就没说别的了。"太宗听后马上改授李纬为洛州刺史，不让他当户部尚书了。可见房玄龄的意见对太宗是多么重要。

房玄龄和唐太宗之间的默契配合与相互信任，无疑是"贞观之治"局面形成并得以维持较长时间的一个重要前提。

（原载《秘书工作》2014年第7期，标题为"唐代名相房玄龄"，第70—72页）

---

[1]《旧唐书》卷五一《后妃·长孙皇后传》，第2166页。
[2] 刘餗撰，程毅中点校：《隋唐嘉话》上，第12页。

是谁弹劾了凯旋的李靖?

据《资治通鉴》记载,贞观三年(629)唐太宗下诏派出几路大军讨伐东突厥,由兵部尚书李靖担任总指挥。到贞观四年(630)春天,唐军俘虏了颉利可汗,取得了彻底胜利。四月戊戌日,唐太宗登上长安的顺天门城楼,盛陈文物,引见颉利,历数颉利的五大罪行。其后,太上皇李渊感慨于太原起兵之时曾经被突厥掣肘,感叹曰:"汉高祖困白登,不能报;今我子能灭突厥,吾托付得人,复何忧哉!"似乎是对李世民发动政变夺取皇位的公开肯定。于是,"上皇召上与贵臣十余人及诸王、妃、主置酒凌烟阁,酒酣,上皇自弹琵琶,上起舞,公卿迭起为寿,逮夜而罢"①。皇宫内的凌烟阁上演了一出父子和洽的欢喜剧。但是,等待前线总指挥李靖的却不是如此欢庆的气氛。《资治通鉴》明确记载:

(五月)丁亥,御史大夫萧瑀劾奏李靖破颉利牙帐,御军无法,突厥珍物,虏掠俱尽,请付法司推科。上特敕勿劾。及靖入见,上大加责让,靖顿首谢。久之,上乃曰:"隋史万岁破达头可汗,有功不赏,以罪致戮。朕则不然,录公之功,赦公之

---

① 《资治通鉴》卷一九三,第6075页。

罪。"加靖左光禄大夫,赐绢千匹,加真食邑通前五百户。未几,上谓靖曰:"前有人谗公,今朕意已寤,公勿以为怀。"复赐绢二千匹。①

李靖本应是回来请功领赏的,却遭到了负责监察百官的御史台长官御史大夫的弹劾。不必探究李靖的部下是否真的将突厥的珍宝器物抢掠殆尽,因为那个年代的重大战争获胜的一方纵兵抢掠似乎是通行的惯例;也不必忙于佩服李靖的隐忍低调不加辩解,毕竟弹劾百官是御史大夫的职责所在,而且皇帝已经下令不接受弹劾。面对唐太宗见面时的"大加责让",李靖只有顿首谢罪,他还能说什么呢?君臣见面的场景,实在令人有点窒息。哪怕是短短几分钟的沉寂,李靖和唐太宗都会觉得是过了许久。这"久之"后面唐太宗的一段话,像是提醒和敲打,敲打那个时代最懂得兵法的李靖不要有异图;也像是自我警醒,忠诚如李靖,千万不可因猜疑而问罪甚至杀戮。这一段话虽然不像后来《唐太宗李卫公问对》留下的君臣之间谈话那样坦诚相待,但从结果看,两个明白人之间的沟通应该是默契的。要说还有点自责或者放心不下的,是唐太宗而不是李靖,所以还要找李靖谈话,挑明所谓弹劾是有人陷害而进谗言,希望李靖不要放在心里,并再次重赏李靖。整个事件的结果是,李靖得到了本该获得的加官晋爵受赏,只是中间多出了一个被弹劾和接受责让的波折。而且恰恰是这个波折,折射出了帝制时代君主和功臣武将之间微妙的关系。从文本表面看,《资治通鉴》叙事所要表达的意思是,尽管李靖出现了御军不严、放纵部下抢

---

① 《资治通鉴》卷一九三,第6078页。

掠的错误，唐太宗却倍加爱护，不仅不接受弹劾，而且诚恳地找李靖谈话，在责让之中善意提醒、加官赐赏。这是司马光笔下唐太宗善于用人的一个典型事例。从这个层面上阅读《资治通鉴》，历史事件传递的是正能量，是历史自身阳光的一面。

作为中国历史上最伟大的史学家之一的司马光，在作为代表北宋最高学术成就的《资治通鉴》中要传递的信息应该远不止于这个层面的内容。如果这段记载中反映出的李靖之低调和唐太宗之包容就是整个事件的全部历史，那历史就显得有点单薄。人的不确定性和历史的复杂性远甚于此。司马光写给仅仅通过阅读《资治通鉴》来了解历史的人，尤其是仅仅从字面上来了解历史的人看的，到这个层面似乎也足够了。但是，如果深入思考一下，就会发觉李靖所受的这一顿责让，有必要引起怀疑，尤其是唐太宗事后的劝解更觉得话里有话："前有人谗公，今朕意已寤，公勿以为怀。"[1]你都明白是被诬告了，那就应当去追究当初诬告李靖的人。换言之，如果唐太宗对李靖无比信任，又有谁愿意冒险去进谗言诬告他呢？

检举李靖军无纲纪、放纵士兵抢掠突厥珍宝的人到底是谁呢？唐太宗可以不告诉李靖，但在史籍记载中却无可回避。今存记载中有两个说法，一是温彦博，另一个是萧瑀，不过二人的头衔都是御史大夫。《旧唐书·李靖传》的记载是，"御史大夫温彦博害其功，潜靖军无纲纪，致令虏中奇宝，散于乱兵之手。太宗大加责让，靖顿首谢"[2]。《新唐书·李靖传》则记为

---

[1] 《资治通鉴》卷一九三，第6078页。
[2] 《旧唐书》卷六七《李靖传》，第2480页。

"御史大夫萧瑀劾靖持军无律,纵士大掠,散失奇宝。帝召让之,靖无所辩,顿首谢"①。司马光在这两个说法中,选择的是萧瑀,而且不知根据什么材料,将萧瑀上疏弹劾李靖的时间明确记为贞观四年(630)五月丁亥。时间是历史学家可以运用的重要武器。司马光在这里明确下来萧瑀上疏弹劾李靖的具体时间,似乎将温彦博弹劾的说法无可辩驳地否定了。因为就在同一卷,《资治通鉴》记载了贞观四年二月甲寅"以克突厥赦天下。以御史大夫温彦博为中书令,守侍中王珪为侍中;守户部尚书戴胄为户部尚书,参预朝政;太常少卿萧瑀为御史大夫,与宰臣参议朝政"②。温彦博和萧瑀作为前后任的御史大夫,其交接是在二月,而五月丁亥日上疏弹劾李靖的御史大夫只能是萧瑀。

两个说法一定是非此即彼吗?后世读史者对此亦少有措意而加以考辨者。常伯工著《李靖评传》③采用的是《旧唐书·李靖传》的说法,认为是温彦博弹劾了李靖。雷家骥的《李靖》④却采用《新唐书·李靖传》和《资治通鉴》的记载,认为是萧瑀弹劾了李靖。若细加考辨,这不是一个可以忽略的小问题。

值得警惕的问题恰恰出现在上引《资治通鉴》关于萧瑀接替温彦博担任御史大夫的那条记载中。温彦博和萧瑀两个说法,可能来自不同的史源,在没有确凿的证据之前,不能用一个说

---

① 《新唐书》卷九三《李靖传》,第3814页。
② 《资治通鉴》卷一九三,第6073页。
③ 常伯工:《李靖评传》,解放军出版社2014年。
④ 雷家骥:《李靖》,联名文化有限公司1980年。

法否定另外一个，最大的可能是两个说法都对。当然这只是推测，但根据已知推测未知的部分，是读历史的必由之路。应该相信司马光深知这一点，他有理由对好学深思尤其是像他自己一样带着怀疑精神思考历史的人寄予希望，面对自己写定的五月丁亥御史大夫萧瑀上疏弹劾李靖的记载，只要参考更加原始的《旧唐书·李靖传》，就会产生疑问：温彦博和萧瑀是否都上疏弹劾过李靖？在这个疑问的引导下，一个细思恐极的答案就要跳将出来：难不成弹劾李靖是御史大夫的角色行为而非温彦博或萧瑀的个人行为？

按照官方口径记载在《旧唐书·李靖传》中的说法，是"御史大夫温彦博害其功"而弹劾。至于温彦博为什么要对建立不世奇功的李靖如此羡慕嫉妒恨呢？《旧唐书·温彦博传》的记载中有一个间接的说法，武德年间温彦博参加了对东突厥的战争，"军败，彦博没于虏庭。突厥以其近臣，苦问以国家虚实及兵马多少，彦博固不肯言。颉利怒，迁于阴山苦塞之地。太宗即位，突厥送款，始征彦博还朝"①。原来温彦博在对突厥的战争中被俘虏，在那边受尽了苦头。现在李靖竟然把东突厥彻底打败了，对比之下，温彦博多么没有颜面。"害其功"所指应是这种心态，无论温彦博是真心嫉恨还是被安排嫉恨，这个背景都是很好的铺垫。至于萧瑀为什么要弹劾，除了他是御史大夫的职责所在，《旧唐书·萧瑀传》也提供了一个间接的背景，那就是萧瑀喜争好辩，热衷于弹劾同僚。据载，唐太宗即位之初，武德年间的宰相萧瑀和封伦（字德彝）闹矛盾，虽然理在萧瑀

---

① 《旧唐书》卷六一《温彦博传》，第2361页。

一边，但封德彝处理人际关系能力比他强，而且是主动站到了唐太宗旧部房玄龄、杜如晦一边，将性格耿直、脾气暴躁的萧瑀逼得恶言相向，向唐太宗打秘密报告揭发或者发泄，言语之中伤及房、杜等正受重用的功臣，因此引起唐太宗的强烈不满，将其罢官回家。到贞观四年（630）二月重新起用，接替温彦博担任御史大夫并获得参与御前决策的授权之后，萧瑀还是秉性难改，继续与房玄龄等人争执不休，房玄龄、魏徵、温彦博等人都曾因为一些小的过错而遭到过萧瑀的弹劾。这是《旧唐书·萧瑀传》中列举的萧瑀弹劾过的人。如果李靖遭受过萧瑀的弹劾，为什么偏偏不记载下来呢？难道萧瑀也是被安排去弹劾李靖的？

从《资治通鉴》的叙事入手，寻找李靖被弹劾事件在两《唐书》中的记载，各种说法互相参照，自然指向弹劾李靖是在攻打东突厥取得决定性胜利之后御史大夫的角色行为。而角色行为的背后自然就是皇帝的意志，是唐太宗李世民授意或者暗示先后交接的两任御史大夫上疏弹劾李靖。《资治通鉴》的叙事在字面上没有这个意思，但是二月甲寅"以克突厥赦天下"的当天以御史大夫温彦博为中书令，以太常少卿萧瑀为御史大夫的记载，以及将萧瑀上疏弹劾李靖的时间明确定在五月丁亥日，都留下了通向这个理解的线索。五月丁亥日应该是李靖见到唐太宗并接受责让的时间，至于为唐太宗对凯旋的总指挥大加责让提供由头的弹劾是什么时间由什么人提交的，官方的记载可以根据需要安插到担任御史大夫的人头上。如果是温彦博弹劾的，他在二月甲寅日就已经卸任御史大夫，前线刚刚传来打败突厥的消息。唐太宗一方面"以克突厥赦天下"，庆祝抗击突厥的伟大胜利,而在暗中却指示或暗示御史大夫温彦博上疏弹劾李靖。如果萧瑀也弹劾了李靖,那理应在其接任御史大夫最初的一段时间里,无论如何都是在李靖取得了对突厥战争的决定性胜利之后。按照这个逻辑去理解李靖被弹劾事件,那唐太宗对李靖的心态就不是信任和包容那么简单,而是带着防范和戒备,是一场大胜仗之后对作战总指挥的敲打和提醒。要敲打一位凯旋的将军,自然需要有一个合适的借口。温彦博也好,萧瑀也好,只不过是承担起了皇帝希望他们承担的角色而已。

阅读《资治通鉴》进入到这个层面,这个历史事件传递的似乎是驭人之术的权谋了,让读者有理由相信,贯穿在一个英明伟大帝王政治生涯之中的就是厚黑学、就是潜规则。司马光编撰此书是为了给皇帝看,是为了给皇帝提供"资治"的借鉴,"有资于治道"。所以,这些我们分析出来的内容,是具有潜在不确定性的,是带着怀疑精神去研究历史可能得出的结论,当然从字面上阅读《资治通鉴》是认识不到的。

唐太宗为什么要防范和敲打凯旋的李靖呢?因为李靖是除了唐太宗本人以外那个时代最懂得谋略和兵法的人,是李世民当皇帝以后统帅大军出征的不二人选,自然也就存在着潜在的威胁。在贞观三年(629)战机初现的紧要关口,唐太宗首先考虑的带兵将领就是李靖(事实表明,以后很多年他都一直面临着用还是不用李靖的艰难选择)。《资治通鉴》记载,贞观三年八月丁亥,"命兵部尚书李靖为行军总管讨之(东突厥),以张公谨为副"。十一月庚申,"以并州都督李世勣为通汉道行军总管,兵部尚书李靖为定襄道行军总管,华州刺史柴绍为金河道行军总管,灵州大都督薛万彻为畅武道行军总管,众合十余万,皆受李靖节度，分道出击突厥"①。据此可知，唐太宗分多次下令派兵进攻突厥，最后参与作战的军队当为六路，除了李靖、张公谨率领的定襄道行军，李勣、丘行恭率领的通汉道行军，柴绍率领的金河道行军，薛万彻率领的畅武道行军之外，还有卫孝节率领的恒安道行军，李道宗率领的大同道行军。据《旧唐书·突厥传上》载，贞观三年，"诏兵部尚书李靖、代州都督张公谨出定襄道，并州都督李勣、右武卫将军丘行恭出通汉道，左武卫大将军柴绍出金河道，卫孝节出恒安道，薛万彻出畅武道，并受靖节度以讨之"②。可知李勣和丘行恭为一路。又据《旧唐书·江夏王李道宗传》记载，贞观三年，为大同道行军总管，"遇李靖袭破颉利可汗，颉利以十余骑来奔其部。道宗引兵逼之，征其执送颉利。颉利以数骑夜走，匿于荒谷，沙钵罗惧，驰追获之，遣使送于京师"③。可知李道宗在后期参与了擒获颉利可汗的战斗，不过应该不在"皆受李靖节度"的范围之内。雷家骥撰《李靖》认为李靖为六道军队节度的说法值得商榷，不过他注意到受李靖节度的将领爵位大都高于李靖的现象，或可说明除了李靖是兵部尚书之外，恐怕还与唐太宗对诸道将领的牵制有关，也是李靖的军事指挥才能所决定的。无论如何，李靖在唐朝进击突厥的战争中处于总指挥的位置，其受到的重用是无可置疑的，与此同时，他应该也受到唐太宗一定程度的防范。对于帝王来说，大凡不得不用之人，一定也是不得不心

---

① 《资治通鉴》卷一九三，第6066页。
② 《旧唐书》卷一九四上《突厥传上》，第5159页。
③ 《旧唐书》卷六〇《宗室·江夏王道宗传》，第2354—2355页。

存防范之人。

《资治通鉴》没有明确揭示唐太宗对李靖的防范，而是标树圣明君主对遭到嫉恨和弹劾的将军加以敲打，其叙事目的了然若揭。但在叙事当中又留下了一些线索，尤其是点名两个特别时间，若隐若现地引导读者去发现一个懂权谋、善驭人的唐太宗，一个并不那么光明磊落的君王。这是一条潜在的叙事线索，如果仅仅停留在这条线索的表层意图，那历史教给读者的就是阴谋和暗算。司马光不希望人们如此读历史，至少王夫之理解中的司马光的编撰意图并非如此。王夫之在《读通鉴论·叙论三》中批评了编撰历史的不良倾向，"抑有纤曲嵬琐之说出焉，谋尚其诈，谏尚其谲，徼功而行险，干誉而违道，奖诡随为中庸，夸偷生为明哲，以挑达摇人之精爽而使浮，以机巧裂人之名义而使枉；此其于世教与民生也，灾愈于洪水，恶烈于猛兽矣"①。他认为《资治通鉴》是克服了这种不良倾向的代表，将历史讲述得光明亮堂而不是阴暗诡诈。

如果唐太宗确实对李靖心存防范，那么在取得决定性胜利，而且朝野内外都沉浸在胜利喜悦之中的时候，指示或暗示御史大夫上疏弹劾一下李靖御军无法，回到朝廷后顺势对其进行提醒和敲打，未尝不是一种保护。错综复杂的权力格局中，军功最大的李靖可能招来的嫉恨又何止来自一二人呢？况且受其指挥的各路将领资历和爵位都比他高。通过敲打来加以保护，也是一种爱护人才的表现。即使唐太宗本人也心存戒备，帝王对于臣下的预先防范也不见得一定是阴谋，在一定前提下也可以

---

① 王夫之：《读通鉴论》卷末《叙论三》，第953页。

理解为善意提醒或者暗中保护。在这个层面上，李靖被诬告事件传递出来的意义就又回到《资治通鉴》叙事的字面意图上来了。

（原载《文史天地》2016年第10期，第15—18页）

《资治通鉴》叙事中的史事考订与历史重述
——基于唐太宗即位之初"诸将争功"事件的个案分析

在中国古代史学史上,《资治通鉴》(以下简称《通鉴》)无疑是最为重要的一部编年体史书。自该书问世以来,历代史家都曾就其史观、史学与史料价值多有讨论。不过,在现今的学术视野下,其最值得注意的史学价值是什么?

海登·怀特以叙事模式的类型区别为标准,将历史著述分为编年史、故事、情节化描述、论证模式、意识形态蕴涵模式等几种。在他看来,编年史是将原始素材加以简单时间排列的历史叙述模式[①],这是就他习见的编年史而言。《通鉴》显然并不是这样的"编年史",它取材于一些业已经过编纂加工的文本,司马光及其合作者们又按照他们的标准将这些素材重新加以编排,使本就经过前代史家"情节化"与逻辑化的历史叙事再经历了一重加工,形成一个新型叙事文本。因而,在文献比对的基础上,判别《通鉴》中的内容哪些直接承袭自前代史书的叙事,哪些是司马光对历史文本所做的新解释,从而对《通

---

① 参见海登·怀特著,陈新译:《元史学:19世纪欧洲的历史想象》,译林出版社2004年,第6页。

鉴》中某些具体事件的叙事类型、叙事特征及全书的叙事模式进行解析。

怀特对待历史叙事的态度被视为"后现代"的代表，他明确提出"我将历史说成是事实的虚构化和过去实在的虚构化"①。本文并不赞同这个观点，但其认为历史叙事必然要带有"诗性的"和"修辞性的"特征这一思路，依然值得我们重视。古代中国最早讨论历史编纂学的专门论著中，《文心雕龙·史传》与《史通》都非常强调编排与叙事的作用，中国传统史学也的确强调叙事在史书编纂中的作用，刘知幾更是明确地提出"史之称美者，以叙事为先"②，因而，将《通鉴》置于历史叙事的考察范围加以分析，也应是古代史学研究与古代史研究应有的题中之义。

---

① 见于海登·怀特为《元史学》中译本所写的前言，第7页。怀特对历史的"虚构"特征自己做过说明，"我倾向在现代边沁主义和费英格尔的意义上来理解虚构的观念，即将它看成假设性构造和对于实在的'好像'（as if）式描述，因为这种实在不再呈现在感知前，它只能被想象而非简单地提起或断定其存在。"有关怀特所说的"虚构"，也可参见李剑鸣《后现代主义与"虚构"说》，收录于氏著《隔岸观景》，社会科学文献出版社2012年。

② 刘知幾撰，浦起龙通释：《史通通释·叙事》，152页，王煦华整理，上海古籍出版社，2009年。需要说明的是，刘知幾所讲的"叙事"和怀特所说的"叙事"并非同一概念，但二者强调历史编纂中作者对材料的编排以及书写的文学性方面是一致的。

学界对《通鉴》的叙事研究已经取得了一些成果①，不过并未形成较为一致的研究思路与方法。本文将以《通鉴》对唐太宗即位之初"诸将争功"之事的记载为案例，对《通鉴》的历

---

① 新近辛德勇考察《通鉴》记载汉武帝时期"巫蛊之祸"与"轮台诏"的研究，以及李浩针对辛文而发表的商榷之作，可以视为对《通鉴》叙事研究的最新尝试。辛文立足于文献比对，认为司马光"出于资以鉴戒的特殊需要而率以己意取舍史料"，并且进一步提出"此种情况在《通鉴》中随处可见，因此所谓《通鉴》取舍史料无征不信且严谨不苟的看法是很荒谬的"。参见辛德勇《汉武帝晚年政治取向与司马光的重构》，《清华大学学报》2014年第6期；后在此基础上出版了《制造汉武帝》，三联书店2015年。辛文发表后，李浩撰文商榷，指出辛文中存在大量的史料误读，认为《通鉴》叙事与《汉书》等原始史料高度吻合，不存在重构现象。李浩还着重强调，"历史阐释不等于历史重构，《通鉴》之叙事、议论仅是对公认史实不同视角的历史观察，司马光没有也不可能重构历史"。参见李浩《"司马光重构汉武帝晚年政治取向"说献疑——与辛德勇先生商榷》，《中南大学学报》2015年第6期。二人对《通鉴》的不同理解，基本是立足于文献学领域内的史源考察，对历史叙事其实涉及不多。除辛、李二人的相关讨论之外，姜鹏在分析、比较《通鉴》原文与明人严衍《资治通鉴补》改订文字的基础上，指出《通鉴》原本就不是"一种单纯的历史叙述文本"，而是"借历史叙述以表达施政理念"，《通鉴》中很多看似有"破绽"的地方，其实隐含了司马光表达自身理念的深意。严衍对《通鉴》的订补和改写，"反而消解了文本的原有写作语境，使作者力图借历史叙述予以表达的施政理念湮没不显，而成为一种单纯的历史叙述文本"。参见姜鹏《司马光施政理念在历史编纂中的表达——从〈资治通鉴补〉对原作的改动说起》，《复旦学报》2015年第2期。

史叙事进行个案解析,并尝试对《通鉴》叙事研究的方法做一探索。

一、《通鉴》对"诸将争功"的记载及其史源考察

《通鉴》卷一九二《唐纪八》高祖武德九年(626)记载:

(九月)己酉,上面定勋臣长孙无忌等爵邑,命陈叔达于殿下唱名示之,且曰:"朕叙卿等勋赏或未当,宜各自言。"于是诸将争功,纷纭不已。淮安王神通曰:"臣举兵关西,首应义旗,今房玄龄、杜如晦等专弄刀笔,功居臣上,臣窃不服。"上曰:"义旗初起,叔父虽首唱举兵,盖亦自营脱祸。及窦建德吞噬山东,叔父全军覆没;刘黑闼再合余烬,叔父望风奔北。玄龄等运筹帷幄,坐安社稷,论功行赏,固宜居叔父之先。叔父,国之至亲,朕诚无所爱,但不可以私恩滥与勋臣同赏耳!"诸将乃相谓曰:"陛下至公,虽淮安王尚无所私,吾侪何敢不安其分。"遂皆悦服。房玄龄尝言:"秦府旧人未迁官者,皆嗟怨曰:'吾属奉事左右,几何年矣!今除官,反出前宫、齐府人之后。'"上曰:"王者至公无私,故能服天下之心。朕与卿辈日所衣食,皆取诸民者也。故设官分职,以为民也,当择贤才而用之,岂以新旧为先后哉!必也新而贤,旧而不肖,安可舍新而取旧乎!今不论其贤不肖而直言嗟怨,岂为政之体乎!"①

此段文字是《通鉴》中有关玄武门事变后李世民用人、赏功的案例,因其事关李世民即位后的用人方略与权力格局重组,故在唐史研究中极具意义。整段记载从《通鉴》自身的叙事逻

---

① 《资治通鉴》卷一九二,第6022—6023页。

辑而言可以分为两个部分，一是以"（九月）己酉"为时间标志的"诸将争功"事件，这一事件的叙述似乎是按照时间顺序自然排列，至"遂皆悦服"结束；二是追记李世民与房玄龄就"秦府旧人"的任用问题对"为政之体"的讨论，自"房玄龄尝言"至本段末。之所以要追记这一段，是为了说明李世民即位后对"为政之体"的坚持——无论是封赏功臣还是任用官员，都以"至公无私"、"择贤才而用之"为原则。

不过，由于《通鉴》主要取材于前代史书而非原始材料，故而"诸将争功"之事史源出自何处，《通鉴》在采录时对材料如何取舍、有无删削，是探讨其叙事特点与叙事方法时首先应解决的问题。就此段中第一部分关于封赏功臣之事而言，《通鉴》的叙事并不完整，且与其所据史料来源有一定出入。据《唐会要》卷四五《功臣》记载[①]：

（武德）九年九月二十四日诏曰："褒贤昭德，昔王令典。旌善念功，有国彝训。吏部尚书上党县公长孙无忌、中书令临淄县侯房玄龄、右武候大将军尉迟敬德、兵部尚书建平县男杜如晦、左卫将军全椒县子侯君集等，或凤预谟谋、绸缪帷幄，竭心倾恳、备申忠益；或早从任使、契阔戎麾，诚著艰难、绩

[①] 所据《唐会要》清刻本因避康熙皇帝玄烨名讳改"玄龄"为"元龄"，今回改。个别地方重新标点。此段记载又见于《册府元龟》卷一二八《帝王部·明赏第二》，中华书局影印本1960年，1531页；《旧唐书》卷六六《房玄龄传》，第2461页。这三处记载较为近似，所不同者，《册府》记诏书文字略有节文，《旧唐书·房玄龄传》则省去诏书原文，只录受封的功臣五人姓名。兹举记载最详之《唐会要》为例。

宣内外。义冠终始，志坚金石，誓以山河，实允朝议。无忌封齐国公，玄龄封邢国公，敬德封鄂国公，如晦封莱国公，君集封潞国公，其食邑各三千户。"遣侍中陈叔达于殿阶下唱名示之。上谓曰："朕叙公卿勋劳，量定封邑，恐不能尽当，（宜）各自言。"从叔父淮安王神通进曰："义旗初起，臣率兵先至。今房玄龄、杜如晦等刀笔之人，功居第一，臣窃不伏。"上曰："义旗初起，人皆有心。叔父虽得率兵，未尝身履行阵。山东未定，受委专征。建德南侵，全军陷没。刘黑闼翻动，望风而破。今计勋行赏，玄龄等有筹谋帷幄、定社稷之功，所以汉之萧何虽无汗马，指踪推毂，故得功名第一。叔父于国至亲，诚无所爱，但以不可缘私滥与勋臣共赏耳。"初，将军邱师利等咸自矜其功，或攘袂指天，以手画地。及见淮安王理屈，自相谓曰："陛下以至公行赏，不私其亲。吾属何宜妄诉。"[①]

《唐会要》所载文字较《通鉴》更为详细，且有一处细节与《通鉴》存在差异，即将军丘（邱）师利等"自矜其功"之事。据《唐会要》，此事发生在诏书颁下之前，而补记于李世民训诫李神通之后；而《通鉴》则将"诸将争功"系于诏书公布当日，成为李神通论功的背景。

关于九月二十四日"诸将争功"之事，与《唐会要》记载情况一致者，有《册府元龟》卷一二八《帝王部·明赏第二》[②]和《旧唐书·房玄龄传》[③]。此外，尚有其他记载版本，其中并

---

① 《唐会要》卷四五《功臣》，第936—937页。
② 王钦若：《册府元龟》，中华书局影印本1960年，第1531页。
③ 《旧唐书》卷六六《房玄龄传》，第2461页。

未出现"诸将争功"的内容，只截取了功臣封爵授食邑后李神通与李世民的君臣对话，《旧唐书·李神通传》[1]与《贞观政要》[2]即是如此。

就《通鉴》所记"诸将争功"之事的史源而言，《册府元龟》《唐会要》和《旧唐书·房玄龄传》非常明显出于同一个系统，即唐代本朝所修的国史、实录。同时还存在另一个记载系统，即《旧唐书·李神通传》和《贞观政要·论封建》，这两段材料中都未记丘师利等人争功之事，应是在前一个系统的基础上所做的删节，为说明某一主题（如《贞观政要·论封建》即与宗室诸王相关而与他人无涉）或为突出传主生平（如《旧唐书·李神通传》）。《通鉴》记此事时，明显选择了前一个文献系统作为史源，而这一系统直接以唐代国史、实录为源，故而最为接近唐代史官记述之原貌；《通鉴》在编纂时对这一系统所做的记载进行了改动，将原本发生在诏书公布前诸将"自矜其功"的夸耀行为改写成诏书公布现场的"诸将争功"，这一改动缺乏直接的文献证据，应视为《通鉴》叙事过程中的一次"虚构"。

《通鉴》此段文字第二部分对房玄龄与李世民就秦府旧人任用问题的讨论，在《贞观政要》中有类似的记载：

太宗初即位，中书令房玄龄奏言："秦府旧左右未得官者，并怨前宫及齐府左右处分之先己。"太宗曰："古称至公者，盖谓平恕无私。丹朱、商均，子也，而尧、舜废之。管叔、蔡叔，兄弟也，而周公诛之。故知君人者，以天下为心，无私于物。

---

[1]《旧唐书》卷六〇《宗室·淮安王神通传》，第2341页。

[2] 吴兢撰，谢保成集校：《贞观政要集校》卷三《论封建》，第172—173页。

昔诸葛孔明，小国之相，犹曰'吾心如秤，不能为人作轻重'，况我今理大国乎？朕与公等衣食出于百姓，此则人力已奉于上，而上恩未被于下，今所以择贤才者，盖为求安百姓也。用人但问堪否，岂以新故异情？凡一面尚且相亲，况旧人而顿忘也！才若不堪，亦岂以旧人而先用？今不论其能不能，而直言其嗟怨，岂是至公之道耶？"①

此段记载较《通鉴》"诸将争功"第二部分为详，且在其他史料中未见，应是《通鉴》参考的史源。但文中未记房玄龄与李世民对话的具体时间，此事是否发生在九月二十四日前已不可考，《通鉴》将其视为"诸将争功"发生前之事，未有明确证据。此事的真实性虽无可置疑，但《通鉴》的这一编排方式可视为在两件可能彼此无关的事件中建立逻辑联系的"发明"。

二、虚实之间："诸将争功"相关史事与《通鉴》叙事模式的分析

以上对《通鉴》中"诸将争功"的一段文字与其史源做了比较，并认为将"诸将争功"置于褒奖功臣当日、将房玄龄与李世民讨论秦府旧人的处置问题与"诸将争功"相联系这两个细节属于司马光及其合作者在其采录的史源之外所做的历史建构。不过，这仅是从史源学角度得出的结论，与史源不同也并不等于与史实不符。它回答不了的问题是：司马光及其合作者为何会有这种建构？这一建构结果是史实考订的结论，还是如一些研究者所言，只是司马光出于"资治"目的而表现个人的

---

① 吴兢撰，谢保成集校：《贞观政要集校》卷五《论公平》，第278—279页。

政治观点[①]？

就"诸将争功"之事的两部分而言，在史实层面要解决的问题是："争功"之事发生在九月二十四日当场，还是在此之前？丘师利是否是争功中值得重点记述的人物？房玄龄与李世民议论秦府旧人安置问题，与"诸将争功"之事是否有关联？

据《唐会要》记载，李神通表达不同意见是在李世民"朕叙公卿勋劳，量定封邑，恐不能尽当，（宜）各自言"的表态之后，将军丘师利等"自矜其功"的行为出现在九月二十四日诏书颁布之前。若果真有丘师利等指天画地的争功情景存在，则此前必有论功行赏之令，此其一；依《贞观政要》与《通鉴》所记，秦府旧人未见任用而发怨怒之辞，房玄龄便将其言进奏，若有争功之举，恐怕不得不闻，此其二；丘师利等如事前有争

[①] 前引辛德勇与姜鹏文都持此观点，这是学界对《通鉴》的一种态度，即认为"资治"必然会损害对历史事实的记述，如夏祖恩认为"过分强调史学的资治功能只会使史学沦为统治阶级的御用工具，甚至可能导致历史学的科学性荡然无存"，参见夏祖恩《资治与垂鉴不是作史的宗旨—评司马光的〈资治通鉴〉》，《福建师范大学学报》1994年第2期。不过，另一种态度认为，《通鉴》在材料选用、考辨与记载方面皆体现了求实的史学传统，金毓黻、柴德赓、张舜徽等即持此观点。将这两种态度做综合表达的代表是朱维铮，他既对"以史为镜"的"资治"观点予以批评，又充分肯定《通鉴》历史编纂学的成就，特别是求实之成就，参见朱维铮著，廖梅、姜鹏整理《中国史学史讲义稿》，上海：复旦大学出版社，236-243页。朱维铮的观点值得注意，因为他说出了一个事实："资治"与"求实"可以出现在同一部古代史著中，若无具体例证便概言《通鉴》是"资治"还是"求实"，并无实际意义。

功，在颁诏之时则不应无言，此其三。这三点在《通鉴》问世前的各种文献中均无体现，确实有些令人费解。而这三点之中，在颁诏之前有论功之令实为后两点之前提，如此事并不存在，后面的事情也不会发生，因此，我们完全有理由怀疑论功之令是否真实存在。考诸史实，李世民从武德九年六月四日发动玄武门政变时起至八月登基称帝，此间近有建成、元吉之党需抚平，远有李瑗谋反之事待处置；内有重组中枢政治格局之要务，外有与突厥重建关系并抵御其进犯之难题，民间亦需安抚，如此种种，皆为急务，无法好整以暇地为臣下论功，故对长孙无忌等功臣之赐爵授食邑之事亦推迟至九月二十四日。由此推之，论功之令恐怕未必存在，而丘师利等争功之事可能也未曾发生过。

从丘师利的身份与事迹，也可证明这一点。其在大业末年是关中一带聚兵自保的豪强，据《旧唐书·丘和附子行恭传》记载："大业末，（丘行恭）与兄师利聚兵于岐、雍间，有众一万，保故郿城，百姓多附之，郡盗不敢入境。"①《资治通鉴》记载，恭帝义宁元年（617）九月，李唐创业之初，平阳公主在其夫柴绍自长安赴太原后"归鄠县别墅，散家赀，聚徒众"②，以响应太原起兵。在李氏所招纳的地方势力中，就有丘师利兄弟。《旧唐书·柴绍传》记录了李氏家僮马三宝出面劝诱他们归附之事，"又说群盗李仲文、向善志、丘师利等，各率众数千人来会"③。李氏招附的兵马与李神通在关中的队伍成为李渊进兵

---

① 《旧唐书》卷五九《丘和传》，第2326页。
② 《资治通鉴》卷一八四，第5757页。
③ 《旧唐书》卷五八《柴绍传》，第2315页。

长安的重要内应，当李渊渡过黄河以后，包括丘师利在内的"关中群盗，皆请降于渊，渊一一以书慰劳授官，使各居其所，受敦煌公世民节度"①。就在正式归附李世民前后，丘师利还派遣其弟丘行恭率兵计斩围攻扶风太守窦璡的"平凉奴贼"首领，《资治通鉴》记载此事云，"行恭帅五百人负米麦持牛酒诣奴贼营，奴帅长揖，行恭手斩之，谓其众曰：'汝辈皆良人，何故事奴为主，使天下谓之奴贼！'众皆俯伏曰：'愿改事公。'行恭即帅其众与师利共谒世民于渭北，世民以为光禄大夫"②。后来丘行恭跟随李世民长期征战，在唐朝初年的统一战争中立下赫赫战功，丘师利则事迹无闻，仅在武德五年迎接自岭南归顺的其父丘和入朝之时出现过一次③。另外，《元和姓纂》中有简略记载，"师利，左监门大将军，冀州刺史，都督，谭国公"④。据此可推知，丘师利后来仕途虽还算顺利但并不显赫，其谭国公的爵位袭封自其父丘和。

据《旧唐书·太宗本纪上》记载，在九月二十四日封赏之后，十月癸酉又进一步落实了元老和功臣"食实封"的待遇：

裴寂食实封一千五百户，长孙无忌、王君廓、尉迟敬德、房玄龄、杜如晦一千三百户，长孙顺德、柴绍、罗艺、赵郡王孝恭一千二百户，侯君集、张公谨、刘师立一千户，李世勣、

---

① 《资治通鉴》卷一八四，第5758页。
② 《资治通鉴》卷一八四，第5758—5759页。
③ 《旧唐书》卷五九《丘和传》，第2325页。
④ 林宝撰，岑仲勉校记：《元和姓纂》卷五，中华书局1994年，第709页。

刘弘基九百户，高士廉、宇文士及、秦叔宝、程知节七百户，安兴贵、安修仁、唐俭、窦轨、屈突通、萧瑀、封德彝、刘义节六百户，钱九陇、樊世兴、公孙武达、李孟常、段志玄、庞卿恽、张亮、李药师、杜淹、元仲文四百户，张长逊、张平高、李安远、李子和、秦行师、马三宝三百户。①

九月二十四日诏中第一等功臣五人的"食邑三千"只是象征性的虚封，食实封才是他们享受的实际经济待遇。这份"食实封"的名单囊括了太原起兵以来的功臣，体现了李世民即位后重组朝内权力格局的初步结果。在这份名单中依然没有丘师利，可见他远未达到可与房、杜争功的资格。

既然当时不具备为臣下论功的稳定环境，丘师利本人也不具备争功的资格，为何《唐会要》等文献会有其争功的记载？这应该是作为其蓝本的唐代国史、实录的叙事模式之影响。

实录与国史也是在原始材料基础上所做的历史编纂，史官在纂修实录与国史时，也要选择一定的叙事模式对原始材料加以编排。唐初《汉书》学兴盛，这对其时的本朝史编纂产生了影响，套用《汉书》的叙述时时可见。

《汉书》卷三九《萧何传》记汉初封功臣之事，应是唐代史官记载"诸将争功"之事的蓝本，略如下：

汉五年，已杀项羽，即皇帝位，论功行封，群臣争功，岁余不决。上以何功最盛，先封为酂侯，食邑八千户。功臣皆曰："臣等身被坚执兵，多者百余战，少者数十合，攻城略地，大小各有差。今萧何未有汗马之劳，徒持文墨议论，不战，顾居臣

---

① 《旧唐书》卷二《太宗本纪上》，第31页。

等上，何也？"上曰："诸君知猎乎？"曰："知之。""知猎狗乎？"曰："知之。"上曰："夫猎，追杀兽者狗也，而发纵指示兽处者人也。今诸君徒能走得兽耳，功狗也；至如萧何，发纵指示，功人也。且诸君独以身从我，多者三两人；萧何举宗数十人皆随我，功不可忘也！"群臣后皆莫敢言。①

《汉书》的此段记载，由"论功行封—群臣争功—钦定萧何食邑高于群臣—群臣质疑—刘邦为群臣释疑—群臣噤声"等细节组成，这些细节构成了完整的叙事链条，使封赏功臣这一事件具有丰富的情节性。与这段文字相比较，《唐会要》等文献中体现出的唐代国史、实录的叙事链条则由"颁诏赏功—李神通质疑房、杜封赏过重—李世民为之释疑—补记诸将争功事—诸将叹服"等细节构成，除了缺少"论功行封"的明确记载，并在描述"诸将争功"时使用了追叙法，在细节上与《汉书》极为相似。若按照时间顺序将其叙事过程还原，其完整结构应为"诸将争功—颁诏赏功—李神通质疑—李世民释疑—诸将叹服"，与《汉书》几乎如出一辙。这应是唐代史臣对《汉书》叙事的主动模仿，而非当时史实的直接反应，这一点从缺乏争功之前提"论功"就可证明。

唐代史臣在模仿《汉书》叙事结构时，忽略了一些最基本的问题：其一，汉高祖时期对功臣的"论功行封"，是在汉并天下之后，当时局势与武德九年夏秋之际相比较为缓和，可以从容论功；其二，西汉帝国是在"军功受益阶层"的支持下建立

---

① 班固撰，颜师古注：《汉书》卷三九《萧何传》，第2008页。

起来的[①]，功臣们在帝国的权力结构中自有其强大影响力，刘邦晚年也通过"白马之盟"承认了刘氏与功臣共同构成核心集团的现状，这也是唐初功臣难以与之比拟的。脱离了《汉书》叙事所在的时空环境而套用其叙事模式，使这个生造出的叙事结构中存在极大的漏洞，其中最明显的一点，就是不具备争功资格的丘师利作为争功的代表，被推向舞台的中心。

唐代修史者在记载丘师利等争功之事时，似乎怀有一种游移不定的态度，一是并未明言他们欲与何人争功，仅仅说他们"自矜其功"；二是在写作时采用追叙之法，而并未将丘师利等人的行为当作此段叙事中的重点。这种态度，使唐代实录、国史中的"诸将争功"叙事与其汉代蓝本相比存在结构上的明显差异。丘师利的资历与功绩不足以担起争功重任，恐怕是令唐代史臣为难的重要原因。

丘师利争功之行为虽不能成立，但他与其他人"自矜其功，或攘袂指天，以手画地"之事应不是唐代史臣的向壁虚造。以丘师利为代表的"诸将"之所以会叫嚣自己功绩如何如何，应该也是与李世民有旧者在其登基后企望改变地位而未遂时的情感宣泄。史臣在编纂实录、国史时将此事件与为首功者赐爵授食邑之事相缀合，完成了模拟《汉书》的叙事结构。

而反观《通鉴》关于"诸将争功"之事的记载，在第一部分中，整个叙事链条包含了"颁诏—诸将当场争功—李神通质疑—李世民释疑—诸将悦服"等细节，且完全按照时间顺序，

[①] 参见李开元《汉帝国的建立与刘邦集团：军功受益阶层研究》，三联书店2000年。

使论功争功被描述为同一天发生之事。与《汉书》及唐代史臣的模拟之作相比，《通鉴》的叙事结构较为精简，而大体叙事框架则与二者相同。

司马光及其合作者在保留其史源的叙事框架时，巧妙地回避了"论功"前提缺失的情况下记述事前争功存在的漏洞，将争功之事置于诏书颁布当日；在记载争功之时，又隐去了史源中作为争功重点人物的丘师利之名，但以"诸将"作为概称。这一处理方式避开了史源中的不合理之处，尽量做接近史实的努力。

不过，这种努力也同样要面对后来者的质疑。在颁诏当日，是否有可能出现"诸将争功"的场面？史源没有提供任何可以作为线索的依据，因而这一场景是《通鉴》作者的想象。这一想象若要符合其历史情境，就必须有具体史实作为基础，而史源中曾记载的两个细节——诸将事前矜功之事与诏书颁布后李神通发表不同意见，正为进行想象提供了一种可能性。司马光等应该认定李神通上前质疑时存在一个群臣不平的氛围，于是将史源中发生在九月二十四日之前的争功时间挪到了褒奖首功者的现场。而完成这一想象，并非仅靠这两个细节，《通鉴》记此事的第二部分在其中起到了关键作用，应受到充分的注意。

第二部分中，房、李论秦府旧人的安置问题，房玄龄强调了未被重用的旧人"嗟怨"，李世民用"择贤才而用之"来回答。这一细节在《贞观政要》中所体现的只是李世民用人原则中的"至公"之道，而放进《通鉴》此条，其承载的信息就发生了变化——秦府旧人在玄武门之变发生后因未见用而"嗟怨"，作为一种普遍存在的现象，已经成为"诸将争功"叙事的重要背景。追随李世民者期待升迁，盼望封赏，然而未受重用造成了极大的心理落差，因此他们有"嗟怨"之表现；随后而来的褒奖功臣事件，只封赏了长孙无忌等五位首功者，他们又将有何等表现？恐怕《通鉴》所述的"诸将争功，纷纭不已"是理所当然的结果。

通过补记房、李论秦府旧人之事，《通鉴》成功地为赏功当日出现的"诸将争功"场面找到了合理的解释，通过在这两个也许互不相干的事件之间建立联系，使此段叙事呈现出一种合理性，即叙事结构内部的逻辑自洽。

通过"诸将争功"事件两部分内容的联系，《通鉴》为自己的叙事链条创造了一个首尾呼应的模型：

  颁诏—诸将当场争功—李神通质疑—李世民释疑—诸将悦服……补记房、李论秦府旧人"嗟怨"事—诸将当场争功事出有因

综上可知，《通鉴》的叙事并未完全突破《汉书》中的论功争功叙事模式，但和削足适履的唐代国史、实录相比，其能够尽量回避史源中不合理之处；想象了一个也许未曾发生过的争功现场，又选择以房、李论秦府旧人嗟怨之事对此加以弥合。这就是《通鉴》对其史源叙事模式的修正，其作出修正的重要原因，正是该书"求实"之宗旨。

三、想象的反对派：争功事件中李神通形象反映的"资治"追求

如前节所述，《通鉴》对其史源叙事模式的修正与细节的重

新编排源自其对相关史源中有违史实之处的考正，而《通鉴》对"诸将争功"的叙述，也包含了司马光等对唐初历史的重新理解。在重新理解唐初历史的过程中，"当场争功"与"论秦府旧人"建立了逻辑关联，而现场质疑九月二十四日诏令的李神通，被描绘成李世民的对立面，反衬出其"至公"治国理念的正义性。这种叙事手段，反映出《通鉴》对"资治"的追求，此段对李世民治国理念的凸显，正体现了司马光的撰史主张。

《通鉴》与《唐会要》等史源在有关李世民为李神通释疑的记载中，有一处明显不同。在《唐会要》等文献中，李世民批评李神通"叔父虽率兵先至，未尝身履行阵"，而《通鉴》则记作"义旗初起，叔父虽首唱举兵，盖亦自营脱祸"。两相比较，《通鉴》中李世民的语气更为严厉。

《通鉴》中这种言辞锋利的批评，从史实而言并无问题，据《旧唐书·李神通传》载：

> 神通，隋末在京师。义师起，隋人捕之，神通潜入鄠县山南，与京师大侠史万宝、河东裴勣、柳崇礼等举兵以应义师。遣使与司竹贼帅何潘仁连结。潘仁奉平阳公主而至，神通与之合势，进下鄠县，众逾一万。自称关中道行军总管，以史万宝为副，裴勣为长史，柳崇礼为司马，令狐德棻为记室。高祖闻之大悦，授光禄大夫。从平京师，拜宗正卿。武德元年，拜右翊卫大将军，封永康王，寻改封淮安王，为山东道安抚大使。[1]

李神通为李渊堂弟，隋末时确因李渊起事后为逃避隋朝官府的追捕而联络豪杰响应李渊，故而李世民说他"虽首唱举兵，

---

[1]《旧唐书》卷六〇《淮安王神通传》，第2340页。

盖亦自营脱祸"也是实情。然而，李世民当时是否会以此种口气训斥李神通？

李神通在李世民与李建成争夺储位时，明显是偏向李世民的。据《旧唐书·隐太子建成传》记载，李建成与元吉"谋行鸩毒，引太宗入宫夜宴，既而太宗心中暴痛，吐血数升，淮安王神通狼狈扶还西宫"[1]。李世民对其也有特别的优待。《资治通鉴》记载武德九年太宗"降宗室郡王皆为县公，惟有功者数人不降"[2]，这少数没有降封的郡王中就有李神通。他在贞观四年去世后，李世民为之废朝，赠司空，谥曰靖[3]。按照谥法，以德安众曰靖，可知李世民对其一生行事持肯定态度。这些材料都表明二人关系十分密切，李神通在赏功诏书公布时的争功之语，是其作为首义功臣、宗亲与李世民的支持者，对将新进文臣房、杜列为首功的不满，李世民大可温言劝诫，而不是面斥其过。而且，《唐会要》等文献均有明确记载，李世民对他的批评只是"虽率兵先至，未尝身履行阵"，这是对其指责房玄龄等"专弄刀笔"的回应，委婉地指出其亦未身先士卒冲锋陷阵，这一说法也与后文所言"叔父于国至亲，诚无所爱"的基调一致，说明李世民并不打算在财物赏赐上对李神通有所吝惜。

以上文献与史实都表明，李世民不会如《通鉴》所记那般怒斥李神通，因此《通鉴》所记李世民斥责李神通之言论，应是此段中又一处对文本的改写，而这一改写也与上节所言《通鉴》叙事模式有关。

---

[1] 《旧唐书》卷六四《隐太子建成传》，第2417页。
[2] 《资治通鉴》卷一九二，第6025页。
[3] 《旧唐书》卷六〇《淮安王神通传》，第2341页。

在《通鉴》对此事的叙事逻辑中，秦府旧人对现状不满在先，此种不满情绪积至颁诏褒奖首功者之时爆发，"纷纭不已"。李神通虽非秦府旧人，但自恃出身与往日功业，故在此情境下向李世民发难。《通鉴》在追记房、李论秦府旧人不满之事时，李世民就明确表示了治国应"至公无私"，对府中旧人重私利而轻公义之言论较为不满，在此语境下与房、杜争功的李神通，自然也被《通鉴》塑造成李世民治国理念中的对立面。

事实上，在《唐会要》与《旧唐书》中，李神通对褒功诏书的质疑只是其个人不明大体之举，对于这位一时糊涂的长辈，李世民采取了相对温和的回应方式。《通鉴》既将李神通与诏书颁布时的"诸将争功"相联系，又将其为自己论功之事与秦府旧人"嗟怨"做类比，将他们视为亲旧的代表，作为"至公"之道的反对派被打入另册，以此两例反复申明李世民的执政理念。在此叙事策略下，李世民与李神通的对话也被处理为两种理念间的辩论。李神通遭到李世民不留情面的讥刺，正是这一叙事结构中的历史想象。

《通鉴》对李神通与李世民论争的处理，虽立足于其史源，但有意改动对话内容，使李世民否定李神通之功绩，则有将历史简单化之嫌。这与赏功之日诸将当场争功之事虽同属《通鉴》的历史想象，但不可同日而语。此处对历史的改写，将李神通与未受重用之秦府旧人视为一体，作为李世民推行新政的阻碍，由此愈显李世民之公心，而显李神通之偏狭。为了强化二人的形象差异，以至于在记贞观四年之事时未采录李神通去世后李世民为之辍朝的材料。与之相比，同在贞观四年去世的杜如晦则受到特别的重视，《通鉴》不但记载了其去世时间，更对其病重后受到李世民的关怀与去世后李世民对他的怀念加以渲染。而与李世民常有意见分歧的封德彝，因偶有合乎贞观之政的议论，兼之身为武德重臣，故其去世之事亦有记载。

作为贞观历史上的"失踪者"，李神通是《通鉴》想象出的反对派，他在《通鉴》所记载的贞观历史上只出现在"诸将争功"事件中，反衬了李世民执政理念的正义性。与史实反差极大的这一形象塑造，正可作为司马光选择"善可为法，恶可为戒"的案例以"资治"的撰史主张。但是，为"资治"而对李神通的形象进行矮化，对《通鉴》"求实"之宗旨有所损害。

李世民在《通鉴》中被塑造成一个足可垂范后世的"圣君"，"诸将争功"事件的叙事主题也是彰显其"至公无私"的治国之道，司马光等人就是以此为出发点，对原有材料加以改写，最适合用来表现这一主题的关键人物李神通被施以文学性的改扮，成功地作为李世民的对立面而存在于该事件的描写之中。

四、《通鉴》叙事研究的方法

本文通过对《通鉴》"诸将争功"之事的分析，考察了《通鉴》与其史源在叙事结构、细节描述与人物塑造上的异同，其结论是：在叙事模式的建构上，《通鉴》对其史源在史实上的漏洞加以修正，在基本保持原有叙事结构的基础上描绘出不同于其史源的叙事链条，并作出了较史源更接近史实且符合逻辑的想象。但在此叙事结构中，为突出李世民的执政理念而对与之发生争辩的李神通形象进行了简单化的文学性处理，以牺牲史实为代价来表现其"资治"精神。

在对"诸将争功"之事进行细读之后，我们对如何研究

《通鉴》的历史叙事也有一些方法上的认识，现不揣鄙陋，略述于后，以期求教于方家。

因为《通鉴》以前代史书为主要材料且时有改作，故而若要考察《通鉴》的叙事特征与叙事结构，首先就应将其与相关史源做文本上的比勘，分析哪些内容是承袭自其史源，哪些是《通鉴》重新编排甚至重写的。在比勘过程中，除比较文本在内容上的异同外，还应对不同文本的性质加以分析，以确定是否会因文体不同而出现不同的表达形式，从而对整体叙事产生影响。

在文本比较过后，对《通鉴》为何会有改作与重写就应进行深入探讨。与"后现代"思潮影响下史家对史著的怀疑态度有所不同[①]，我们仍认为历史著作中保留有丰富的史实或相关信

[①] "后现代"思潮在史学领域的表现是涉及各个层面的，而且在理论和研究方法上并不具有一致性，不过持此立场者有一个较为共同的认识，即通过史料并不一定能够认识客观历史，经过史学家编纂的历史记载只是通过建立某种叙事结构反映编纂者的意识形态。基于此点，后现代史学致力于批判以往带有"现代"意识的历史观，并对编纂史料所蕴含的意识形态与叙事特点进行反思。有关"后现代"思潮在史学界的具体影响及其批评，可参见吴莉苇《史学研究中的后现代取向——从几部论著看后现代理论在史学研究中的利弊》，《史学理论研究》2000年第2期。吴莉苇强调后现代史学对现代理论的批判与反思具有"只破不立"的特征，赵世瑜对此则有不同看法，他认为单纯对某种研究倾向冠以"后现代"之名也许并不合适，而这些对已有史料与理论的反思应受到充分重视；后现代史学尽管不认可编纂史料能够反映客观历史，但其从文本入手进行史料批判的思路应成为重建历史认识与历史叙事的重要途径。他的相关看法详见《历史学即史料学：关于后现代史学的反思》，《学术研究》2004年第4期；《后现代史学：匆匆过客还是余音绕梁》，《学术研究》2008年第3期。

息，因此叙事研究不能仅在文本层面做语言学或修辞学方面的考察，也不能仅停留在史源学层面对《通鉴》叙事加以议论，还应充分考虑其叙事背后是否有考订史事后重述历史的可能性。《通鉴》虽以撰述见长，但其长编考异之学正体现了历史考据学的基本方法，欲对其叙事进行研究，亦应至少重新经历一次司马光做"考异"的环节，如此方能对其叙事进行评估，认定构成其叙事逻辑的重要内容中，何处为修正前史失实而得出的可信结论，何处为符合逻辑之历史想象，何处为不合史实之个人发明。

经过以上两个环节，便可对《通鉴》与相关史著在叙事结构、叙事特点上的异同加以初步分析，比较它们在叙事逻辑上的差异，并尽可能地对《通鉴》不同于他书之处进行解释。此外，对于《通鉴》叙事链条中处于重要细节之外的情节与人物角色加以考辨，将需要进一步解释的内容加以考察，在此基础上对其叙事结构与叙事逻辑做出较为完整的梳理，便可大体复原《通鉴》的编纂思路与叙事手法。

对《通鉴》编纂过程的复原并非《通鉴》叙事研究的目的，而只是这一研究的开始。司马光及其合作者们能够使用与其他史著大体相近的材料，支撑起一个对过往历史进行重述的新模型，最紧要者就在于他们在搭建叙事结构时所持的思路和将这一思路付诸实施的具体叙事手法。只有将编纂者们在微观层面编排缀合史料的操作手法、中观领域内建立起的叙事结构和宏观角度所持的理念浓缩到某些具有典范意义的案例中进行综合考察，才能够避免仅仅将《通鉴》视为普通史料之一而与其他编纂史料与原始资料互证——尽管《通鉴》的确保留了一些其他史书中没有的宝贵材料。

在《通鉴》叙事研究中，有关唐代的资料无疑是最丰富也是最适合进行案例分析的，与《唐会要》《册府元龟》和两《唐书》等材料相对照，便可发现《通鉴》独有的叙事特征及其叙事中蕴涵的理念。这不但能让我们看到《通鉴》与两《唐书》在讲述唐史时"横看成岭侧成峰"的不同意趣，更可以突破以往限于从"臣光曰"这类评论中分析司马光史识之做法，而对中国史学"寓论断于叙事"的叙事学特征有所发明。

（原载《中国人民大学学报》2017年第1期，第2—10页，与张耐冬合著。）

原版后记

应上海电视台纪实频道《文化中国》栏目制片人余永锦先生的邀请，我第一次正式走上了电视荧屏，和主持人今波一起讲述了三十集的《贞观天子李世民》。由于教学科研任务繁重，节目从2006年秋天开始录制，利用几个假期的时间，一直到2007年暑假期间才完成。节目播出过程中，范竞秋和夏宁两位编导多次来短信，说这个节目收视率还不错，说明上海的观众还是认可我的讲述内容和风格的。由于在北京不能收看，想到节目录制过程中还有许多自己不满意的地方，总觉得她们是在鼓励我这样一位新手。节目全部播完后，余永锦先生来电话，对节目的内容给予了充分肯定，并把我推荐给上海辞书出版社的著名图书策划人蒋惠雍女士。于是我才有信心把讲稿整理出来，才有了呈现在读者面前的这本《说唐太宗》。

我完全赞成学者向大众普及历史知识和传统文化，也有意识地把通俗读物和普及性的节目与学术区分开来。但是，当初接到余永锦先生的邀请后，对于是否要上电视讲历史，我其实有很多顾忌。总觉得到电视上一讲，生怕把自己的弱点全方位地暴露出来。

好在节目编排和录制过程中，我和《文化中国》栏目的合作还是非常愉快的。余永锦先生没有我想象中电视制片人那种居高临下的做派，他寡言、宽容，我的一些固执想法和顾忌都得以表达。今波是一个很好的谈话对象，尤其到后面一半的节目录制中，我们在开镜前稍微交换一下看法，就能够很默契地把思路衔接上。原本需要非常注重形式和镜头感的拍摄过程，逐渐变成了一场场平等的对谈和自由的交流。我提供的脚本是粗线条的，内容的衔接不是很连贯，缺乏生动性。范竞秋和夏宁是非常出色的编导，她们尊重学术，长于表达，思想敏锐，文风清朗，对节目内容进行了成功的再创作，给了我很多启发。周雯华、唐蔚、舒克诣煊、霍怡临等编导，也提出了不少有益的建议。

书里的内容与三十集节目并不完全一致，但我在修改书稿过程中，还是力图保留节目中比较口语化的特点，吸收了一些编导们提供的文字。所以，本书也可以说是我和他们共同完成的。当然，书中的错误由我自己来承担。还需要说明的是，书中的一些观点以及材料的组合，借鉴了唐史学界的大量研究成果，由于体例的原因，不能一一注明。

吴宗国老师拨冗为我写的这本通俗读物作序，思考着"如何把历史的智慧送到大众手中"这样的重大问题，并一如既往地对我提出了希望和要求，使我备受鼓舞，也更感不安。张耐冬、王湛、赵璐璐、程锦、张雨诸君，在我写脚本和录节目的过程中提供了帮助，特此致谢。最后感谢责任编辑蒋惠雍女士和刘征先生为本书付出的辛勤劳动。

刘后滨
2008年2月

增订后记

本书是 2008 年上海辞书出版社出版的《说唐太宗》的增订本，书名改为《盛唐奠基：贞观之治的开创》。在保留原书作为电视节目文字稿的口语化和通俗化基础上，适当增加了注释交代史事出处。同时将近年来发表的若干篇相关文章作为附录，这些文章大都是在中国古代史和隋唐五代史课程讲稿基础上改写的，与学术文章相比显得通俗，故增附于后，作为教学生涯的一个小结。张飘博士协助我完成了书稿的校订和注释工作，添补了不少史事和文献出处，纠正了原书中的若干错误。这个增订本无疑是我们共同完成的成果。

感谢与我共同署名发表的张耐冬、赵璐璐同意将文章收录本书。感谢山西人民出版社编辑崔人杰先生的热心约稿与耐心等候。从 2006 年在上海电视台与今波先生讲唐太宗至今已经 16 年过去了，学界对唐太宗与贞观之治的认识又有了许多推进，本书的一些观点当有落后，敬祈读者原谅并指正。

刘后滨
2022 年 7 月